新时代新理念职业教育教材·高速铁路系列
全国行业紧缺人才、关键岗位从业人员培训推荐教材

高铁客运乘务形体训练

（修订本）

主　编　张　怡
副主编　史　歌　刘　峥
　　　　张博雅　耿　乔
主　审　汪　洋

（扫描二维码，安装加阅 App，可在手机上观看与本书形体训练内容对应的视频文件。）

北京交通大学出版社
·北京·

内容简介

本书以形体训练为主线，全面介绍了高铁客运乘务基础形体训练、专业形体训练和职业仪态训练等内容，主要包括高铁乘务形体美概述、高铁乘务基础形体训练、高铁乘务形体畸形矫正训练、高铁乘务专业形体训练、高铁乘务形体美感训练、高铁乘务形体感受力训练、高铁乘务仪态训练、高铁乘务仪态美感训练及高铁乘务形体训练指南等九个项目内容。

本书体系新颖、完整，文字简明、通顺，内容设置力求体现知识广度与深度的结合，兼有知识性、趣味性和实用性的特点。本书编写过程强调理论的科学性，突出实践的系统性、规范性，并且积极与高速铁路动车段的岗位服务要求对接，体现校企合作、服务岗位的编写理念。

本书既可作为高等职业院校高铁乘务等相关专业的教材，亦可作为铁路相关岗位职工的培训教材及相关专业人员工作的参考资料。

图书在版编目（CIP）数据

高铁客运乘务形体训练 / 张怡主编. —北京：北京交通大学出版社，2018.4（2023.9 重印）
ISBN 978-7-5121-3490-4

Ⅰ. ① 高… Ⅱ. ① 张… Ⅲ. ① 铁路运输–旅客运输–乘务人员–身体形态–身体训练–高等学校–教材 Ⅳ. ① F530.9

中国版本图书馆 CIP 数据核字（2018）第 021597 号

高铁客运乘务形体训练
GAOTIE KEYUN CHENGWU XINGTI XUNLIAN

策划编辑：陈跃琴　刘建明　　责任编辑：陈跃琴
出版发行：北京交通大学出版社　　电话：010-51686414　　http://www.bjtup.com.cn
地　　址：北京市海淀区高梁桥斜街 44 号　　邮编：100044
印 刷 者：北京时代华都印刷有限公司
经　　销：全国新华书店
开　　本：185 mm×260 mm　　印张：12.75　　字数：319 千字
版 印 次：2022 年 8 月第 1 版第 2 次修订　　2023 年 9 月第 6 次印刷
定　　价：48.00 元

本书如有质量问题，请向北京交通大学出版社质监组反映。对您的意见和批评，我们表示欢迎和感谢。
投诉电话：010-51686043，51686008；传真：010-62225406；E-mail：press@bjtu.edu.cn。

前　　言

随着我国高速铁路的全面发展，高铁客运的服务质量也逐渐成为旅客关注的焦点。良好的职业形象是高铁客运人员的必备条件，也是衡量高铁客运服务工作的标准之一。无论站、立、行、走，还是服务手势，甚至细微到每一个微笑与眼神，都要求客运人员带给旅客感官上的融洽和心理上的愉悦，留下深刻的“第一印象”。良好的形象不仅能够展现铁路企业高标准、高质量的工作作风与工作态度，而且对增强旅客的满意度、培养旅客的忠诚度、提升铁路企业整体形象起到重要作用。

本书的编写正值我国高铁客运服务专业不断规范、健康发展之时。一方面，高铁客运服务在不断更新服务理念，提高服务品质；另一方面，高铁客运服务教育在人才培养的层次、培养模式和培养质量上不断完善与创新，服务于我国高铁未来发展的高质量人才培养体系逐渐形成。其间，我们一直密切关注高铁客运乘务的岗位实践，动态跟踪该专业在国内的发展趋势，不断深化高铁客运乘务专业对人才培养的新要求，完善课程教学体系、丰富教学内容，提高教学的效率与质量，使人才培养的实际效果与工作岗位的职业发展要求相适应，力求在科学性、系统性和实用性等方面更加贴近教学、服务教学。

本书的编写依托西安铁路职业技术学院“高铁客运乘务形体训练”课程，系统地介绍了非艺术类高铁客运服务专业学生进行形体训练的主要内容。本教材共包括三篇，九个学习项目。它们分别是高铁乘务形体美概述、高铁乘务基础形体训练、高铁乘务形体畸形矫正训练、高铁乘务专业形体训练、高铁乘务形体美感训练、高铁乘务形体感受力训练、高铁乘务仪态训练、高铁乘务仪态美感训练及高铁乘务形体训练指南。

“高铁客运乘务形体训练”课程有着很强的实践性，涉及复杂多变的服务情景，要求凸显服务的艺术性，这就要求教材内容在理论的引领下更多地与实践案例配合，所以本教材更加突出实践操作的比重。

本书由西安铁路职业技术学院的一线教师张怡、史歌、刘峥、张博雅、耿乔参与编写。具体编写分工如下：史歌编写了项目一；刘峥编写了项目二和项目三；张怡编写了项目四、项目六、项目七和项目九；张博雅编写了项目五；耿乔编写了项目八。

本书融知识性、科学性、专业性和实用性为一体，尽量以通俗易懂的形式为读者提供详尽的理论认知和技能训练，使之既可作为高等职业院校高铁客运乘务专业、铁道交通运营管理等相关专业的教材，亦可作为铁路相关岗位职工的培训教材，以及相关专业人员工作的参考资料。

在此，要感谢为本书表演示范动作的西安铁路职业技术学院高铁客运乘务专业漂亮的老师和学生们。他们优美的示范演示图为本书大大增光添彩，他们是张博雅老师、耿乔老师，豆欣、宋妍萍、朱梦瑶、杜梦婷、许丽珊、张蓓、杨毓婷、曹凯、赵成、张思远等同学。他们用辛勤的汗水和曼妙的身姿为我们呈现出美丽的视觉感受。

本书的主审为中国铁路西安局集团有限公司西安客运段汪洋。

由于编者水平有限，书中难免存在不妥之处，敬请读者批评指正。

编　者

2018 年 1 月

目　　录

基础形体训练篇

专业形体训练篇

职业仪态训练篇

基础形体训练篇

项目一

高铁乘务形体美概述

追求形体美是人类永恒的话题。形体美不是一个简单的抽象物，要想把健康和美丽掌握在自己的手中，就必须了解和掌握形体美的相关知识，领会其真谛，从而科学美体。

1. 理解形体美的概念、特征和评价原则。
2. 了解高铁客运乘务人员形体美的职业要求。

能力目标

1. 掌握形体美的评价原则。
2. 掌握形体自测的方法、科学健身的方法。

任务一　认识形体美

从古至今，美的风貌和仪态被视为人的自我完善过程中不可缺少的一部分。“以美辅德、以美陶情、以美益智、以美健体”“美是生活”等名言均从不同角度揭示了美的本质。从美的产生和发展历程看，美是一种价值，一种社会现象。从社会属性的角度看，美是人的本质力量的对象化，即人自身的力量不断外化为对象，又不断从对象中得到反馈，最终在对象里凝结的过程。在此过程中，对象留下了人的意志印记，体现了人的思想、情感、愿望、意志和智慧。这种凝结着人的意志与智慧的产品就像一面镜子，从中我们可以“直观自身”，并从这些可感的对象中证实和实现自己，美和美感也由此得到证实和实现。

形体美是人的本质力量在运动实践这个特定领域中的感性显现，它反映了人与自身及运动的审美关系。形体美以人为审美对象，以形体运动为主要手段，因此，形体美是人的本质力量在自身的直接证实和实现。具体而言，形体美即人的身体曲线美，是人的躯体线条结合自身的情感和品质，并通过形象、姿态展现于欣赏者眼前的美。形体美是由视觉器官所感知的空间美，其特点是感知身体外轮廓线，轮廓线的运动构成具有一定广度和厚度的空间形体。

一、形体美的内涵

形体美主要是对人的体形、姿态和动作美进行塑造。在塑造过程中，使人感受到动作的造型美、线条美，以及动作与音乐的和谐美，它使练习者在塑造形体美的过程中感受到艺术的熏陶、情感的升华，从而不断地创造美。形体美是由内而外散发的美，不仅要展现体形美、姿态美和动作美，还要充分展现气质美。

（一）体形美

体形美是一种自然的美，集中表现在身体比例的均衡、对称、和谐等形式上。女性以柔美和秀美为美，男性以强壮和威严为美。每个人都希望自己拥有匀称、协调、健美的体形，在身高、体重、坐高、颈围、胸围、腰围、臀围和腿围等各个方面都有标准指数，如果这些围度和长度的指数符合黄金分割规律，就可以被认为是美的。

（二）姿态美

姿态是指人在静态或动态中表现出来的身体姿势和举止神情。优美的姿态能表现一个人积极的精神面貌和高雅的气质。姿态美的人不仅举止大方优雅，而且可以表现出极高的艺术品位，能够给人带来赏心悦目的感受。

（三）动作美

动作美是运动的健康能力、器官系统机能、表现能力和精神风貌的综合体现，是形体美的外在表现。动作美不仅体现在各种舞姿和体育运动中，还体现在人们日常生活中。

（四）气质美

气质是人的高级神经活动类型特点在行为方式上的表现。通常表现为典型而稳定的个性特点、风格和气度。它将内在的文化素养和艺术修养通过外在的身体动作和语言进行展现，是内在美自然真实的流露。因此，在培养体形美、姿态美、动作美的同时，全面提高文化素质、道德修养、审美品位，才能培养出超凡脱俗的气质美。

综上所述，形体美是融体形美、姿态美、动作美和气质美为一体的协调统一的美。体形美、姿态美、动作美是形体美的外在表现，气质美是形体美的终极目标。

二、形体美的特征

形体美的基本特征可归纳为静态美和动态美两种，“外修内悟，内修外展”是塑造形体美的指导原则。

（一）静态美

1. 静态形体美

体形是静态形体美的重要组成部分，包括身高、体重和身体各部位的比例。体形的美与丑主要取决于骨骼的形状、各部分的比例、肌肉的均衡度和脂肪比例。骨骼的长度为纵向指标，宽度和围度为横向指标。其中长度和宽度受遗传因素影响较大，不易改变；围度主要指躯体和肢体的粗细，受后天影响较大，可以通过体育锻炼得到调整。骨架包括长度、宽度和围度，它构成了人体各部位的基本体积，骨架大会造成身体局部肥胖，成年以后不易改变，虽不影响健康，但也给体形美带来一定的缺憾。肌肉是构成身体曲线美的基础，可以通过体育锻炼改变肌肉的形态和体积，从而弥补纵向指标和骨架的先天不足。

2. 静态形体美的特征

（1）骨骼发育正常，关节不显得粗大突出，体态丰满、匀称是关键。

（2）肌肉平均发达，皮下脂肪适当。

（3）五官端正，皮肤细腻有光泽。

（4）双肩对称，男阔女圆。

（5）脊柱正视垂直，侧视曲度正常。

（6）男子胸廓隆起厚实，正面与侧面看略成“V”形；女子乳房丰满不下垂，侧看有明显曲线。

（7）女子腰细而结实，微成圆柱形，腹部扁平；男子有腹肌垒块隐现。

（8）臀部圆满适度。

（9）两腿修长，线条柔和，小腿腓部较突出。

（10）踝细，足弓高。

（二）动态美

1. 动态形体美

人的姿态由行、动、静、情、神五部分组成，贯穿于各种动作始终。动态美是身体各部分配合协调的表现，表现在每个姿势都是最轻便、最适度地完成。

2. 动态形体美的特征

“站如松、坐如钟、卧如弓、行如风”是对美的站、坐、卧、行姿势准确而形象的概括，也是对各种动作的审美标准。与容貌美、身材美相比，动态美更容易被人忽略，但优美的动作往往能弥补容貌、体形的不足。

三、形体美的评价

人体美的标准主要指五官与身体各部位比例和谐，胖与瘦、高与矮的比例和谐。意大利画家达·芬奇说过：“美感完全建立在各部分之间神圣的比例上。”

（一）完美的身材比例

人体比例图如图 1.1.1 所示。

1. 全身比例

胸的位置在肩与腰部之间，三围之间的位置比例约为 1∶1∶1.2。

2. 厚度比例

若腰围为 1，则臀围=1.3，胸围=1.3，墙面到背部距离=1/3，最凸出的部位为胸。

3. 宽度比例

若腰宽为 1，则肩宽=1.5，乳头间隔=0.8、胸宽=1.3、臀宽=1.4，胸、腰、臀三宽的比例为 1.3∶1.0∶1.4。

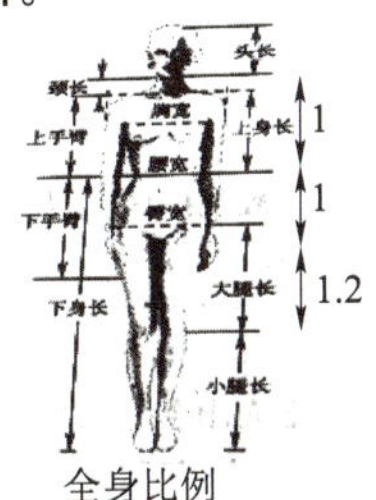

全身比例

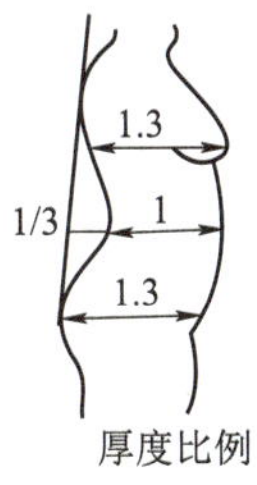

厚度比例

宽度比例

图 1.1.1

完美形体比例的围度计算方法如表 1.1 所示。

表 1.1　完美形体比例的围度计算方法

部　位	完美比例指数
身高/cm	8 个头身
体重/kg	身高−112
胸围/cm	身高×0.515
胸下围/cm	身高×0.432
腰围/cm	身高×0.370
腹围/cm	身高×0.457
臀围/cm	身高×0.542
大腿围/cm	身高×0.305

（二）形体美的评价

身体各部分的对称和恰当的比例是女性与男性形体美的重要标志。表 1.2 所示是女性身体的形状和比例，表 1.3 所示是男性身材的黄金比例。

表 1.2　女性身体的形状和比例

部　位		形　状	比　例
颈		修长、线条清晰	颈长应当是脸长的一半，纤细度和长度与肩、上臂比例适中
肩		平、正、对称、不溜肩，可看到锁骨。女子圆润的肩膀，可以突出其秀美的曲线	肩宽于髋，腰围小于髋部
臂	前臂	平滑、圆润、内外有弧线	与大臂相比为中等大小
	上臂	平滑、收紧时能看到肱二头肌	与全身比例相比大小适中（与上身比较）
胸	胸上	胸至锁骨可以看到比较明显的锁骨线，位置较高	较为丰满，轮廓向外
	胸下	丰满、坚挺富有弹性，可以看到明显的外圆弧形	用 B 号胸罩，适中，曲线优美，表现女性特有的魅力
背		平且两边呈 V 形至腰	与腰、臀相比中等大小
腰	前	脂肪少而平坦，无下垂	腰线在肩部与大腿根部连线的中点，腰线适中，下腹无凸出感
	侧	腰侧与下垂的臂有明显的平稳过渡，曲线呈 V 形	
	后	平、窄	
臀	臀下	臀位高，臀部圆翘，球形上收，从臀下到大腿内侧圆滑	与腰、大腿相比比例适中，大腿后无脂肪堆积，宽度与肩齐或略比肩宽
	臀上	臀峰高且圆滑，腰向臀或大腿过渡平而明显	无下垂，脂肪少，大小比例适中

续表

部　位		形　　状	比　　例
大腿	前	表面平滑，有弧形、明显圆滑，向膝过渡有平滑感	修长而线条柔和，躯干短，腿长，重心高。腿的长度大于或等于肩部到脚底长度的 1/2
	内侧	圆滑平润，双腿并拢时有接触点，两腿分开时中间、上面有弧线	
	外侧	平滑、圆润，无明显肌肉	
	后侧	有圆滑弧线，臀折线浅，从臀到小腿有明显过渡，可看到肱三头肌但不明显，无明显的脂肪堆积	
小腿		小腿腓肠肌在小腿上 1/3 处，肌肉线条细、平、体积小	
膝		平滑，膝盖周围无多余脂肪，大腿伸直后，膝盖无向上凸出感	膝与大腿、小腿过渡平滑，无明显外侧凸出感
踝与足		踝细，足弓高	呈漏斗状，形态美观

表 1.3　男性身材的黄金比例

部　位	比　　例
上、下身比例	以肚脐为界，上下身比例应为 5:8，符合“黄金分割”定律
胸围	由腋下沿胸部的上方最丰满处测量胸围，应为身高的一半
腰围	在正常情况下，量腰的最细部位，腰围=胸围–20 cm
髋围	在体前耻骨平行于臀部最大部位，髋围=胸围+4 cm
大腿围	在大腿的最上部位，臀折线下，大腿围=腰围–10 cm
小腿围	在小腿最丰满处，小腿围=大腿围–20 cm
足颈围	在足颈的最细部位，足颈围=小腿围–10 cm
上臂围	在肩关节与肘关节之间的中部，上臂围=大腿围/2
颈围	在颈的中部最细处，颈围=小腿围
肩宽	两肩峰之间的距离，肩宽=胸围/2–4 cm

注：表中与“围”相关的物理量的单位均为 cm。

任务二　保持形体美

一、健康饮食

生活水平的提高，带来饮食结构的变化，因肥胖引起的多种病症给越来越多的人带来生活和工作的苦恼。这里说的肥胖是指超出标准体重的实际体重，由于运动不足使过剩的营养物质转化为脂肪存于人体内部。

身材苗条是高铁乘务上岗工作的首要条件。实践经验告诉我们，“体育运动”和“少食多餐”等方法都是通过运动消耗人体能量或调整营养结构从而达到控制体重、保持良好身材的科学方法。

多食少动是减肥的天敌。绝大多数的肥胖者都是因为饮食过量、能量消耗减少而导致脂肪堆积。在肥胖人群中属能量代谢不平衡的占 67.5%；属饮食不当，偏吃甜食、盐味过重的占 3.2%；只有极少肥胖者是属于遗传因素造成的。

科学研究证明：吸收能量超过消耗能量会导致体内能量聚积，从而形成脂肪堆积；过剩脂质沉积于血管壁则会引起血管硬化，造成动脉粥样硬化等心血管病；而动脉粥样硬化可导致血管弹性降低，使血液流动受阻，从而导致患高血压、心脏病等病的概率大大提高。科学家在古埃及木乃伊的解剖中发现，王公贵族的僵尸动脉硬化尤为明显，奴隶僵尸的动脉硬化程度则很轻，甚至没有。所以对减肥者来说，增强健身运动的同时更要控制饮食。

控制饮食只是减肥的重要方面之一。铃木慎次郎教授是日本健身运动处方创始人之一，他通过实验研究证明："矫正肥胖不仅要减少食量，还要每日进行中等强度的运动。"只注重节食的减肥效果并不好。美国生理学家劳伦斯认为："每周减轻体重一磅简直等于自杀。"他认为："迅速减肥的节食处方，无异于把肉撕下来，是有害而无效的。"他提倡健康而有效的长期减肥方法："在可以接受的程度下增加运动，逐渐消耗多余热量。"

目前社会上盛行的饥饿减肥法、自导呕吐法和药物减肥法更不可取，这些减肥方法不仅使身体变得虚弱，而且容易导致多种慢性疾病。例如，饥饿减肥法使脂肪减少的同时导致体内蛋白质亏损，维生素和矿物质不足，长期采用该方法会使机体的抵抗力下降，激素分泌紊乱，甚至引起精神压抑和饮食行为紊乱。科学证明减肥的最佳方法是健身运动与饮食控制相结合。当运动结合饮食调节减肥时，要注意以下几个方面。

（一）人体所需的六大营养素

1. 碳水化合物（糖）

碳水化合物是人体主要能量来源之一，1 g 碳水化合物产生 16.75 J 热量。人体的中枢神经活动完全依赖于碳水化合物的供给，协助脂肪和蛋白质有效燃烧和利用，保持适当的细胞体液平衡，实现细胞功效最大化。坚持适度食用碳水化合物，不仅有助于维持适度的血糖平衡，并且可以节省蛋白质，使蛋白质更多地用于肌肉合成。不同的碳水化合物，人体的吸收程度不同，表 1.4 中给出了三类不同吸收程度的碳水化合物。

表 1.4　三类不同吸收程度的碳水化合物

吸收程度	碳水化合物
高	糖、蜂蜜、玉米、白面包、精制谷类、烤土豆
中	全麦面包、大米、燕麦、麦麸、豌豆等
低	豆类、水果（苹果、桃、柚子等）、蔬菜等

吸收程度高的碳水化合物可以导致胰岛素明显上升。胰岛素是一种使血糖降低的激素，它可以合成脂肪。所以，长期食用吸收程度高的碳水化合物会使细胞对胰岛素的敏感度降低，导致成年型糖尿病。超重、高血压、心脏病的人应选择吸收程度低的碳水化合物。

对于绝大多数成年人来说，运动时和不运动时对碳水化合物的摄入是有区别的（见表 1.5）。通过降低饮食中的碳水化合物的比例来减体脂是减肥的一个误区。因为体重的增减与摄入的热能总量有关，而与饮食中常量营养素无关。低碳水化合物饮食能够降低体重的原因有两个：一是低热量摄入；二是脂体的丢失。所以，减重效果应同日常饮食习惯相关，而非单独严格

限制或减少某一种常量营养素的摄入量。

表 1.5　运动型饮食结构

成　分	运动型饮食（总热量占比）/%	普通型饮食（总热量占比）/%
碳水化合物	60～65	45～50
脂肪	20～25	35～40
蛋白质	15	10～15

美国是一个流行性肥胖较为严重的国家，科学家经过研究得出的结论是："碳水化合物能使人肥胖，然而低脂肪饮食仍使美国人变得越来越胖，其原因在于美国大众的高能量摄入与低能量消耗。"

科学家给出的建议：

（1）每天的饮食应至少包括 25 g 纤维素；

（2）根据个人的偏好、活动水平和饱腹感来制订碳水化合物摄入方案，其摄入量应占摄入总量的 50%～70%；

（3）多吃水果、全谷和蔬菜等食物，这些是纤维素的主要来源；

（4）每天饮食应先满足蛋白质和脂肪需求量，然后再估算食物中碳水化合物摄入量。

2. 脂肪

脂肪是人体的第二大能量来源，1 g 脂肪能够提供 37.7 J 能量。它是碳水化合物和蛋白质氧化释放能量的两倍多，也是食品中的定时炸弹。同时，脂肪还可成为脂肪性维生素 A、D、E、K 的载体。其中，维生素 D 可以促进钙吸收，为身体组织尤其是骨骼和牙齿提供充足钙；脂肪在胡萝卜素性维生素 A 的转变过程中十分重要。所以脂肪在生理作用中扮演重要角色，具有以下功能：

（1）细胞内营养素的控制与排泄；

（2）包绕、保护如肾脏、肝脏、心脏等固定器官；

（3）维持体温，使身体免受外界环境温度影响；

（4）减缓胃液内盐酸分泌，增长胃排空时间，延长餐后饱腹感时间；

（5）刺激胆囊收缩素的释放，其有助于产生饱腹感；

（6）1 g 脂肪产生 37.7 J 热量；

（7）脂肪存在于所有的细胞中；

（8）脂肪摄入量应占总能量摄入的 10%～30%，超过总能量摄入的 30%会导致过量进食和新陈代谢降低。

科学研究表明：控制体重者应根据能量平衡所要求的量，根据健康原则摄入热量，否则会过量进食。如果是减肥者，饮食中的脂肪热量应低于摄入总热量的 30%，最好是 20%。高脂食品会使身体摄入的热量转变为体脂，无益于减重或保持形体。

3. 蛋白质

蛋白质的主要功能是构成和修复身体的组织与结构，同时也参与激素、酶和其他调节性肽的合成。我们食物中的动物性蛋白或植物性蛋白分子在体内分裂成氨基酸并被吸收。氨基酸是构筑细胞壁、肌肉组织、激素、酵素等的基本物质。

健身训练可以增加蛋白质；有氧训练可以增加酵素；力量训练可以增加收缩蛋白，所以蛋白质对经常参加运动的人来说非常重要。

科学研究证明：在运动型饮食结构中，每天以蛋白质形式吸收的热量应占总热量的15%。各类人员的蛋白质需求量如表1.6所示，一般食物中的蛋白质含量如表1.7所示。

表1.6　各类人员的蛋白质需求量

人员	蛋白质占每日消耗量百分比/%	每日每千克体重所需克数/g
爱好运动的人	10	0.8～1.0
耐力型运动员	15	1.2～1.4
力量型运动员	17	1.4～1.8

表1.7　一般食物中的蛋白质含量

食物	量	蛋白质含量/g
豆类	113.6 g	6～8
牛肉	113.6 g	20～28
奶酪	28.4 g	7
鸡	14.2～85.2 g	24～30
辣椒	227.2 g	20
玉米	113.6 g	3
鱼	113.6 g	25～30
汉堡包	113.6 g	20
牛奶	227.2 g	9
花生酱	42.6 g	4
比萨饼	1片	10

4. 维生素

维生素和矿物质也被称为微量元素。虽然人体的需要量非常少，但它们对人体的新陈代谢和重要的生理功能却起着举足轻重的作用。根据其溶解性质，维生素分为水溶性和脂溶性两大类。表1.8中给出的是维生素的作用和来源。

1）水溶性维生素

水溶性维生素指可溶解于水的维生素。该类维生素有两个主要特点：

① 不在体内储存，因而必须经常摄取；

② 是构成人体多种酶系的主要辅基成分，参与糖、蛋白质和脂肪等多种代谢。

2）脂溶性维生素

脂溶性维生素指可以溶解于脂类的维生素，通常是与食物中的脂肪一起被吸收的。其特点是排泄慢，可在肝脏内储存，因此短期缺乏者采用一般的血液指标查不出来。

表 1.8 维生素的作用和来源

营养物质		作 用	来 源
水溶性维生素	维生素 B_1	能量制造	猪肉、谷类、豆类
	维生素 B_2	能量制造	牛奶、蛋、鱼、肉、绿叶菜
	烟碱酸	能量制造	坚果、鱼、家禽、谷物
	维生素 B_6	能量制造和蛋白质代谢	肉、绿叶菜、蔬菜、水果
	叶酸	红、白血细胞，RNA、DNA、氨基酸	肉、绿叶菜、蔬菜、水果、豆类、坚果
	维生素 B_{12}	血细胞、RNA、DNA、能量制造	肉类、奶制品、蛋
	蛋白毒素抗体	脂肪和氨基酸代谢，糖元合成	豆类、蔬菜、蛋
	维生素 C	伤口愈合、结缔组织、抗氧化、免疫功能	柑橘、蔬菜
脂溶性维生素	维生素 A	视力、免疫功能	奶制品
	β–胡萝卜	细胞增长、抗氧化	蔬菜、水果
	维生素 D	骨骼、牙齿	阳光、鱼、奶制品、蛋
	维生素 E	抗氧化	植物油、坚果、绿叶菜
	维生素 K	凝结血液	肉、绿叶菜、谷类、水果、奶制品

科学研究证明：维生素对免疫系统十分重要。长时间进行高强度运动、控制体重、减肥等情况时应对维生素营养状况进行检测，并在医生的指导下适量补充维生素。

5. 矿物质

人体所需的矿物质微量元素包括铁、锌、铜、锰、铬、碘、硒、氟等。它们对酵素、细胞活动、激素、骨骼、肌肉、神经活动、酸碱平衡有着十分重要的作用。矿物质主要集中在动物组织和动物性产品中，各矿物质的作用和来源见表 1.9，其中比较容易出现营养问题的是铁和锌。

表 1.9 矿物质的作用和来源

矿物质	作 用	来 源
钙	骨骼、牙齿、凝结血液、肌肉收缩	奶制品、豆科植物、蔬菜
氯化物	消化、细胞外体液	食物中的盐
铬	能量制造	豆科植物、谷类、肉类、植物油
铜	铁代谢	肉类、水
氟	骨骼、牙齿	茶叶、海产品、水
镁	甲状腺激素	鱼、奶制品、蔬菜、碘盐
磷	骨骼、牙齿、酸碱平衡	奶制品、肉类、鱼、家禽、谷类
钾	神经传导、体液和酸碱平衡	绿叶菜、香蕉、肉类、奶制品、土豆、咖啡
硒	抗氧化	海产品、肉类、谷类
钠	神经功能、体液和酸碱平衡	盐
硫	肝脏功能	食物蛋白
锌	酵素活性	奶制品、肉类、鱼、家禽、谷类、水果、蔬菜
铁	运输氧	肉类、蛋类、蔬菜和谷类

1）铁

铁是血红蛋白、肌红蛋白及多种酶的组成成分，它的功能是运输氧，是人体必需的矿物元素。铁缺乏最常见后果是贫血，表现为血红蛋自降低，引起免疫机能减退及某些免疫物质减少。

建议：

① 荤素搭配，膳食平衡；

② 多食用富含维生素 C 的食物，促进铁的吸收；

③ 铁缺乏的人应多吃一些瘦肉、动物肝脏、动物血制品等，以补充优质铁。

2）钙

钙是骨骼和牙齿的主要成分。对于爱好运动的人来说钙尤为重要，钙的摄入和负重训练能够使骨骼强壮。年轻女性在进行身体锻炼时，要控制好运动强度，最好在有氧运动范围内，同时注意加强钙的摄入，这样才能防止骨质流失。

3）锌

锌是代谢酶的成分之一，是植物、动物乃至人类都必需的元素之一。人体缺锌时会出现味觉迟缓、生长缓慢、皮肤改变、免疫机能异常等症状。

6. 水

水是生命之源。成年人体内水约占 60%。当人体常量营养素、维生素、矿物质缺乏时，人仍能存活几周甚至几年；当人体缺乏水时，人仅能存活几天。

1）摄入充足水分产生的功效

摄入充足水分对人体产生以下功效：

① 增强内分泌功能；

② 减少体内液体潴留；

③ 增强肝功能，提高能量供应中脂肪的利用率；

④ 减少饮食；

⑤ 增强新陈代谢功能；

⑥ 全身分配营养物质；

⑦ 增强体温调节；

⑧ 维持血容量。

2）脱水对人体的影响

脱水对人体的影响如下：

① 减少血容量；

② 运动能力下降；

③ 血压下降；

④ 出汗少；

⑤ 中心体温升高；

⑥ 心率增加；

⑦ 皮肤血流量减少；

⑧ 易疲劳；

⑨ 肌糖原利用增加。

科学研究证明：减肥者不应采用减少水分摄入的方法来减轻体重，反而应比常人多喝水，每天至少饮 8～12 杯；如果因锻炼出汗而减轻体重，应尽快把失去的水分补充回来，恢复失去的体重。

（二）各类食物所含热量

只有了解各类食物所含热量，才能有计划地选择食物，合理地控制热量摄入。在选配食物热量时可参照表 1.10。

表 1.10　各种食物含热量　　单位：kJ/100 g

食物名称	热量/kJ	食物名称	热量/kJ	食物名称	热量/kJ
谷物		干豆类		豆制品类	
籼米	1 465	黄豆	1 720	黄豆芽	385
粳米	1 452	绿豆	1 390	绿豆芽	126
糯米	1 452	赤豆	1 335	南豆腐	172
小麦粉	1 473	蚕豆	1 323	北豆腐	293
高粱米	1 511	咸菜		面筋	398
玉米面	1 519	腌雪里蕻	88	豆腐干	720
鲜豆类		泡青菜	155	鲜果类	
毛豆	561	榨菜	226	橘	222
豌豆	335	咸萝卜干	444	橙	163
蚕豆	377	腌大头菜	423	苹果	260
四季豆	130	乳品类		梨	167
叶菜类		人乳	272	桃	134
大白菜	80	羊乳	297	李	167
油菜	105	豆代乳粉	1 871	柿	201
卷心菜	100	水产类		枣	431
菠菜	75	黄鱼	327	荔枝	268
莴苣笋	46	带鱼	582	枇杷	121
莴苣叶	105	青鱼	523	香蕉	377
韭菜	126	草鱼	460	甘蔗	222
芹菜	84	鲢鱼	494	根茎类	
空心菜	117	鲤鱼	481	红薯（地瓜）	720
苋菜	142	鳜鱼	444	土豆	327
瓜及茄类		墨鱼	268	白萝卜	109
西红柿	54	黄鳝	347	芋头	327
茄子	92	海鳗	393	胡萝卜	142
辣椒	100	河虾	314	家畜类	
南瓜	121	河蟹	343	肥猪肉	3 470
丝瓜	113	田螺	293	瘦猪肉	1 381

续表

食物名称	热量/kJ	食物名称	热量/kJ	食物名称	热量/kJ
瓜及茄类				家畜类	
冬瓜	42	蛋类		腊肉	1 118
黄瓜	54	鸡蛋	695	猪肾	440
西瓜	88	鸭蛋	779	猪肝	536
苦瓜	71	松花蛋	762	肥牛肉	1 118
干果及硬果类		家禽类		瘦牛肉	599
干红枣	1 293	鸡	435	肥瘦牛肉	1 130
柿饼	1 218	鸡肝	465	牛肝	565
葡萄干	1 226	鸭	561	牛肾	360
桂圆	1 180	鸭肝	578	肥瘦羊肉	1 536
花生米	2 285	鹅	603	羊肝	649
炒南瓜子	2 172	油脂及调味品		食用菌及藻类	
炒葵花子	2 629	猪油	2 474	鲜蘑菇	105
干核桃仁	2 800	植物油	3 767	黑木耳	1 273
		白糖	1 662		
		酱油	318		
		醋	92		

二、科学控制体重

（一）认识肥胖

从美学角度来判断胖瘦之美，往往由于文化和时代背景的不同而存在差异。当前社会崇尚以瘦为美，许多年轻人以追求“骨感美”为目标，导致越来越多的爱美青年盲目减肥，匆匆加入减肥的行列。因此，如何引导青年人形成理性的健美观并科学地控制体重变得至关重要。

判断一个人是否肥胖并不是简单的事情，个子高低用皮尺丈量便知分晓，但只靠称体重是解决不了这个问题的。通常情况下，人长得高体重就重，长得矮体重就轻，体重与身高存在极其密切的关系。

教育部、国家体育总局于 2002 年 7 月 4 日颁布了《国家学生体质健康标准（试行方案）》，对大学生身高与标准体重做了一个统一规定。具体见表 1.11 和表 1.12。

表 1.11　大学男生身高与标准体重

身高段/cm	营养不良/kg	较低体重/kg	正常体重/kg	超重/kg	肥胖/kg
172～172.9	<51.4	51.4～61.5	61.6～69.5	69.6～72.1	≥72.2
173～173.9	<52.1	52.1～62.2	62.3～70.3	70.4～73.0	≥73.1
174～174.9	<52.9	52.9～63.0	63.1～71.3	71.4～74.0	≥74.1
175～175.9	<53.7	53.7～63.8	63.9～72.2	72.3～75.0	≥75.1

续表

身高段/cm	营养不良/kg	较低体重/kg	正常体重/kg	超重/kg	肥胖/kg
176～176.9	＜54.4	54.4～64.5	64.6～73.1	73.2～75.9	≥76.0
177～177.9	＜55.2	55.2～65.2	65.3～73.9	74.0～76.8	≥76.9
178～178.9	＜55.7	55.7～66.0	66.1～74.9	75.0～77.8	≥77.9
179～179.9	＜56.4	56.4～66.7	66.8～75.7	75.8～78.7	≥78.8
180～180.9	＜57.1	57.1～67.4	67.5～76.4	76.5～79.4	≥79.5
181～181.9	＜57.7	57.7～68.1	68.2～77.4	77.5～80.6	≥80.7
182～182.9	＜58.5	58.5～68.9	69.0～78.5	78.6～81.7	≥81.8
183～183.9	＜59.2	59.2～69.6	69.7～79.4	79.9～82.6	≥82.7
184～184.9	＜60.0	60.0～70.4	70.5～80.3	80.4～83.6	≥83.7
185～185.9	＜60.8	60.8～71.2	71.3～81.3	81.4～84.6	≥84.7

表 1.12　大学女生身高与标准体重

身高段/cm	营养不良/kg	较低体重/kg	正常体重/kg	超重/kg	肥胖/kg
163～163.9	＜46.4	46.4～53.6	53.7～63.9	64.0～67.3	≥67.4
164～164.9	＜46.8	46.8～54.2	54.3～64.5	64.6～67.9	≥68.0
165～165.9	＜47.4	47.4～54.8	54.9～65.0	65.1～68.3	≥68.4
166～166.9	＜48.8	48.0～55.4	55.5～65.5	65.6～68.9	≥69.0
167～167.9	＜48.5	48.5～56.0	56.1～66.2	66.3～69.5	≥69.6
168～168.9	＜49.0	49.0～56.4	56.5～66.7	66.8～70.1	≥70.2
169～169.9	＜49.4	49.4～56.8	56.9～67.3	67.4～70.7	≥70.8
170～170.9	＜49.9	49.9～57.3	57.4～67.9	68.0～71.4	≥71.5
171～171.9	＜50.2	50.2～57.8	57.9～68.5	68.6～72.7	≥72.2
172～172.9	＜50.7	50.7～58.4	58.8～69.0	69.2～72.7	≥72.8
173～173.9	＜51.0	51.0～58.8	58.9～69.6	69.7～73.1	≥73.2

（二）肥胖的标准

肥胖是由于体内脂肪堆积使体重增加。把体重较重看成肥胖是片面的观点。研究人员一般根据超过标准体重的百分比来判定肥胖程度，他们利用统计学方法，把身高和体重的关系用公式的形式表现出来，肥胖度即肥胖的程度，通常用下面的公式来计算：

$$肥胖度=[（实际体重-标准体重）/标准体重]\times 100\%$$

表 1.13 给出的是肥胖度评价表。

由中国军事科学院等单位提出的我国成年人理想体重的计算方法如下：

长江以北的北方人的理想体重：

$$理想体重（kg）=（身高-150）\times 0.6+50$$

长江以南的南方人的理想体重：

$$理想体重（kg）=（身高-150）\times 0.6+48$$

其中，身高以厘米（cm）为单位。

表 1.13　肥胖度评价表

序号	肥胖度	评　价
1	＜-40	极度消瘦，极度热量不足
2	＜-30	重度消瘦，重度热量不足
3	＜-20	中度消瘦，中度热量不足
4	＜-10	偏瘦，热量不足
5	[-10，10]	正常
6	＞10	偏胖，热量过剩
7	＞20	中度肥胖，中度热量过剩
8	＞30	重度肥胖，重度热量过剩

（三）产生肥胖的原因和不良习惯

1. 产生肥胖的原因

研究证明：产生肥胖的主要原因是人体摄入的热量超过消耗的热量，通常是由以下 4 方面的原因所致。

1）遗传因素

研究发现：如果父母体重正常，他们子女的肥胖发生率只占 10%左右；如果父母中一方肥胖，其子女肥胖发生率就会增至 40%～50%；如果双亲都胖，其子女肥胖发生率增至 70%～80%。遗传学研究还发现人类肥胖遗传率在 40%～80%，就是说一个人肥胖与否有 40%～80%是遗传的，后天可以控制的占 20%～60%。

2）“消耗”减少

产生单纯性肥胖的主要原因是“吃多、动少”，其中“动少”是关键。通过研究肥胖学生与体重正常的学生在体育课上的运动情况，发现肥胖学生大部分时间都是站着不动，而体重正常的学生在体育课上则非常活跃，大多数时间都在从事剧烈的运动。

3）精神因素

饱食中枢和饥饿中枢是控制食欲的中枢神经，因此食欲受人的神经影响极大。通常情况下，情绪激动时，神经兴奋，刺激饥饿中枢，促使食欲旺盛并造成过度进食。同时，精神忧虑或情绪不好，会借大量进食以发泄并获取慰藉，这些都可能导致肥胖。

4）病理性因素

某些疾病的影响也会造成肥胖，如下丘脑性肥胖、高胰岛素性肥胖及肿瘤压迫影响食欲中枢，都可能出现过食、肥胖现象。此外，由于服用某些激素类药物、抗精神病类药物或服用避孕药物不当，也可导致肥胖的发生。

2. 导致肥胖的不良习惯

以下习惯均可能导致肥胖：

① 一天喝两瓶以上的果汁或饮料；

② 喜欢吃西餐；

③ 喜欢吃肥肉；

④ 喜欢吃火锅和酸辣有味的食物；
⑤ 吃饭速度过快，不残留食物，统统吃光，餐后吃甜点；
⑥ 每次午餐后很快进入睡眠状态；
⑦ 很晚休息，而且有吃夜宵的习惯，用餐后 1 小时之内就睡觉；
⑧ 包里总是放着一些饼干、糖果，家里常有点心或甜品之类的食物；
⑨ 假期里，喜欢待在家里躺着，而且经常吃小食品；
⑩ 曾有过减肥成功却又胖回来的情形；
⑪ 每天以坐为主，没有运动习惯。

（四）减肥瘦身的误区

1. 不吃早餐、晚餐，只吃午餐

误以为不吃早餐、晚餐能减少热量的摄入，从而达到减肥的目的，殊不知不吃早餐和晚餐对人体伤害极大，无益健康。

2. 节食

任何时候少吃都是减肥的必要前提，但是少吃不等于不吃。极端的节食会造成厌食症，影响身体各方面机能，也失去了减肥的真正意义。

3. 不吃任何有营养的食物

如不吃含有丰富蛋白质的肉、蛋、鱼、淀粉等，认为这些食物会增加脂肪，只吃水果和未烹饪的蔬菜等。这样会导致必要的营养和热量摄入不足。

4. 固定食谱

尽管每日三餐不少，但不变化食谱，这样做固然减少了一些热量的摄入，但久而久之会使身体缺少全面的营养，有害无益。

5. 以药物代替天然食品

以营养品、维生素类药代替日常饮食中应该摄取的营养，会使身体缺少应有的营养，百害无一益。

6. 药物减肥

靠药物减肥风行于世，许多人喝减肥茶、吃减肥药，可能确实能使身体苗条一些，但往往药物停止后，体重反弹会更快。

（五）合理饮食

我国的膳食热量主要来自粮食，因此减少热量摄入最主要的办法是减少主食。蛋白质也多来自于粮食，所以减少主食的同时应及时补充富含蛋白质的食物。

1. 不易致胖食品

以下 3 类食品均不易致胖：
① 奶和奶制品；
② 瘦肉、鱼和蛋；
③ 蔬菜和水果。

经常食用这三类食品，不仅能保证机体对各种营养成分的需要，同时还能控制体重。

2. 各种营养素摄入量

合理饮食的总体要求：每天摄入的能量与消耗的能量大体相抵，在每天所摄入的有限食物中尽可能含有丰富的营养素。具体要求如下：

① 脂肪含量应占能量摄取量的25%～35%，其中一部分是不饱和脂肪酸；

② 饮食中糖的含量要低；

③ 蔬菜、水果、坚果、鱼、瘦肉和各类食物的摄入量要高；

④ 每天吸收总热量不超过4 186 kJ；

⑤ 每天食盐摄入量应在100 mg以下；

⑥ 少食多餐，一日三餐可增至四至六餐。

3. 适当节食

在摄入人体必需的营养的前提下适当控制饮食，但不要饿肚子，尤其避免过度节食。

（六）根据预定耗热量确定运动处方

每人每日从食物中获取的热能一般不超过 5 023 kJ。运动强度越大，能量消耗越多，各种活动的能量消耗如表1.14所示；运动强度虽然一样，但运动时间不同，消耗能量也不相同。减肥者可通过运动消耗热量的多少来选择运动的强度和时间。

例如，体重为80 kg的人要想通过运动耗掉837 J，他只要打17 min乒乓球或参加篮球运动10 min即可办到。计算方法很简单，查表1.14可知乒乓球运动与篮球运动的耗热量分别是0.623 7 J/（kg • min）和1.083 3 J/（kg • min），得出时间分别约17 min和10 min。

表1.14　各种活动的能量消耗

内　容	能量消耗/（J/（kg • min））	内　容	能量消耗/（J/（kg • min））
站立	0.065 7	做广播操	0.320 6
穿脱衣服	0.189 2	短跑	0.462 5
洗脸刷牙	0.122 2	长跑	0.579 3
洗澡	0.127 7	乒乓球运动	0.623 7
洗衣服	0.212 2	篮球运动	1.083 3
铺床	0.212 2	排球运动	0.843 5
扫地	0.212 2	蝶泳	4.231 9
提水	0.326 5	滑旱冰	0.638 3
做饭	0.624 9	太极拳（简化）	0.419 4
织毛衣	0.115 5	少林拳	1.045 2
谈话	0.166 6	跳绳（115次/min）	1.185 9
吃饭	0.136 9	引体向上12次	2.721 2
步行	0.281 7	羽毛球	0.569 3
散步	0.170 4	步行（100步/min）	0.557 1
骑自行车	0.616 2	足球（比赛）	0.594 0

日本专家研究出以各种速度跑（或步行）10 min时按体重计算所消耗的热量，对于不善于用球类、体操、举重等项运动减肥的人，可采用跑或步行的方式来达到减肥目的。表1.15中列出了各种速度跑步（或步行）10 min消耗的热量。

表 1.15　各种速度跑步（或步行）10 min 消耗的热量

跑步（或步行）速度/（m/min）	每 kg 体重在 1 min 内消耗热量/J	跑步（或步行）10 min 按体重计算所消耗热量/kJ						
		40 kg	50 kg	60 kg	70 kg	80 kg	90 kg	100 kg
60	0.075	130	163	197	230	260	293	327
80	0.406	163	205	243	285	327	364	406
100	0.481	193	243	288	339	385	435	448
120	0.561	226	281	335	394	448	507	561
140	0.640	255	322	385	448	511	578	640
160	0.716	285	360	431	502	574	645	716
180	0.795	318	398	477	557	636	716	795
200	0.875	352	440	523	611	699	787	875
220	0.950	381	477	569	666	762	854	950
240	1.030	410	515	620	720	825	925	1 030
260	1.109	444	557	666	779	887	992	1 109
280	1.185	473	594	712	829	946	1 067	1 185
300	1.264	507	632	800	883	1 013	1 139	1 264

三、科学有氧运动

（一）什么是有氧运动

现代化的高楼大厦仿佛成了一个金丝笼，把人类与自然隔得很远。现代人仿佛是上满发条的机器，时时不停地运转着，同时一些“文明病”也随之而来。运动不足，营养过剩，已成为“文明病”的重要原因之一。长久以来，人们一直寻找治疗“文明病”的良方。1968 年美国太空总署医生库珀博士在为宇航员设计有氧体能训练计划时发明了有氧运动，成为美国著名的健身运动专家。

“Aerobics”是“有氧运动”的意思。它是一个集合的概念，是一种以有氧功能为主的运动方式。它的特点是运动强度低、时间长，主要靠糖元和脂肪的有氧分解功能，提高练习者的有氧耐力，以此达到减脂的目的。长跑、有氧健身操、跳绳、游泳、骑车等，只要是符合有氧运动特点的都可称为有氧运动。

（二）如何确定有氧运动量

有氧运动量的大小直接影响有氧运动的效果。如果运动量过大会使人过度疲劳，甚至伤害身体健康。

一般人容易把运动量理解为跑的距离、跳操的时间长短等数量因素，实际上这只是运动量中的一部分。运动量应包括数量的多少、强度的高低、密度的大小。

对于进行有氧运动的人来说，必须把握好数量与强度两个因素之间的关系，才能达到有氧运动锻炼的预期效果。有氧运动的强度一般使用最大摄氧量的百分比来计算，但最大摄氧量的测定很不方便，相关学者从大量的实践及研究中发现心率的快慢和最大摄氧量成正比，心率越快，最大摄氧量的百分比也就越大（见表 1.16）。当锻炼结束后，立即计出 10 s 的脉搏数，再乘以 6 得出每分钟的心率，便可查出运动时相应的强度。

表 1.16　不同年龄、心率和运动强度对照表

运动强度	心率/次						
	8～12 岁	13～19 岁	20～29 岁	30～39 岁	40～49 岁	50～59 岁	60 岁以上
100%	195	190	190	185	175	165	155
90%	180	175	175	170	165	155	145
80%	170	165	165	160	150	145	135
70%	160	155	150	145	140	135	130
60%	150	150	140	140	135	130	125
50%	145	140	135	135	130	125	120
40%	140	135	130	130	120	120	115
30%	135	130	125	120	115	110	110
20%	130	125	120	115	110	105	105
10%	125	120	115	110	105	100	100

锻炼者可以根据自己运动后即刻的心率，在表 1.16 中查到自己运动的强度是多少，再考虑运动的时间，就可在表 1.17 中找到自己这次锻炼的运动量了。例如，一位 20 岁的健身爱好者，想用中等运动量进行锻炼，就可用 60%的强度（心率 140 次/min）运动 45 min，或用 67%的强度（心率 147 次/min）运动 20 min。

表 1.17　运动强度、锻炼时间和运动量对照表

运动量	运动强度/%						
	5 min	10 min	15 min	20 min	30 min	45 min	60 min
大	90	85	80	75	70	65	60
中	85	75	70	67	60	55	50
小	70	65	60	55	50	45	40

注意，不经常锻炼的人应当从小运动量开始锻炼，经过一段时间适应后再按表 1.17 的运动量锻炼，这样才不会造成身体的不适，更有利于坚持长久的锻炼。

（三）有氧运动应当注意的环节

有氧运动应注意的环节如表 1.18 所示。

表 1.18　有氧运动应注意的环节

项　目	范　围
心率范围	最大摄氧量：60%～80%
运动次数	保持体形者：3～4 次/周 减肥者：5～6 次/周
运动时间	每次 20～40 min

（四）有氧运动注意事项

1. 因人而异选择项目

在进行有氧运动时，练习者可以根据自身的特点和场地设施的条件来选择适合自己的运动项目，但一定要注意运动量和运动时间。

2. 连续不间断

在进行有氧运动的时候，尽量保持运动的连续性。在练习的过程中心率尽量保持在有氧运动的心率范围内。

3. 全身锻炼与针对性锻炼相结合

有氧运动持续的时间比较长，如果经常从事某一个动作的练习，会增加练习者身体局部的负担，应注意在全面锻炼身体的基础上，结合针对性的局部锻炼。

4. 持之以恒坚持长久

有氧运动应当坚持长久才能见到实效。每个星期应当锻炼 3～4 次以上才能保证有氧运动的效果。

任务三　高铁乘务职业素养与形体美的关系

良好的职业素养有利于拓展人们的职业生涯，为事业成功提供资源；良好的职业素养有利于提高职业境界，帮助从业者渡过难关，走向辉煌；良好的职业素养有利于个人成长成才，不仅是从业人员“社会化”的需要，更是从业人员自我实现的重要保证。

一、形象是高铁乘务职业素养的外在表现

职业素养包括职业道德、职业意识、职业技能和职业心理等多项内容，这些内容需要通过职业形象外化出来才能为服务对象所了解，所以职业形象是职业素养的外在表现。对于高铁乘务人员来说，职业形象的好坏不仅代表着从业人员个人的职业素养，而且代表了高速铁路企业的整体服务形象，更是衡量高速铁路服务质量优劣的重要标准，所以职业形象对高铁服务工作显得尤为重要。

形象美是高铁乘务人员的必备条件之一。无论是男性乘务员还是女性乘务员，都要对自己的形象尤为关注。形象不仅包括个人外在的长相、着装、化妆等静态形象，而且更重要的体现在姿态、表情、举止和风度等动态形象中。这些动态形象往往比静态形象更加真实地反映出高铁乘务人员的综合素养和职业能力。

二、形体是职业素养形象化的高品质体现

形体可以理解为一种特殊的语言，由人体多种动作、手势和举止行为组成。高铁乘务人员的职业素养主要是通过优美而高雅的整体形象展现出来，无论是站立行走还是服务手势，甚至细微到每一个微笑与眼神，都能深刻地展示出个人的职业素养。乘务人员的形体美是职业形象的集中展示，在经过专门的形体训练后乘务人员所表现出来的形体语言，带给服务对象的“第一印象”是感官上的融洽和心理上的悦纳。

三、形体训练是形成职业素养的有效途径

优美的形体要求个人在具备良好形体素养的基础上，展示出高贵、优雅、舒朗的气质形象，这种内外结合的美感能够令人赏心悦目。形体训练是经过提炼加工、风格化、韵律化的人体运动，也是一种高级的艺术化的运动。高铁乘务形体训练主要以专业形体训练为基础，通过矫正骨骼形态，塑造优美的身体线条，针对从业人员的职业姿态、职业表情、职业举止和职业风度等形象内容进行多角度、多层次的身体训练，为塑造匀称的体型、挺拔的身姿、翩翩的风度、优雅的举止和积极的心态提供有效的技术指导，是提升从业者的职业素养、实现形象职业化的重要过程。

四、高铁乘务面试标准

高铁乘务人员是中国高速铁路的代言人（见图 1.3.1），体现了一个行业、一个国家乃至一个民族的整体风貌。要求从业者不仅应具备良好的服务技能和技巧，而且要注重职业形象的塑造。综合各铁路局高铁乘务面试要求，我们提出以下两方面的面试标准。

图 1.3.1

（一）美学标准

高铁乘务面试的美学标准如下：

① 五官端正；

② 肤色好，牙齿排列整齐，眼球大小适中、对称，目光有神；

③ 着夏装时暴露部位无明显疤痕和色素异常；

④ 形体匀称，步态自如，动作协调；

⑤ 下肢长超过上身长 2 cm 以上；

⑥ 不是“O”形腿或“X”形腿；

⑦ 男生身高不低于 1.70 m，1.75～1.78 m 较为合适；女生不低于 1.60 m，1.63～1.68 m 较为合适；

⑧ 较好的语言表达能力；

⑨ 清晰的口齿和圆润的嗓音，声音不干、不涩、不哑、不弱等。

（二）医学标准

高铁乘务面试的医学标准如下：

① 女生单眼裸视力 C 字形视力表不低于 0.5；

② 男生单眼裸视力 C 字形视力表不低于 0.7；

③ 无色盲、色弱、弱视、斜视；

④ 无精神病史；

⑤ 不晕车、不晕船；

⑥ 无口臭、腋臭；

⑦ 无明显的内、外八字步；

⑧ 无肝炎、结核、痢疾、伤寒等传染病及各类慢性疾病。

通过本项目完成对形体美的理论学习，对肥胖和健康瘦身有科学的认识，并且能够运用科学的健身方式进行运动规划，实现科学瘦身。对高铁乘务的面试标准有清晰的认识，为后期学习奠定基础。

1. 简述形体美的概念及内涵。

2. 形体美的评价标准有哪些?

3. 高铁乘务的面试标准有哪些?

4. 根据身高测算出自身三围的标准值，与实际测量值相比较后，谈谈自身还需要在形体美上做出哪些努力。

5. 什么是有氧运动? 其特点有哪些?

6. 如何科学确定有氧运动的强度?

7. 有氧运动时应注意什么?

项目二

高铁乘务基础形体训练

本项目主要学习内容是高铁乘务基础形体训练，包括女性乘务人员和男性乘务人员的日常基础形体训练。女性乘务人员主要进行手臂、肩、颈、腰、腹、髋、腿、脚的机能性训练；男性乘务人员主要进行手臂、胸、腰、腹和腿的机能性训练。

知识目标

1. 学习和掌握女性乘务人员日常基础形体训练的训练方法。
2. 学习和掌握男性乘务人员日常基础形体训练的训练方法。

能力目标

1. 掌握身体各个部位的训练方法。
2. 增强身体的控制与协调能力。

任务一　女性乘务人员日常基础形体训练

每次练习开始前要做一定的准备活动。虽然日常基础训练这类对抗性练习出现受伤的可能性很小，但没有进行准备活动的肌肉和关节温度很低，黏滞性的增加会降低它们的延展性，若预先没有舒展肌肉韧带和关节，做日常的基础训练时就会感觉不舒服，活动也会因此受限。

一、颈部、手臂与肩部基础训练

训练一：颈部、手臂与肩部的柔韧性训练

练习 1：身体直立，两脚平行打开，两臂自然下垂。颈部向身体一侧慢慢倾斜，并试图让耳朵触到肩部（注意不要耸肩）之后，头经身体前慢慢绕向另一侧，如图 2.1.1～2.1.3 所示。注意，此动作应反复练习。

图 2.1.1

图 2.1.2

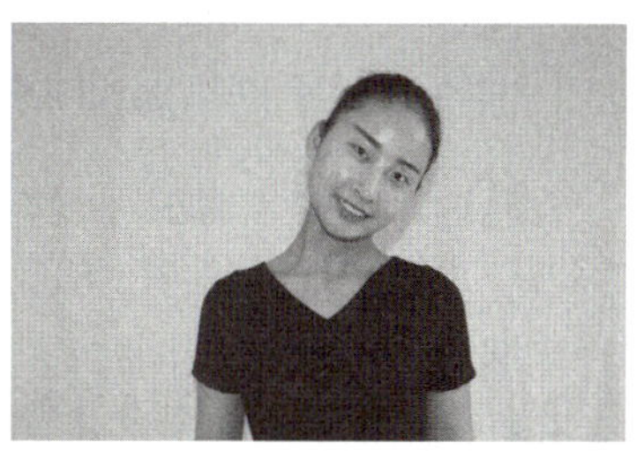

图 2.1.3

练习 2：练习者双膝跪地，双手尽可能前伸伏地，胸和肩慢慢往下压，停留 10 s，同时感受肩部肌肉和关节的舒展，如图 2.1.4 所示。

练习 3：练习者俯卧于地面，弯曲双臂，扶于头后；同伴两脚分开站立于练习者身后，两手握住练习者的肘关节向上拉起，适度用力，同时用膝关节将练习者的肩胛骨中间顶住，双手与膝要反方向用力，停留 1 个八拍，如图 2.1.5 所示。

练习 4：练习者双腿并拢，坐在地面上，伸直膝盖，双手上举，保持挺胸、抬头、立腰、拔背，同伴站立在练习者的身后，双手抓住练习者的肘关节处，膝盖顶住练习者肩胛骨中间，向反方向用力，停留 2 个八拍，如图 2.1.6 所示。

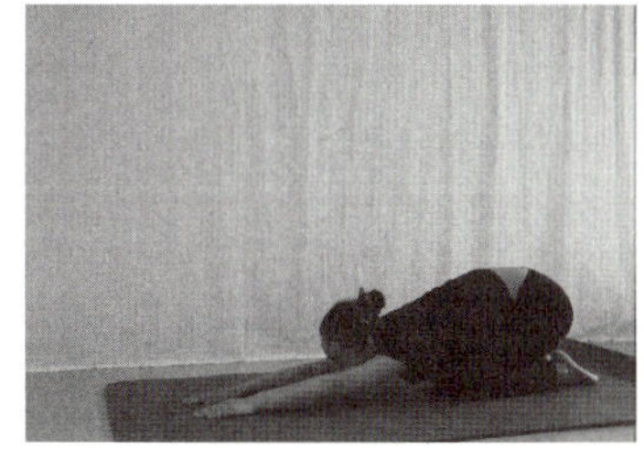

图 2.1.4

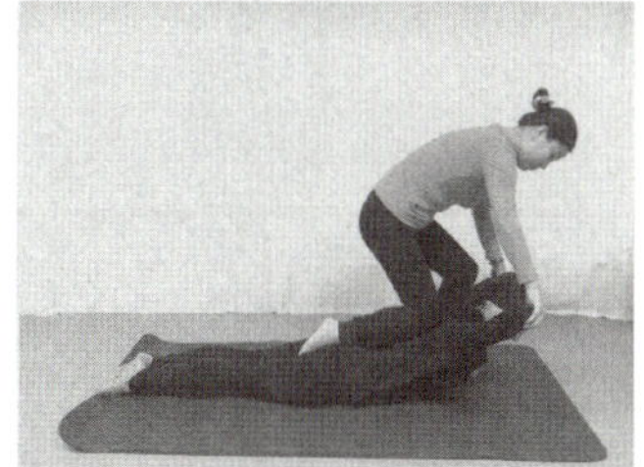

图 2.1.5

图 2.1.6

练习 5：练习者俯卧于地面，同伴站在练习者身体上部位置，双手握住练习者的手腕，并向上微微拉起，用脚踩住练习者的肩胛骨中间，手与脚要反方向用力，停留 2 个八拍，如图 2.1.7 所示。

练习 6：练习者双手扶于椅背或把杆，宽度与肩同宽，放松身体，前倾低头，同伴双手压在练习者肩胛骨中间，逐渐增强力量，连续 4 个八拍，如图 2.1.8 所示。注意，这个动作练习者应尽量不曲肘。

图 2.1.7

图 2.1.8

训练二：手臂与肩部力量训练

通过对手臂、肩部进行柔韧性训练，使上肢骨骼、肌肉韧带、肩带正常发育，增强上肢的力量与灵活性，培养正确的姿势，加强肩部的控制能力，帮助站立姿态更加优美。

练习 1：双手握住哑铃，拳心向前，双臂放在体侧自然下垂，在体前做屈伸练习，保持上身直立，最大限度地将双臂屈伸，每组动作连续做 4 个八拍，反复练习 3 组，如图 2.1.9 所示。

练习 2：双手握住哑铃，拳心向前，双臂由胸前平屈，练习侧平举，上身保持直立，尽量保持肩与双臂呈水平，每组动作连续做 4 个八拍，反复练习 3 组，如图 2.1.10 所示。

练习 3：双手握住哑铃，拳心相对，双臂由体侧上举，向后做屈伸练习，手臂和身体保持一条直线，收腹立腰，每组动作连续做 4 个八拍，反复练习 3 组，如图 2.1.11 所示。

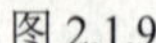

图 2.1.9

图 2.1.10

图 2.1.11

练习 4：双手握住哑铃，拳心相对，双臂曲肘由胸前上屈，含展胸的同时，将肩部内收和外展，每组动作连续做 2 个八拍，反复练习 4 组，如图 2.1.12 所示。

练习 5：小臂撑于地面，双腿与肩同宽，双膝离地，收紧腰腹，双臂与地面垂直，背部和臀部尽量保持水平，肩膀不要超过手指尖，一组停留 4 个八拍，反复练习 4 组，如图 2.1.13 所示。

练习 6：双膝跪在地面上，双臂与地面垂直，指尖向前，背部保持平直，收腹，肘关节弯曲呈直角，尽量将臀部与身体保持在水平面，肩膀不要超过手指尖，尽量将胸部贴于地面，每组动作连续做 2 个八拍，反复练习 3 组，如图 2.1.14 所示。

图 2.1.12

图 2.1.13

图 2.1.14

二、腰部与腹部、背部基础训练

训练一：腹部力量训练

以下介绍 10 个腹肌练习动作，每次选择 2～3 个动作练习即可。

准备动作： 可以选择在床上或垫上训练，身体呈仰卧姿势平躺在床（垫）上，两膝搭在床边，两腿自然下垂，如图 2.1.15 所示；或双膝并拢平躺于垫上，两手放在身体两侧。

练习 1： 准备动作练习完毕后慢慢将小腿抬起，伸直。让整个小腿超过床面或与地面保持平行，如图 2.1.16 所示，这种姿势保持一段时间，再让小腿自然下垂，还原。练习次数为 12～15。

练习 2： 准备动作练习完毕后将小腿抬起，经水平位置，收向胸部并靠拢，用双手紧抱膝盖，然后再顺原路还原，如图 2.1.17 所示。练习次数为 12～15。

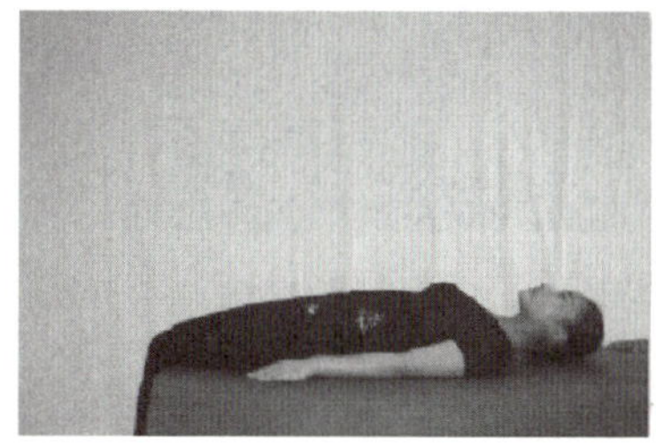

图 2.1.15

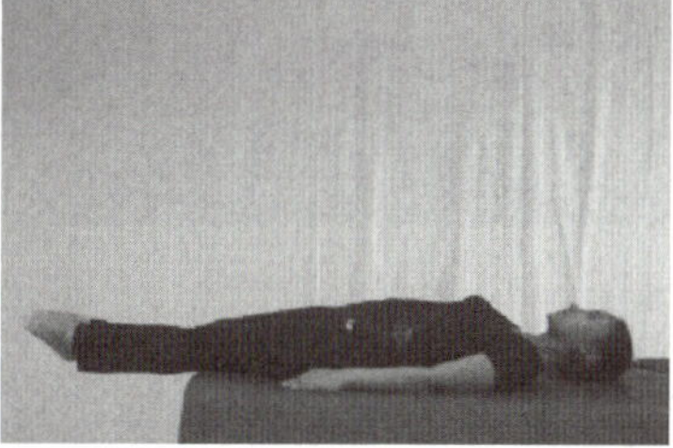

图 2.1.16

图 2.1.17

练习 3： 在图 2.1.16 动作的基础上把腿继续往上抬，位置 45° 角，这个姿势保持 6～8 s，如图 2.1.18 所示，然后慢慢落下，还原。练习次数为 3～5。

练习 4： 准备动作练习完毕后，把腿往上抬，位置 45° 角，保持这个姿势的同时，让双腿在空中做左右交叉腿的横向动作，如图 2.1.19 所示。每次练习时间为 60 s，练习次数为 3～5。

虽然这个动作很难做，但却非常有价值。因为做这个动作时，参与运动的肌肉不仅有腹肌，还有大腿内外侧肌肉和髋部髂腰肌，但这个练习会导致心率加快，切记要保持正常的呼吸。

练习 5： 在图 2.1.18 动作的基础上，两腿伸直，把一只脚的脚跟搭在另一只脚的脚面上，上面的那条腿稍稍放松，把一部分重量压在下面那条腿上，然后换另一条腿练习，如图 2.1.20 所示。

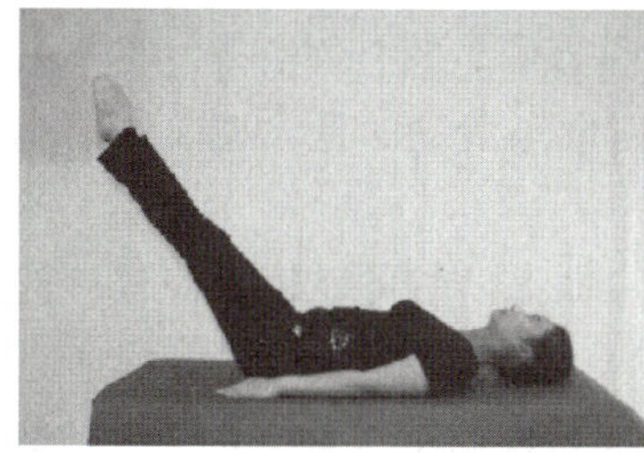

图 2.1.18

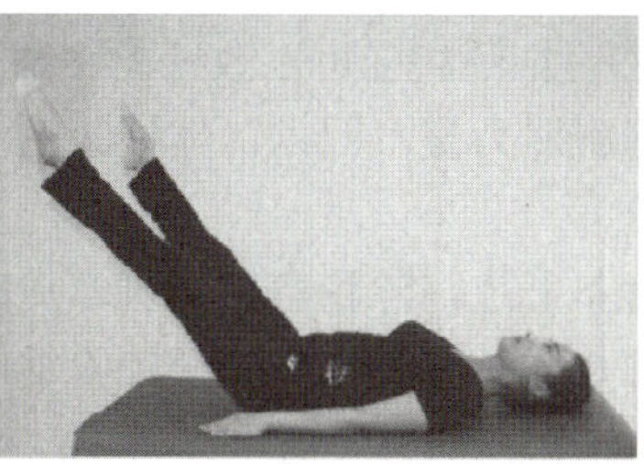

图 2.1.19

图 2.1.20

练习 6： 在图 2.1.16 动作的基础上，将一条腿的小腿向内收起，同时大腿向身体收，尽量向胸部靠近，完全伸直另一条腿，保持与地面平行，把两手放于身体的两侧，如图 2.1.21 所示。

把伸直的腿向上慢慢抬起，角度不要超过 45°，保持平衡并维持在这个位置上停顿 8～10 s，然后还原，如图 2.1.22 所示。单腿重复 2～3 次后，换另一条腿练习，重复相同的动作。

练习 7： 把静态的练习 6 做成一个动态动作。数 4 个数后，将腿从水平位置慢慢上举到垂直位置，再数 4 个数后还原，如图 2.1.23 所示。一组重复 6～8 次，共练习 2～3 组，然后换另一条腿练习。

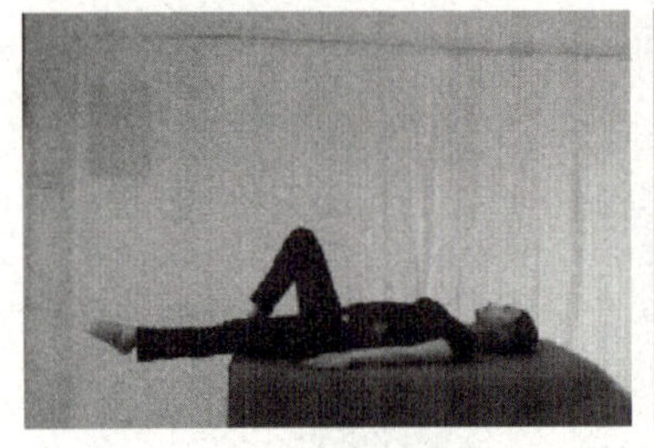

图 2.1.21

图 2.1.22

图 2.1.23

练习 8： 躺在床上将身体呈仰卧姿势，抬腿 90°，屈小腿 90°，使髋关节和膝关节形成两个 90° 角，双手放在双膝上，保持身体平衡，如图 2.1.24 所示。

双手放在体侧，保持身体的躯干和大腿的位置不变，让一条腿的小腿向上伸直，直至与地面垂直，两条腿以膝关节为轴，交替着运动，如图 2.1.25 所示。一组练习 60 s，共练习 3 组。

练习 9： 脚尖勾起，两腿顺垂直方向向上蹬，做仰卧蹬自行车状，两手放在身体的两侧，保持身体平衡，如图 2.1.26、图 2.1.27 所示。每次练习时间为 40～60 s，共练习 2～3 次。

图 2.1.24

图 2.1.25

图 2.1.26

练习 10： 仰卧起坐。通过练习仰卧起坐可以改善上腹部肌肉力量，但上体抬得过高（肩部离地超过 30 cm）并不会增强腹肌力量，因为上体抬起过高时参与运动的是大腿前侧的肌肉，而不是腹肌。

练习方法：仰卧在地板或者垫子上，双膝弯曲，脚掌放在地板上，也可以将腿伸直，把手搭在肩的两端或双手扶住头部，肘关节朝上。先开始收缩腹肌，抬头并让双肩离开地面，同时向上方运动，腰背部要紧贴地板，保持姿势 1 s，还原，反复进行，如图 2.1.28 所示。刚开始练习时重复 20 次，以后逐渐增多，可增至 30～35 次为一组。每次练习 2～3 组。

图 2.1.27

图 2.1.28

训练二：胸腹部柔韧性训练

胸腹部力量的强弱和柔韧性，决定了人的形体控制能力与体型的优美程度。所以，胸腹部柔韧性与力量训练是形体训练的重要内容之一，将胸部、腹部两种训练合二为一，相互作用。

练习 1： 仰卧于地面，屈膝，两脚打开与肩同宽，双手扶于头后，收紧腹肌，微抬上体，始终保持腰部与地面接触。每组动作连续做 2 个八拍，反复练习 3 组，如图 2.1.29 所示。

练习 2： 双腿打开与肩同宽，双手侧平举，身体向左下侧弯腰，同时左臂前伸至腹前，右臂上举，每组停留 2 个八拍，如图 2.1.30 所示。反复练习 3 组后做另一侧练习。

练习 3： 仰卧于地面，大腿、小腿绷直，与地面保持 45° 角，双腿向前伸展，双肩和头向腕部方向伸展，如图 2.1.31 所示。每组动作连续做 2 个八拍，每次 2 组。

图 2.1.29

图 2.1.30

图 2.1.31

练习 4： 仰卧于地面，双臂放在身体两侧，双腿伸直，抬起至与地面成 90° 角，保持 5 s 后慢慢落下，背部压紧地面，尽可能拉长手臂，如图 2.1.32 所示。每组动作连续做 2 个八拍，反复练习 3 组。

练习 5： 仰卧于地面，双腿并拢上举的同时，头、肩部离开地面抬起。向上伸展双臂，最大限度地与上体同时抬起，指尖伸向双脚方向，保持双腿不动，如图 2.1.33 所示。每组动作连续做 15 次，反复练习 2 个八拍。

练习 6： 双腿开立，双臂侧平举，以腰为支点将上体前倾，与地面平行，向上充分拔背，如图 2.1.34 所示。一组停留 2 个八拍，反复练习 5 组。

图 2.1.32

图 2.1.33

图 2.1.34

练习 7：仰卧于地面，双腿并拢，双臂举过头顶，左腿、右臂向上抬起，同时带动头肩部离开地面，右手指尖伸向左脚方向，如图 2.1.35 所示，还原后换做另一侧动作。一组动作连续做 2 个八拍，反复练习 2 组。

练习 8：仰卧于地面，屈膝，双腿并拢，脚尖点地，双手抱头，上体抬起时，双腿向斜侧方伸，如图 2.1.36 所示。一组动作连续做 2 个八拍，反复练习 3 组。

练习 9：仰卧于地面，双腿抬至 90° 后弯曲，将双脚脚踝交叉，双手抱头，慢慢抬起上体，尽量控制双腿姿势，如图 2.1.37 所示。一组连续做 2 个八拍，反复练习 2 组。

图 2.1.35

图 2.1.36

图 2.1.37

练习 10：练习者跪在地面上，同伴与练习者面对面站立，练习者向后甩腰，胸部向后下方卷曲，手臂夹耳两侧，向头部方向延伸，同伴扶住练习者的腰部，如图 2.1.38 所示。

练习 11：双腿跪立于地面，身体向后下腰，双手扶于脚踝，下腰时尽量将头向后抬，如图 2.1.39 所示。

图 2.1.38

图 2.1.39

训练三：腰部、背部力量训练

练习 1：练习者俯卧于地面，向上向后延伸手臂，同伴站立于练习者上方，抓着练习者的手，将练习者的手臂用力拉起，使练习者的上身离开地面，呈最大反弓状，如图 2.1.40 所示。注意，该动作要求挺胸抬头，尽量让髋部不离开地面，做 2 个八拍，反复练习 4 次。

练习 2：练习者俯卧于地面，将手臂前伸，双腿并拢，绷脚背。同伴蹲坐在练习者小腿部上方，压住练习者的双脚，如图 2.1.41 所示。练习者将上体上抬至最高位置，做 2 个八拍，反复练习 10 次。注意，该动作要求挺胸抬头，脚部紧贴于地面。

练习 3：两人背靠背，腿开立，一人用力挽住另一人手臂，一方先将另一方背起，使其后倒呈反弓状，如图 2.1.42 所示。保持 2 个八拍后，换另一方练习。注意，该动作要求被背人放松髋部，充分伸展腿部、背部、腰部肌肉，背人者双腿保持开立。

图 2.1.40

图 2.1.41

图 2.1.42

练习 4：左腿跪立于地面，双手向前撑，保持身体平衡，右腿向上抬起，挺胸抬头，停留 2 个八拍，如图 2.1.43 所示。反复练习 3 组后，换另一方向练习。

练习 5：俯卧于地面，双臂前伸，腿部伸直，双腿、上体同时向上抬起，如图 2.1.44 所示。一组做 4 个八拍，连续做 3 组。

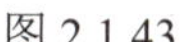

图 2.1.43

图 2.1.44

训练四：腰部、背部柔韧性训练

腰部、背部力量的大小及柔韧性的强弱对站立姿势有直接影响，腰部、背部力量和柔韧性的良好体现是：肌肉结实、富有弹性，身姿优美，曲线动人。

练习 1：双膝跪地，双手撑地，背部保持平直，收紧腹部；将背部向上弓起，同时收腹，让骨盆向前倾，保持弓背姿势两个八拍（见图 2.1.45）；然后背部慢慢向下沉，尽可能使胸部接近地面，略微抬头，并让臀部向前移动，保持头部、脊椎骨在一条直线上（见图 2.1.46），练习时要注意呼吸的协调配合。反复练习多次。

图 2.1.45

图 2.1.46

三、髋部基础训练

髋部的基础训练对塑造腿部曲线美有着十分重要的作用，是增强整体柔韧性与身体协调性的重要环节。

练习 1：坐在地面上，双腿分开，屈膝，脚心相对，双手撑在膝关节处，用力将膝关节下压，保持立腰、立背、挺胸，如图 2.1.47 所示。

练习 2：双腿屈膝，脚心相对，俯撑于地面，最大限度地把膝关节下压，贴紧脚心，臀部下沉，尽可能打开大腿至最大限度，如图 2.1.48 所示。

练习 3：坐在地上，将腿分开，背部保持平直，挺胸，同时向内收紧腹部，双手扶大腿内侧；腰部始终保持挺直状态；从臀部开始向前屈身，双手平放在前地上，头与背部保持在一条直线上，膝盖和脚趾始终处于绷直状态，如图 2.1.49 所示。

图 2.1.47

图 2.1.48

图 2.1.49

四、腿部与脚部基础训练

腿部与脚部基础训练，可提高站立姿态的腿部支撑能力，加强髋关节、膝关节、踝关节的坚固性和灵活性。脚部柔韧性训练对以后的各部位练习及组合练习有着非常重要的作用，它是体现形体美、姿态美的一个重要标志，也是形体训练中不可忽视的环节之一。

训练一：大腿前侧

身体侧卧在垫子上，向左侧卧，用右手抓住向后弯曲的右脚，慢慢地拉向大腿的后侧，如图 2.1.50 所示，保持 10～15 s；然后换另一侧腿，重复同样的动作。

训练二：大腿内侧

上体直立坐在垫子上，将两脚掌相对。双手抓住两脚踝，把足跟向内拉，让足跟尽量靠近骶骨关节，双膝向两侧打开，尽可能贴近地面。然后将上体尽量前倾，保持 5～7 s，重复 4～5 次，如图 2.1.51 所示。

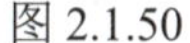
图 2.1.50

图 2.1.51

训练三：正确的压腿姿势

练习 1：正压腿

面对具有一定高度的物体（如高台、桌椅等）站立，并拢双腿，先抬起左腿，将脚跟放在肋木上，绷脚面，屈紧踝关节，两手扶脚面。两腿伸直，挺腰，同时将髋部收紧，这是许多人注意不到的地方，上体前屈，向前、向下做振压腿动作，逐渐加大力量，然后换腿做相应动作。根据柔韧性程度，可依次用肘部、前额、下颌去接触脚尖，如图 2.1.52 所示。

练习 2：侧压腿

身体侧对肋木等支撑物，先用右腿支撑，脚尖稍微向外撇，然后将左腿抬起，脚跟放在肋木上，绷脚面，屈紧踝关节，上举右臂，左掌放在右腰前。两腿伸直，立腰，开髋，身体上部向左侧振压，如图 2.1.53 所示。这个练习主要锻炼髋部和腰部。

做这个动作易出现两腿不直、身体向前弯曲的情况。所以在练习中应注意两点：一是支撑腿的脚尖应外展，被压腿尽量向身体正前顶髋；二是左臂向里掖肩，右臂向上举，尽量向头后伸展。同时，腿向肩后方振压。逐渐加大幅度，直到脚尖能接触到后脑勺。

练习 3：后压腿

背对肋木站立，并腿，两手叉腰或用一手扶着具有一定高度的物体。先右腿支撑，左腿抬起，脚背搁在肋木上，脚面绷直。上体后屈后做振压动作。左右腿进行交替训练。这个练习主要锻炼髋部、腰部和颈部，如图 2.1.54 所示。

该动作要求双腿膝盖绷直，支撑脚应全脚着地，脚趾抓地，挺胸，展髋，腰后展。注意，做这个练习时两腿容易弯曲，可请同伴帮忙顶起自己被压腿的膝盖，用一只手下压腰、髋，将腰挺直。

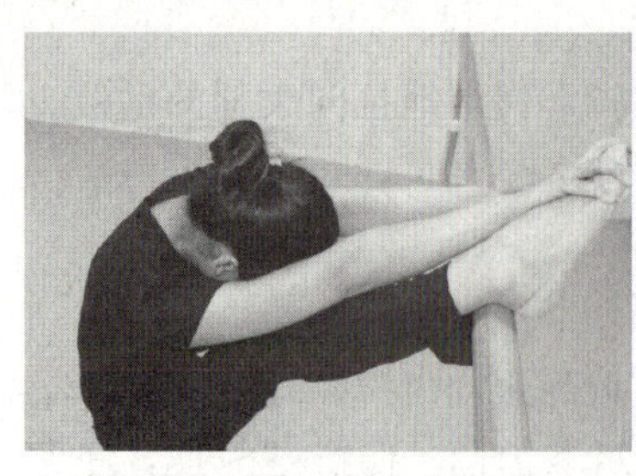
图 2.1.52

图 2.1.53

图 2.1.54

【特别提示】

为了避免拉伤或者跌倒，压腿时一定要注意以下要点：

① 要稳——单腿站立时必须站稳，最好能借助扶手，避免摇晃、失重、跌倒；

② 要轻——压腿用力不要过猛，以免对腰腿肌肉、骨骼造成损伤；

③ 要缓——压腿的动作应缓慢进行；

④ 要短——一般每次做 3～5 min 练习即可；

⑤ 要放松——压腿之后不要马上结束锻炼，还应做一些踢腿练习，放松调整；

⑥ 要以能否劈叉作为压腿是否成功的标准。

训练四：腿部力量训练

练习 1： 两腿开立，双手放于身体两侧，双腿屈膝下蹲时收腹立腰，臀部往后下坐，两臂前平举握拳（见图 2.1.55），两腿伸直还原，两臂下垂。连续做 20 次动作为一组，反复练习 2 组。

练习 2： 两腿前后分立，双手放于身体两侧，双腿屈膝下蹲，两臂前平举握拳（见图 2.1.56），两腿伸直还原，两臂下垂。连续做 20 次动作为一组，反复练习 2 组。

练习 3： 左腿前弓步，双手放左大腿上，右腿做提踵练习，身体保持直立，脚跟尽量高抬，如图 2.1.57 所示。一组动作连续做 20 次，反复练习 3 组，再做反方向。

图 2.1.55

图 2.1.56

图 2.1.57

练习 4： 自然站立，双手背后，原地练习团身跳，保持上体直立，尽量让双膝靠拢胸部，一组动作连续做 15 次，反复练习 2 组，如图 2.1.58 所示。

练习 5： 自然站立，双手叉腰，保持身体直立，左右交替进行高抬腿跳，保持大腿和膝盖呈水平面，如图 2.1.59 所示。一组动作连续做 30 次，反复练习 3 组。

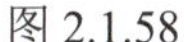

图 2.1.58

图 2.1.59

训练五：腿部柔韧性训练

练习 1： 前韧带。练习者双腿并拢坐在地面上，上体拉直，贴向双腿，稍抬头，同伴将双膝顶于练习者的腰部，向下方施力，如图 2.1.60 所示。

练习 2： 侧韧带。练习者双腿自然分开，上身尽量贴于地面并向前趴，同伴双膝顶住练习者的腰部，双手按练习者的背部，向前下方施力振颤。注意，该练习要求练习者膝盖和脚背保持绷直，如图 2.1.61 所示。

图 2.1.60

图 2.1.61

练习 3： 侧韧带。练习者将双腿分开坐立，右臂向左侧伸展，身体向左侧下压。尽量将右肩贴近于大腿，并尽量保持上身直立，连续做 10 次，然后换向做另一侧，如图 2.1.62 所示。

练习 4： 后韧带。练习者将左腿跪立于地面，右腿后伸直。右手扶左侧腰部，左臂上举，身体、手臂尽量向后摆动，稍抬头，连续做 10 次后做反方向，如图 2.1.63 所示。

练习 5： 大胯部韧带。练习者平躺于地面，双腿伸直分开，把脚绷直，同伴跪于地面，双手扶练习者双膝，向下施力振颤，如图 2.1.64 所示。注意，练习者应尽量放松髋部。

图 2.1.62

图 2.1.63

图 2.1.64

训练六：脚部柔韧性训练

练习 1： 练习者坐于地面，将两腿伸直并拢，勾脚背，同伴一手按住练习者的膝盖，另一手抓住练习者的前脚掌，向练习者膝盖方向施力，如图 2.1.65 所示。注意，练习者膝盖不能弯曲，保持一个八拍后，换另一只脚练习。

练习 2： 练习者坐于地面，将两腿伸直并拢，绷直脚背，同伴一手按住练习者的膝盖，另一手按住练习者的脚面向下施力，如图 2.1.66 所示。保持一个八拍后，换另一只脚练习。

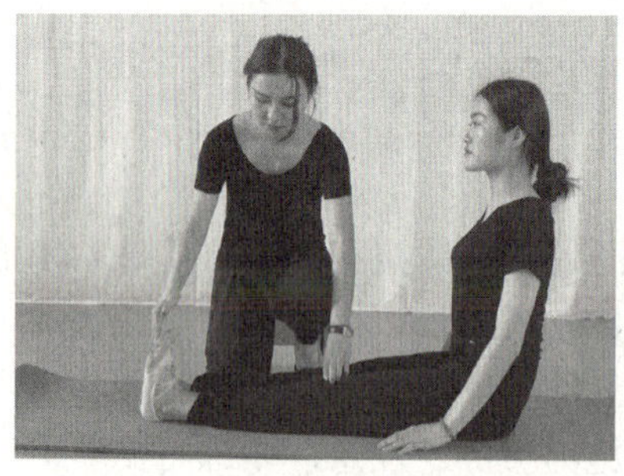

图 2.1.65

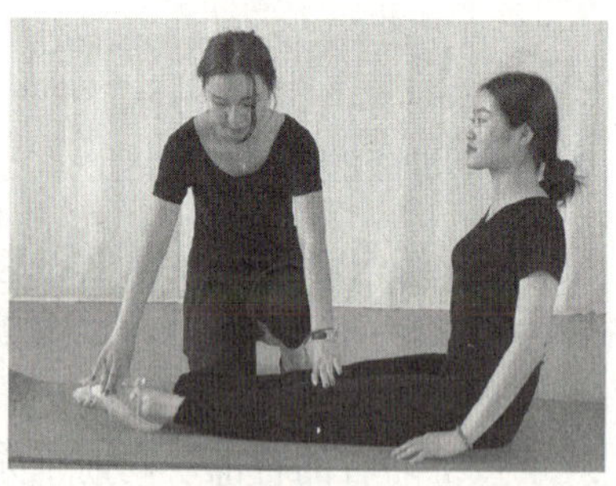
图 2.1.66

练习 3： 练习者跪于地面，双手轻轻扶住地面，用单脚脚尖与地面接触，臀部轻坐在另一只脚的脚跟上，如图 2.1.67 所示。

练习 4： 练习者站立，双手扶在椅背处，用单脚脚尖与地面接触，另一侧腿胫骨轻压踮起的脚跟，如图 2.1.68 所示。

图 2.1.67

图 2.1.68

任务二　男性乘务人员日常基础形体训练

一、手臂与肩部基础训练

练习 1： 把脚放椅子上，双手压住地板，做下倾掌上压动作，逐渐增加掌上压的难度，对胸肌、臂肌进行训练，如图 2.2.1 所示。做此动作时动作不能过急，缓缓压下后回升，将手臂扩张至长于上臂距离，还可侧重于运动胸肌。

练习 2： 将双手放在椅面上，将脚往前伸直，身体缓缓下降，如图 2.2.2 所示。要想增加运动的难度，还可将脚放在另一张椅子上。

图 2.2.1

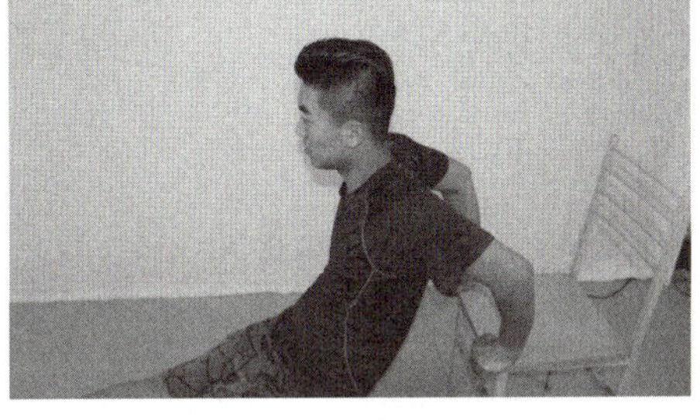

图 2.2.2

二、胸部与腹部基础训练

训练一：上腹肌练习

脚靠在墙上，做仰卧起坐，如图 2.2.3 所示。

训练二：下腹肌练习

双脚伸直，缓缓举起，注意膝盖一定要绷直，如图 2.2.4 所示。

训练三：斜腹肌练习

练习 1： 做踩脚踏车动作，用左肘碰右膝、右肘碰左膝，并增加运动的花样及难度。

练习 2： 平躺在地上，双臂打开，双手向两旁伸直，双脚伸直合拢后一起向左右两侧摆动，如图 2.2.5 所示。

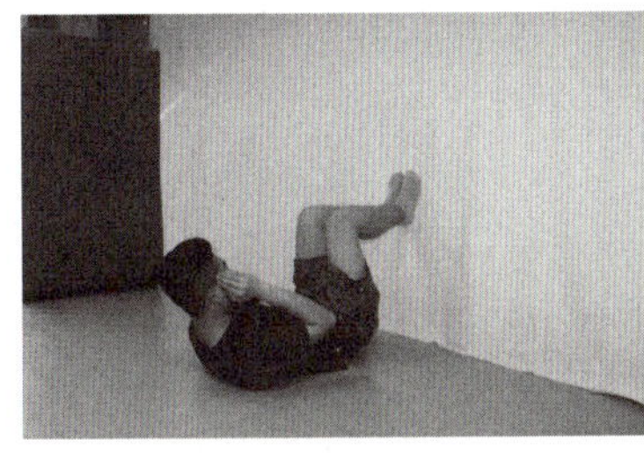

图 2.2.3

图 2.2.4

图 2.2.5

三、腿部基础训练

训练一：曲膝后踏

双脚紧靠直立，右脚后踏，直到左膝弯曲成 90° 为止，右膝尽量下压，直至碰到地面，保持姿势 2 s，换左脚重复，如图 2.2.6 所示。

训练二：靠墙扎马

一般难度：背靠在墙上，双腿张开与双肩同宽，离墙约 0.6 m。弯曲膝盖，让背部微往下滑，保持姿势 10 s，再弯曲膝盖，直到将臀部、双肩、头部五点位置靠在墙上，保持 10 s。

中级难度：每个位置保持 15～20 s。

高级难度：每个位置保持 30 s，如图 2.2.7 所示。

图 2.2.6

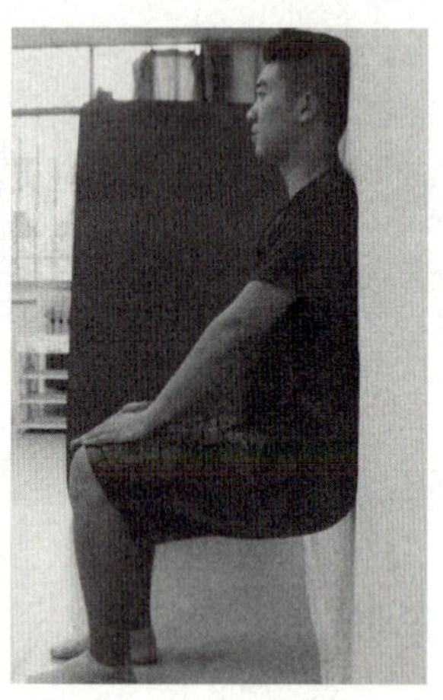

图 2.2.7

学习小结

男女乘务人员的日常基础形体训练是针对男女不同的身体结构而进行的针对性训练，是提高身体素质的常用锻炼方法，对提高身体机能有着重要作用。日常基础训练是形体训练初级内容，目的是增强身体各个部位的柔韧性与支撑力量，这部分内容将为后面的专业形体训练奠定基础，需要学生不间断地强化训练才能达到相应水平。

思考与练习

1. 完成手臂、肩部的基础训练各 3 组，以视频形式呈现。
2. 完成腰部、腹部的基础训练各 3 组，以视频形式呈现。
3. 男性完成腿部基础训练各 3 组，女性完成腿部、脚部基础训练各 3 组，以视频形式呈现。
4. 女性完成髋部基础训练 3 组，以视频形式呈现。

项目三

高铁乘务形体畸形矫正训练

本项目主要学习身体形体畸形的原因及矫正训练方法。

知识目标

1. 学习头部、颈部、肩部、背部等上肢形体畸形形成原因；
2. 学习腰部、胯部、腿部、脚部等下肢形体畸形形成原因。

能力目标

1. 掌握头部、颈部、肩部、背部等上肢形体畸形矫正方法；
2. 掌握腰部、胯部、腿部、脚部等下肢形体畸形矫正方法。

任务一　上肢形体畸形矫正训练

一、头颈部前伸的矫正训练

头颈部前伸的形态畸形主要是由于长期的身体姿势不正确造成的，表现为站立或坐立时，头颈部不能和肩部保持在一条垂直线上。

训练一：颈屈伸展

站立或坐立，颈屈使下颚贴近颈前部，下颚保持内收；尽最大限度地将颈向后收，然后做向前伸颈动作，再收至还原。在此姿势下做伸颈动作，保持几秒，放松，重复练习 5～10 次。注意，该练习不能使下颚向下运动。

训练二：靠墙站立

两脚脚跟距离墙 30～50 cm 靠墙站立，紧收下颚，尽量将头颈部贴靠墙面，坚持几秒，放松，重复练习 5～10 次。

训练三：前屈压肩

两臂上举，躯干前屈，用手扶墙或把杆，用力把胸部向下压，保持几秒，使肩部伸肌感受压力，重复练习 10～20 次。

二、高低肩的矫正训练

高低肩是由于长期使用一侧肩部扛东西、挎包等重物或习惯用同侧手提重物造成的，由于受力的一方常处于紧张状态，久而久之，就会造成斜肩，两肩不平，如图 3.1.1 所示。

训练一：双肩上提

站立于镜子前，两手垂于体侧。身体保持正直，两手均匀用力，双肩端起，同时吸气，让双肩保持在同一个水平面上，停留 10～30 s 后沉肩，如图 3.1.2 所示。一组动作重复做 10 次，共练习 3 组。

训练二：单肩上提

站立于镜子前，上体保持正直。低肩的一侧手斜下摆，做提肩运动，另一只手自然下垂，如图 3.1.3 所示。一组动作重复做 20 次，共练习 3 组。

训练三：单肩侧绕

站立于镜子前，低肩的一侧向侧绕至单臂侧上举，另一只手叉腰，如图 3.1.4 所示。一组动作重复做 15 次，共练习 3 组。

图 3.1.1

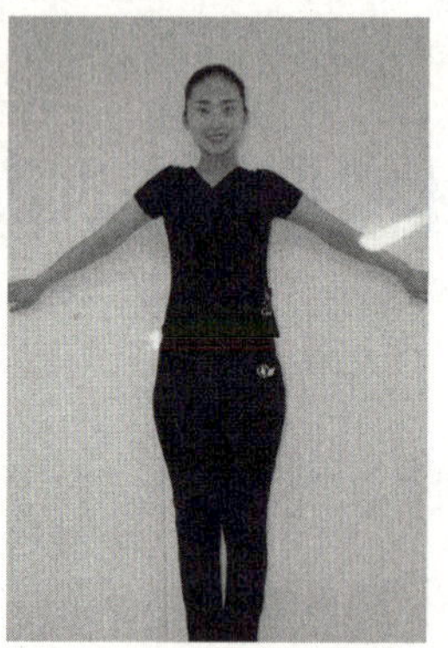
图 3.1.2

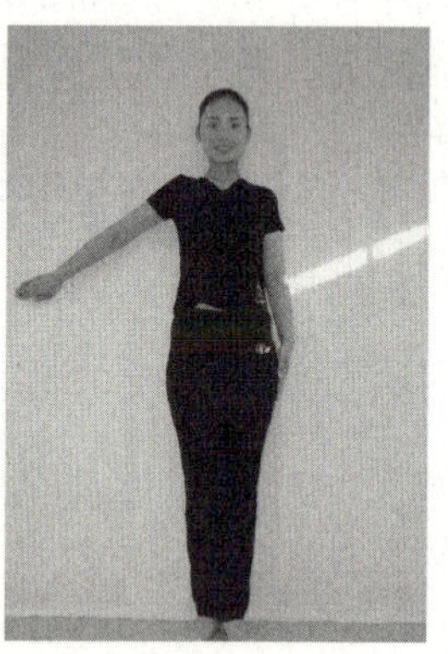
图 3.1.3

图 3.1.4

三、驼背的矫正训练

驼背主要是因为平常不注意保持正确的身体姿势、不主动让背部肌肉用力，致使背部肌肉松弛无力导致的，如图 3.1.5 所示。

训练一：前驱压肩

两臂上举，躯干前屈，用手扶墙或把杆，用力把胸部向下压，保持几秒钟，同伴帮助练

习者向下压，使压力置于肩部伸肌上，如图 3.1.6 所示。

训练二：扶墙压肩胸

面向墙面，双腿开立，双手上举，手扶墙面，腰部下塌，头向后仰起，将胸部贴到墙面上，如图 3.1.7 所示。一组动作保持 15 s，共练习 3 组。

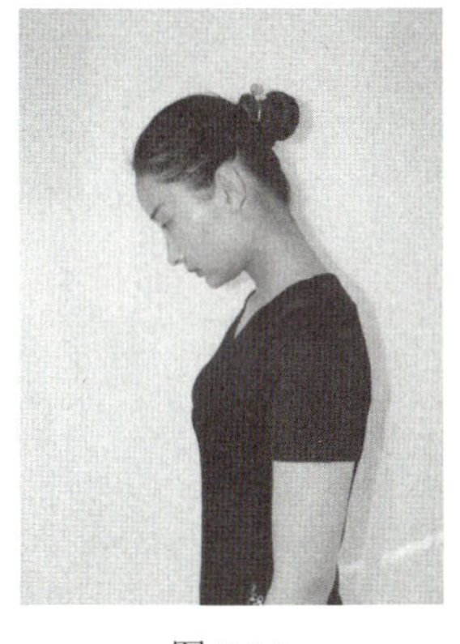

图 3.1.5

图 3.1.6

图 3.1.7

训练三：后握振臂

两腿并拢，自然站立，两手在体后相握，两臂向上摆动，同时注意抬头、挺胸、收腹，如图 3.1.8 所示。一组动作重复 15 次，共练习 3 组。

训练四：平屈扩胸

两腿并拢，自然站立，两手握拳。两臂胸前平屈向后扩胸，同时两肩向后两侧打开，尽量将肘关节端平，如图 3.1.9 所示。一组动作重复做 20 次，共练习 5 组。

训练五：俯卧两头起

俯卧于垫面，两手抱头的同时吸气，头、胸、腿同时向上抬起，使身体呈背弓形，控制 5～8 s，如图 3.1.10 所示。吸气，还原。一组动作重复做 15～20 次，共练习 2 组。

图 3.1.8

图 3. 1.9

图 3.1.10

任务二　下肢形体畸形矫正训练

一、“O、X、Y”形腿的矫正训练

（一）“O”形腿的矫正方法

“O”形腿是由于遗传或大腿内收肌群力量弱等原因所造成的膝关节内翻现象。表现为双脚踝部并拢，双膝不能靠拢，呈“O”形，如图 3.2.1 所示。两膝间距 3 cm 为轻度，3 cm 以上为中度，5 cm 以上为重度。越年轻时矫正“O”形腿，效果会越显著。

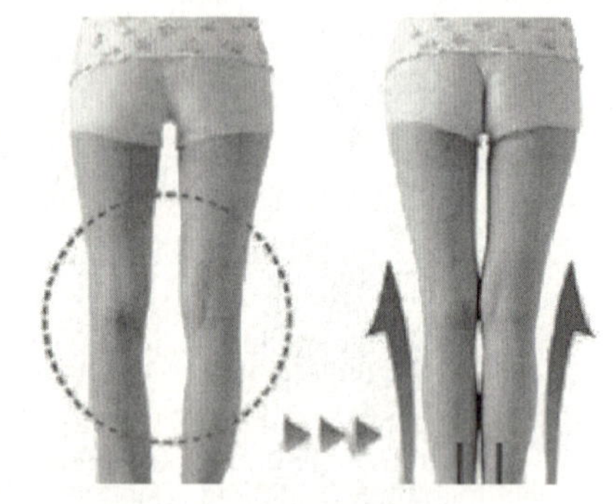
图 3.2.1

练习 1：双腿开立，上体前倾，两手扶于膝关节，双手向内用力，下蹲，使大腿贴住小腿，保持 5～8 s，如图 3.2.2～3.2.3 所示。一组动作重复做 10～15 次，共练习 3 组。

练习 2：坐姿，双脚放置于体侧，双手扶膝关节处，用力向下压膝盖，压膝盖时两脚着地，停留 20～30 s，如图 3.2.4 所示。一组重复 10 次，共练习 2 组。

练习 3：双手扶把杆，双脚并拢，用力将双膝夹紧，双脚立踵上提，停留 10 s，如图 3.2.5 所示。为增加夹紧的程度，两膝间可夹一物体，膝间用力夹紧，保持所夹物体不掉落，练习中逐渐使所夹物体的厚度递减。一组动作重复做 10 次，共练习 5 组。

图 3.2.2

图 3.2.3

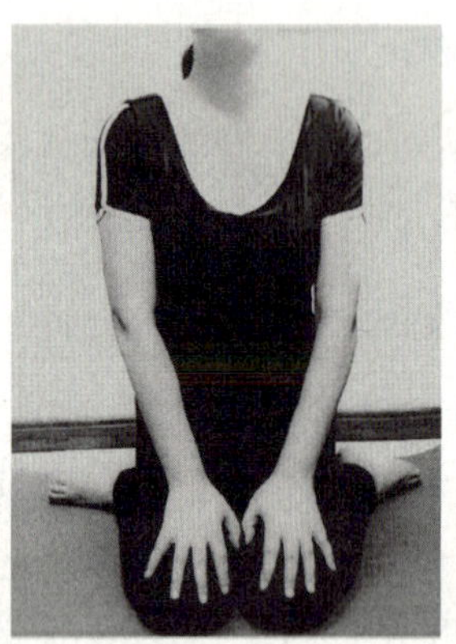
图 3.2.4

图 3.2.5

（二）“X”形腿的矫正方法

“X”形腿是指股骨内收内旋和胫骨外旋所造成的一种骨关节异常现象，表现为站立时两膝并拢后两腿不能并拢，中间距离为 1.5 cm 以上者，均属于“X”形腿，如图 3.2.6 所示。矫正“X”形腿困难较大，要想取得理想的效果，必须长期坚持训练。

练习 1：坐姿，最大限度地将两腿分开，双脚掌相对，双手扶膝盖，用力向下压膝盖，停留 5 s，如图 3.2.7 所示。一组动作重复练习 10～15 次，共练习 5 组。

练习 2：坐姿，双腿伸直并拢。右腿屈膝，右脚放在左膝上。左手托住右脚腕向上用力，

右手扶右膝向下用力压膝，最大限度地向下压，然后还原，如图 3.2.8 所示。每条腿重复 15～20 次后换另一条腿做，共练习 4 组。

练习 3： 站立，双手扶住把杆，双脚夹物体，立踵上提。尽量让双膝保持并拢，双腿用力向内夹物体，双足最大限度地立踵，如图 3.2.9 所示。一组动作重复 10 次，共练习 3 组。

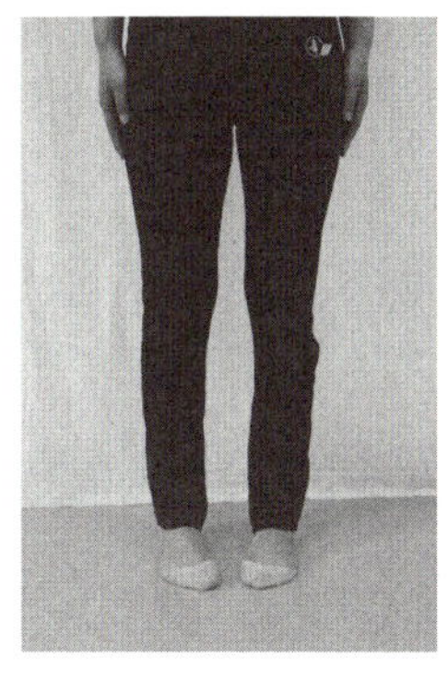

图 3.2.6

图 3.2.7

图 3.2.8

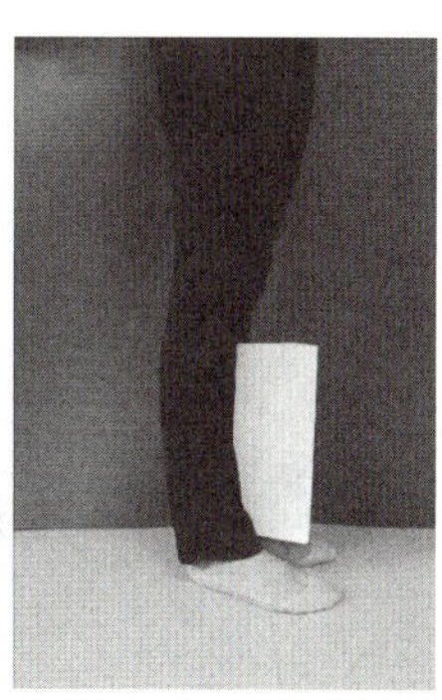

图 3.2.9

（三）“Y”形腿的矫正方法

“Y”形腿的显著特征是大腿外翻，跨骨宽。

训练一：仰卧起坐

平躺于地面，将双腿屈起，双手交叉放在脑后。以小腹为中点，抬起上半身，同时双脚向前缩起，直到双肘碰到双脚为止。注意将意念集中在小腹，回到原来的姿势，重复以上步骤，做 30 次。

训练二：骑自行车

平躺于地面，双腿弯曲抬起 45°。两腿交替向前伸出、缩回，类似于骑自行车时脚的运动。脚向前踩，与地面保持在 30°～60°。保持 5 min。这个训练项目能减去大腿、腰、小腹部的脂肪。

训练三：“V”形训练

坐于地面，两脚并拢，向前伸直。双手交叉放在脑后。身体向后倾，同时双腿并拢伸直抬起，使身体形成“V”形，保持 10 s，重复做 10 次。

二、“大腿过粗”的矫正训练

大腿粗主要是由于腿部肌肉比较发达，或是由于缺乏腿部的锻炼而引起的皮下脂肪较多造成的。

训练一：踢腿练习

练习 1： 前踢腿：仰卧于地面，双腿并拢，将双手放于身体两侧，向上踢起右腿，在空中停 5 s，如图 3.2.10 所示。重复练习 20 次后换左腿做，共练习 3 组。

练习 2：侧踢腿：侧卧于地面，双腿并拢，将双手放在身体前方，向上踢起右腿，在空中停 5 s，如图 3.2.11 所示。重复 20 次后换左腿做，共练习 3 组。

练习 3：后腿踢：跪立于地面，双手掌撑起身体，右小腿伸直贴地，左腿向上踢起，在空中停 5 s，如图 3.2.12 所示。重复 20 次后换右腿做，共练习 3 组。

图 3.2.10

图 3.2.11

图 3.2.12

训练二：曲腿练习

练习 1：仰卧于地面，双臂撑起上身（见图 3.2.13），双腿伸直后缓慢向上弯曲，尽量将腿贴近胸部（见图 3.2.14），慢慢向上伸直，腿与身体保持垂直（见图 3.2.15），还原。注意，双腿夹紧，尽量控制姿势，匀速练习。一组动作重复 15 次，共练习 3 组。

图 3.2.13

图 3.2.14

图 3.2.15

练习 2：仰卧于地面，双腿伸直，双臂支起上身（见图 3.2.16），双腿向上抬起 3 cm，右腿弯曲，向胸部贴近（见图 3.2.17），右腿伸直时换左腿做同样的动作（见图 3.2.18），反复练习。注意：腹部用力，抬头挺胸，尽量将双腿伸直。一组动作重复 15 次，共练习 2 组。

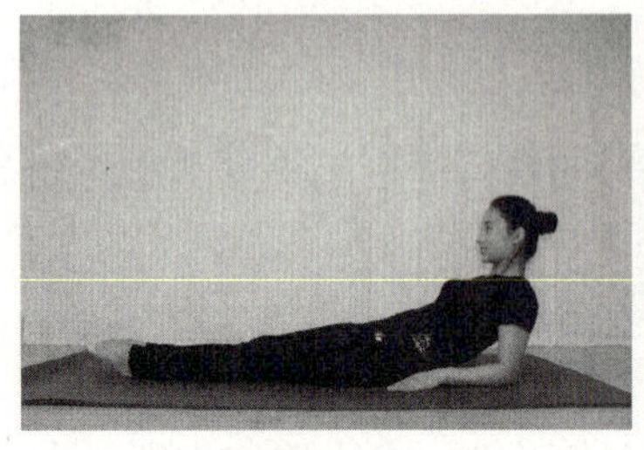
图 3.2.16

图 3.2.17

图 3.2.18

三、“八字脚”的矫正训练

“八字脚”是由于个人的不良习惯造成的，分为“内八字”（见图 3.2.19）和“外八字”（见图 3.2.20）。走路时两脚尖向内扣称为“内八字脚”，走路时两脚尖向外撇称为“外八字脚”。

练习 1：平时走路时，要注意膝盖和脚尖是否正对着前方。还可画一条线，走路时使脚尖落在正前方，如图 3.2.21 所示。

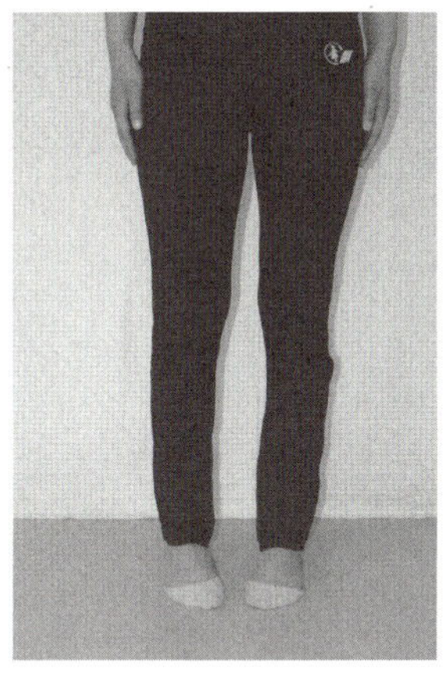
图 3.2.19

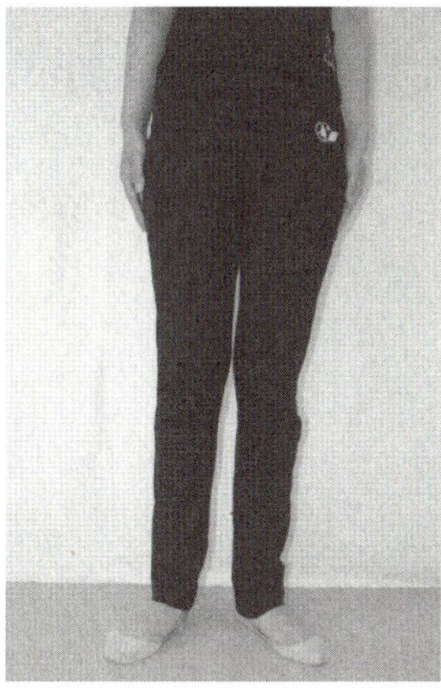
图 3.2.20

图 3.2.21

练习 2：双腿开立，双脚平行，弯曲双膝，保持半蹲姿势（见图 3.2.22），将一条腿抬起，有意识地在空中将脚尖矫正到前方（见图 3.2.23），落地后检查脚尖是否正对前方。一组动作重复 10 次，共练习 3 组。

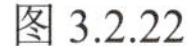
图 3.2.22

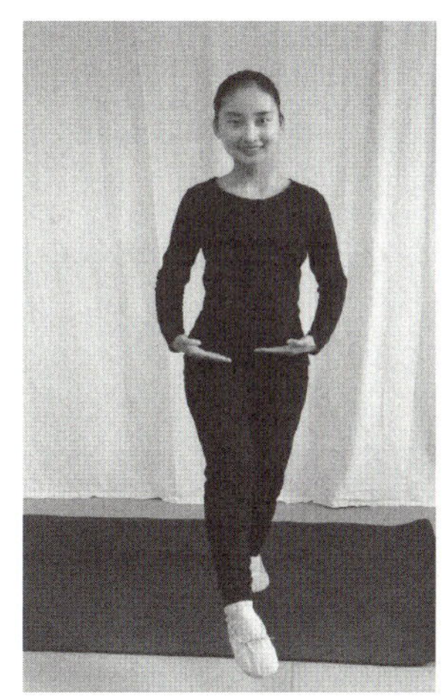
图 3.2.23

形体的畸形大多是由于青少年时期不良姿态导致的，这些不良姿态可以通过相对应的

矫正方法来缓解，甚至修正。本项目就是针对常见的几种形体畸形，列举出行之有效的矫正方法，鼓励学生正视自身形体问题，坚持不懈地锻炼，从而拥有健康、美好的身姿。

1. 驼背的形成原因是什么？如何进行矫正训练？

2. 高低肩的形成原因是什么？如何进行矫正训练？

3. 针对自身的身体情况，核查自身形体存在的问题，找出纠正问题的方法并坚持进行矫正训练。

专业形体训练篇

项目四

高铁乘务专业形体训练

形体训练是一种循序渐进的练习过程，内容包括地面形体训练与扶把形体训练。其中地面形体训练是练习者在地面完成的一系列形体动作，包括头部练习、背腹肌练习、手臂和腰的练习，以及腿和脚部的练习等。扶把形体训练是形体训练的核心部分，通过训练能够使练习者全身的肌肉、关节、韧带得到全面锻炼，训练重点应放在支撑腿和身体的重心上。

知识目标

1. 培养学生的身体协调能力、柔韧性与灵活性。
2. 掌握体能素质训练的方法和组合，锻炼身体的关节、韧带、肌肉的灵活性及力量，塑造舒展大方、挺拔向上的优雅身姿。
3. 形成上身挺拔直立的基本形态，熟悉头、手和脚的基本位置。

能力目标

1. 塑造健美的身姿和优美的腿部肌肉线条，培养身体的协调性、节奏感和音乐感。
2. 为直立塑形的训练内容奠定积极的精神面貌和挺拔的身姿形态基础。

任务一　高铁乘务形体训练基础

一、形体训练的功能

高铁乘务形体训练是根据人体生理结构的特点科学组编而成，以挺拔向上、舒展灵活的舞蹈动作为基础，帮助高铁乘务人员塑造良好的形体形象，培养高雅的气质，促进身心健康，进一步提高高铁企业的服务质量。对从业人员来说，形体训练主要包含增强自信、身心健康，修炼气质、陶冶情操，锤炼毅力、积极进取等多种功能。

（一）增强自信、身心健康

形体训练不仅是一种运动，更是一种经过提炼加工、风格化、韵律化的艺术化运动。训练者在古典音乐的伴奏下翩翩起舞，不但实现了健身目的，而且能够自由地进入艺术表现境界，获得心旷神怡的美妙感受。

“舞蹈是生命情调最直接、最实质、最强烈、最尖锐、最单纯而又最充足的表现。”对高铁乘务人员进行形体训练是其职业生涯发展中的重要内容之一，历来备受重视。闻一多先生说：“舞者的自身形体在节奏的律动中，充分感受到自我的存在、生命的活力和自我张扬的形体之美、气韵之美，在内情外化的运动过程中，实现身心合一，在精神和肉体上同时获得了美感。”

（二）修炼气质、陶冶情操

形体训练是以芭蕾舞基本功训练为基础，经过提炼和加工，衍生出来的一种更加易学、易练、非专业的形体训练方式。虽然在训练的技术、难度、强度上远不如专业舞蹈演员，但是训练的内容、方法及过程却始终遵循专业的普遍要求。

风靡世界的芭蕾舞历史悠久。它的诞生和发展始终洋溢着西欧宫廷贵族的风范，已经成为西方文明的象征，是现代西方年轻贵族们行为举止的必修课。形体训练大多采用静力性活动和控制能力的练习，即通过肌肉的紧张和收缩，使身体保持于某种姿势之上。如良好的站立姿态，必须是头部端正向上顶，两眼平视，下颌微收，双肩后张下沉，挺胸收腹夹臀、立腰立背、双膝伸直，两腿夹紧，脚跟并拢，脚尖外开 40°，这样的身姿给人一种优雅、含蓄而彬彬有礼的感觉，从而达到修炼气质、塑造仪表的效果。

此外，训练者身体的各种动作都始于与地心引力的反抗，因此“脚”与“脊背”的作用可以说是极为重要。正是这样的身姿要求和训练方法，使高贵、文雅、舒朗的气质得以充分体现。同时这种形式上的美感又能给人以欣赏的愉悦，陶冶情操，实现内外兼修。

（三）锤炼毅力、积极进取

形体训练是一门融技术性、艺术性、实用性为一体的科学训练课程，学习者必须通过循序渐进、持之以恒的艰苦训练，在克服自身惰性的同时坚持不懈，才能达到预想的效果。“开、绷、直、立”的审美标准充分体现了形体训练的高难度，其训练奥秘就在于保持身体的垂直和平衡。为了掌握这种特性，学习者必须具有坚定的毅力和决心，付出超常的努力，在美的熏陶中磨练自己。

高铁乘务人员进行形体训练，不仅激励从业者向更高的境界追求，而且也把从业者吸附在不同水平、交叉包容的团队群体中，强化人们的集体意识，提高内聚力和归属感，从而激发从业者积极进取的力量。

二、形体训练的基本要素

形体训练拥有一套科学规范的规格要求和训练法则。形体训练的基本要素可简单概括为“开、绷、直、立”四个字。这四字要素来源于芭蕾舞姿的五个脚位、七个手位及若干固定舞姿。

（一）开

“开”：指脚、踝、髋、肩关节向人体两侧外开，尤其是两脚应该向外打开 180°。这样可以最大限度地舒展人体线条，扩大动作范围，增强表现力，提高身体平衡感。同时肩关节的外开不仅有利于后背的挺直与收紧，还能增添一种气质。

形体训练中的“开”具有一定难度，要求从髋关节到膝关节、踝关节、脚趾尖全部打开，如图 4.1.1 所示。切忌容易打开的部位使劲打开，不容易打开的部位就不打开，这样非常容易

造成身体上下扭曲，导致肌肉或韧带拉伤。

（二）绷

“绷”：指将肢体各部位“绷”起来，特别是踝关节和膝关节，如图 4.1.2 所示。此项训练的目的有 3 个：一是拉长腿的长度，有效延长肢体原有的线条，展现肢体的流线型美感；二是增强踝关节到脚趾关节的灵敏性，使动作灵活、利落；三是能够将肢体各个部位的肌肉能量向身体的中心凝聚，从而产生上升的动势，强化肢体的轻盈感。

【特别提示】

值得注意的是，初始练习阶段经常会出现绷脚背而不绷脚趾，或只绷脚趾而不绷脚背的现象，这些都不符合规范的动作要求。绷脚必须从踝关节开始把力量集中到脚趾，让脚趾去找脚心的感觉，脚背、脚趾绷得越紧，膝盖就会越直。

（三）直

“直”：形体训练中的整体概念，要求训练者身体挺拔直立，腿必须收紧膝盖，切忌塌腰撅臀和挺胸凸肚。训练中要求人体的“直”有两个目的：一是从精神气质方面，使人有一种神采奕奕和潇洒帅气的高贵感；二是从技术训练方面，使人的重心保持垂直，避免左摇右晃，实现动作连贯。

（四）立

“立”：指立腰。它起着提升的作用，使整个身体重心上提，具有一种轻盈、敏捷和精神气质上的美，如图 4.1.3 所示。

图 4.1.1

图 4.1.2

图 4.1.3

三、形体训练的程式化语言

舞蹈的程式化语言是指那些经过长期的历史考验之后固定下来的舞蹈动作，这些动作具有高度的经典性，并被频繁使用。形体训练的一般规律都从右脚开始示范，再从左脚重复练习，最后使身体均衡发展。

训练一：手的基本位置

在形体训练时，手的位置训练是最具表现力和表演性的训练，各种各样的舞姿都离不开手的位置，手是形成优美体态的重要环节。

一位手

双手下垂，手心向里，两手靠近，五指自然并拢，手指、手腕、手肘自然弯曲，形成一个柔和的大弧线，两手指间约相距一横拳的距离，如图 4.1.4 所示。

二位手

在一位手的位置上，双手向前抬至胃的高度，手心对着胸口，手臂的形状保持不变，如图 4.1.5 所示。

三位手

在二位手的基础上，双手抬至额头斜上方，双肩松弛，手心在眼睛的视线之内，如图 4.1.6 所示。

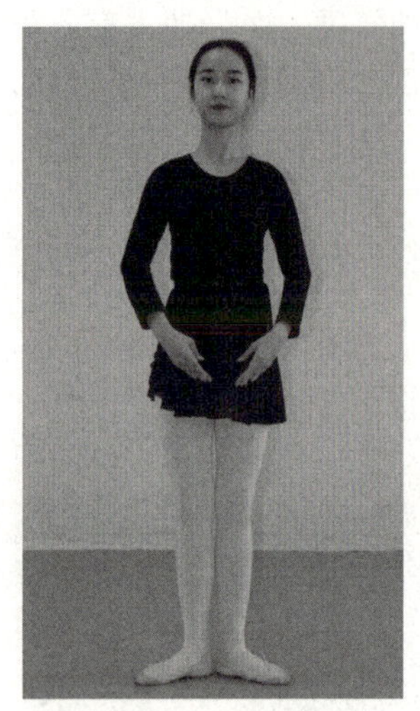

图 4.1.4

图 4.1.5

图 4.1.6

四位手

左手保持在三位，右手从三位向下滑至二位，如图 4.1.7 所示。

五位手

左手保持三位，右手从二位向旁打开，如图 4.1.8 所示。

六位手

右手保持打开状态，左手从三位上由小手指引领切下来成二位，如图 4.1.9 所示。

七位手

两臂向旁打开，从肩、肘部至手腕保持一条圆弧形，略低于两肩，如图 4.1.10 所示。

训练二：脚的五个位置

脚位的学习顺序一般是：一位、二位、三位、五位、四位。

图 4.1.7

图 4.1.8

图 4.1.9

一位

两脚跟靠拢，两脚尖外开成一字，两腿靠紧，大腿内侧外旋，脚尖与膝盖在一条线上，重心在两脚脚趾上，收腹立腰，自然挺胸，双肩下压，目视前方，如图 4.1.11 所示。

二位

在一位的基础上，两脚保持外开，两脚跟间距离为一足，如图 4.1.12 所示。

图 4.1.10

图 4.1.11

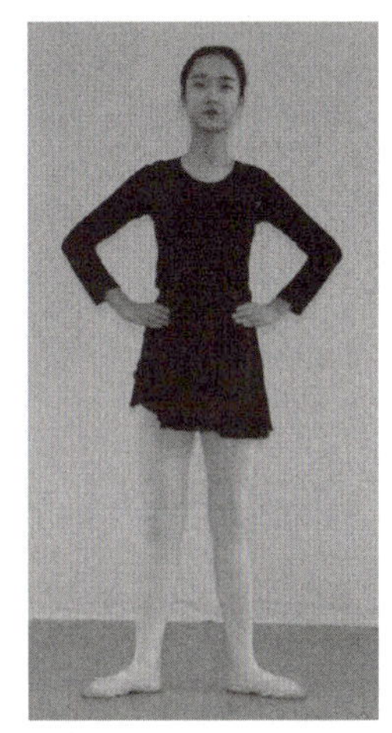

图 4.1.12

三位

在二位的基础上，两脚跟前后重叠放置，前脚遮住后脚一半，如图 4.1.13 所示。

五位

在三位的基础上，前脚收至与后脚对齐，即前脚尖对准后脚跟，重心均匀落在两脚之间，如图 4.1.14 所示。

【特别提示】

先站好外开的支撑脚，再把动作腿的脚跟踩住地面，一脚的脚尖紧靠另一脚的脚跟，双脚之间没有空隙，完全紧贴。

四位

在五位脚的基础上，一脚向前擦地，推脚跟落地，重心落在两脚中间，前后脚隔开一个竖脚的距离，如图 4.1.15 所示。

图 4.1.13

图 4.1.14

图 4.1.15

除了以上五个脚位，很多动作中还经常用一些不开的位置，一种是“正步位”，指两脚的脚跟和脚尖完全并拢，正对前方；另一种是“自然位”，指两脚的脚跟并拢，脚尖略微分开成 25°～45°。

训练三：身体方位

形体训练一般有八个身体方位的标记方法，“∠”为教室平面图的方位符号。例如，“∠1”指教室正前面的“一点”，然后顺时针每 45° 为一角，以此类推，如图 4.1.16 所示。

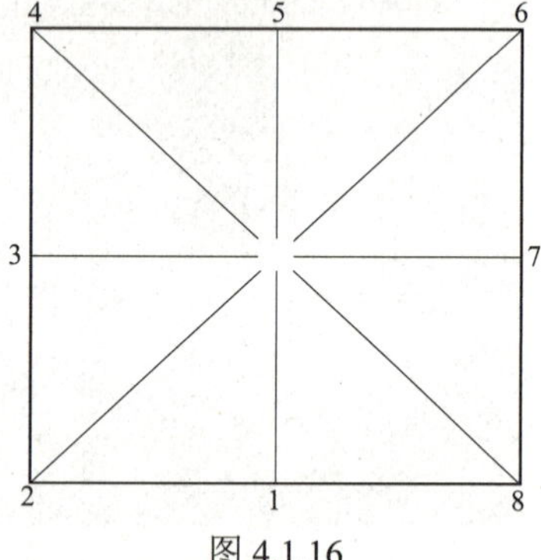

图 4.1.16

任务二　高铁乘务地面形体训练

一、头部训练

（一）训练目的

通过练习，掌握头部运动的正确方法，养成良好的训练习惯，塑造优雅的颈部线条。

（二）训练要求与要领

训练时后背保持垂直，身体不动，双肩松弛，自然下垂，脖子拉长但保持放松状态。

（三）训练内容

准备：面向∠1 跪坐于地面，双手叉腰，如图 4.2.1 所示。

动作 1：①：低头，如图 4.2.2 所示。
②：回原位。
③：抬头，如图 4.2.3 所示。
④：回原位。
⑤～⑧：重复动作①～④。

图 4.2.1

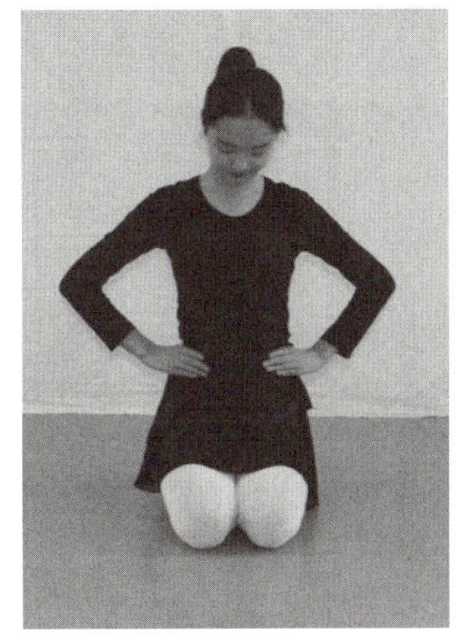
图 4.2.2

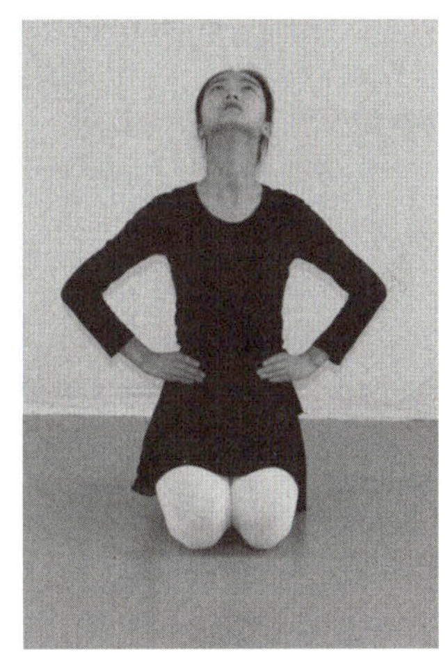
图 4.2.3

动作 2：①：头向右倾，如图 4.2.4 所示。
②：回原位。
③：头向左倾。
④：回原位。
⑤～⑧：重复动作①～④。

动作 3：①～②：头右转，看∠2，如图 4.2.5 所示。
③～④：头右转，看∠3。
⑤～⑥：头左转，看∠2。
⑦～⑧：头回正，看∠1。

动作 4：①～⑧：反方向重复做动作 3。

动作 5：①～②：头右转，看∠3。
③～④：头回正，看∠1。
⑤～⑧：反方向重复做动作①～④。

动作 6：重复做动作 5。

动作 7：①～⑧：头从右向左环动一圈。

动作 8：①～⑧：头从左向右环动一圈。

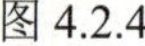

图 4.2.4

图 4.2.5

二、背肌训练

（一）训练目的

锻炼背肌的柔韧性，增强背肌能力；塑造完美的背肌线条。

（二）训练要求与要领

（1）练习时要求保持良好的控制能力，训练出平坦、结实的背肌线条。

（2）在音乐中完成动作，尽量保持动作的优美。

（三）训练内容

准备：俯卧于地面，两腿并拢伸直，绷脚背，两臂向前伸直，向∠8，如图 4.2.6 所示。

动作 1：①～②：右手、左腿同时向上延伸抬起，背肌夹紧，抬头，如图 4.2.7 所示。

③～④：落回原位。

⑤～⑧：重复①～④动作。

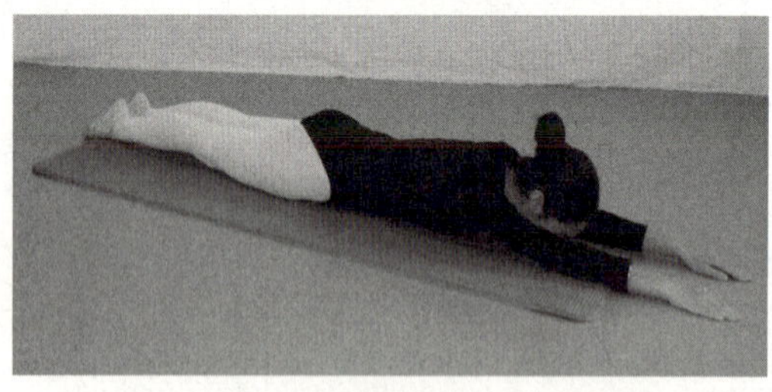

图 4.2.6

图 4.2.7

动作 2：左手、右腿重复动作 1。

动作 3：①～②：双手、双腿延伸抬起，背肌夹紧，如图 4.2.8 所示。

③～④：落回原位。

⑤～⑧：重复动作①～④。

动作 4：重复动作 3。

动作 5～8：重复动作 1～4。

图 4.2.8

三、腹肌训练

（一）训练目的

锻炼腹肌力量，增强腹肌弹性；塑造完美的腹肌线条。

（二）训练要求与要领

（1）练习时要求保持良好的控制能力，训练出平坦、结实的腹肌线条。

（2）在音乐中完成动作，尽量保持动作的优美。

（三）训练内容

准备：仰卧于地面，两腿弯曲抬起，面向∠2，脚踝交叉，绷脚，两手交叉于胸前，如图 4.2.9 所示。

动作 1：①～②：腿与脚的位置保持不变，上身起 1/2，如图 4.2.10 所示。

③～④：落回原位。

⑤～⑧：重复动作①～④。

图 4.2.9

图 4.2.10

动作 2～4：重复三遍动作 1，最后两腿弯曲并拢，全脚着地，如图 4.2.11 所示。

动作 5：①～②：上身起 1/2，头向左转，腰往左转，如图 4.2.12 所示。

③～④：落回原位。

⑤～⑧：反方向重复①～④。

动作 6～8：重复三遍动作 5。

图 4.2.11

图 4.2.12

四、腰肌训练

（一）训练目的

初步训练腰的灵活性、柔韧性，使其灵活、柔软，腰部曲线均匀。

（二）训练要求与要领

训练时要求头部后仰，按照肩、胸腰、中腰、大腰的顺序进行训练，返回时要求腰、胸、肩、颈、头逐次直起。

（三）训练内容

准备：俯卧于地面，两腿并拢伸直，绷脚背；两臂向前伸直，手心向下，向∠2。

动作 1：①～②：双手撑于地面，曲臂。

③～④：上身直起，手臂撑直，向后下胸腰，如图 4.2.13 所示。

⑤～⑥：继续向后下中腰，两小腿弯曲，用头顶去找脚趾，如图 4.2.14 所示。

⑦～⑧：回到准备位。

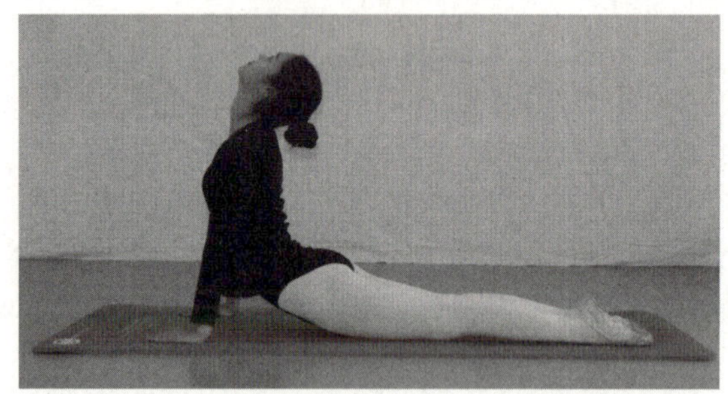

图 4.2.13

图 4.2.14

动作 2～3：重复两遍动作 1。

动作 4：①～④：重复动作 1 的①～④。

⑤～⑥：上身起直。

⑦～⑧：跪立于地面，两臂垂于身体两侧，如图 4.2.15 所示。

动作 5：①～②：向后下大腰，两手分别抓于脚踝，如图 4.2.16 所示。

图 4.2.15

图 4.2.16

③～⑥：停住。

⑦～⑧：回到跪立位。

动作 6：重复动作 5。

动作 7：①～④：动作同动作 5 的①～②。

⑤～⑥：回到跪立位。

⑦～⑧：回到准备位。

动作 8：①～④：两手撑地向后下胸腰。

⑤～⑧：停住，两手向后伸，两脚踝交叉，成“鹰展翅”舞姿。

五、手臂训练

（一）训练目的

初步训练手臂和腰的灵活性、柔韧性，使双臂具有柔和的线条和协调性。

（二）训练要求与要领

练习时要求眼睛始终看着手，整个动作线条要流畅。

（三）训练内容

准备：两脚底相对，坐于地面，两膝贴在地面上，两手搭在膝盖上，如图 4.2.17 所示。

动作 1：①～②：右手手背向上、斜前方扬起成三位延伸，落下，如图 4.2.18 所示。

③～④：左手重复一次。

⑤～⑥：双手手背向上、斜前上方扬起成三位延伸，落下，如图 4.2.19 所示。

⑦～⑧：双手重复一次。

图 4.2.17

图 4.2.18

动作 2：①～②：双手向右斜前上方扬起成四位延伸，落下，如图 4.2.20 所示。

③～④：往左重复一次。

⑤～⑧：双手重复动作①～④。

动作 3～4：重复动作 1、2。

图 4.2.19

图 4.2.20

六、脚部训练

（一）训练目的

训练脚尖、脚踝的柔韧度。

（二）训练要求与要领

脚部练习时，要先勾脚趾，再勾脚背。绷脚时，要先绷脚背，再绷脚趾。所有动作均要求用力勾和绷。

（三）训练内容

准备：坐于地面，面向∠2，两腿并拢伸直，绷脚背，两手旁伸，中指点地，如图 4.2.21 所示。

动作 1：①~②：勾脚背，如图 4.2.22 所示。

③~④：绷脚背，如图 4.2.23 所示。

⑤~⑧：重复动作①~④。

图 4.2.21

图 4.2.22

动作 2：重复动作 1。

动作 3：①~②：两脚勾脚趾，如图 4.2.24 所示。

图 4.2.23

图 4.2.24

③～④：两脚勾全脚。

⑤～⑥：两脚绷脚背。

⑦～⑧：两脚绷脚趾。

动作 4：重复动作 3。

动作 5～6：重复动作 1、2。

七、腿部训练

（一）训练目的

训练脚踝、膝盖、大腿的外开；学会正确的地面压前腿、压旁腿的方法；学会下竖叉和横叉，训练腿部韧带的柔韧性。

（二）训练要求与要领

练习时腿部始终保持伸直、外开和绷脚。

（三）训练内容

准备：坐于地面，面向∠2，两腿并拢伸直，绷脚，两手旁伸，中指点地，如图 4.2.25 所示。

动作 1：①～②：两臂前伸压前腿，如图 4.2.26 所示。

图 4.2.25

图 4.2.26

③～④：还原。

⑤～⑧：重复动作①～④。

动作 2：①～⑥：重复动作 1 的①～⑥。

⑦～⑧：两腿向旁打开成横叉，手臂成七位，如图 4.2.27 所示。

动作 3：①～②：压右旁腿，手臂成四位（左三右二），如图 4.2.28 所示。

③～④：还原两臂成七位。

⑤～⑧：压左腿，重复动作①～④。

图 4.2.27

图 4.2.28

动作 4：①～⑥：重复动作 3 的①～⑥。

⑦～⑧：两腿并拢前伸外开，绷脚，仰卧于地面，两手旁伸，手背向上。

动作 5：①～②：右腿前踢腿一次，如图 4.2.29 所示。

③～④：停。

⑤～⑥：左腿前踢腿一次。

⑦～⑧：停。

动作 6～7：重复动作 5。

动作 8：侧卧，两腿保持外开，左臂伸直，手背向上，头躺在手臂上，右手扶地于胸前，如图 4.2.30 所示。

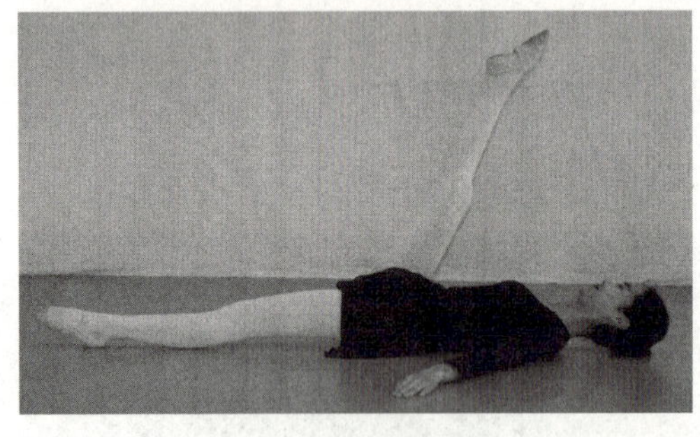
图 4.2.29

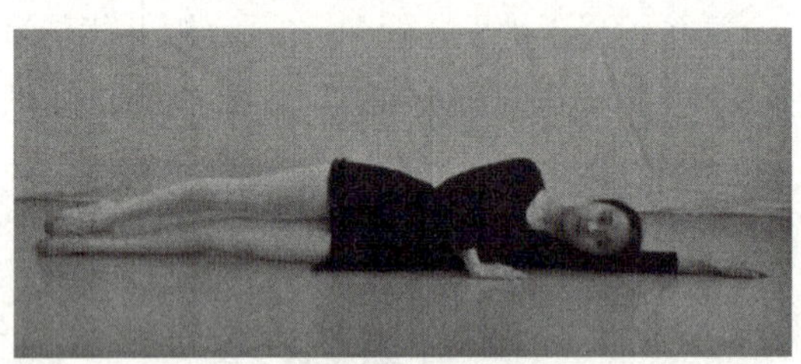
图 4.2.30

动作 9：①～②：右腿旁踢腿一次，如图 4.2.31 所示。

③～④：停。

⑤～⑧：重复动作①～④。

动作 10：①～④：重复动作 9 的①～④。

⑤～⑧：转身到另一边。

动作 11：①～⑧：左腿做动作 9 的①～⑧。

动作 12：①～④：重复动作 11 的①～④。

⑤～⑧：俯卧，两腿保持外开，两臂曲臂扶地于胸前，抬头挺胸，如图 4.2.32

所示。

动作 13：①～②：右腿后踢腿一次，如图 4.2.33 所示。

③～④：停。

⑤～⑧：左腿做动作①～④。

图 4.2.31

图 4.2.32

图 4.2.33

动作 14：重复动作 13。

八、腿部综合训练

准备：仰卧于地面，面向∠2，两腿伸直外开，绷脚背，两手旁伸，手背向上，如图 4.2.34 所示。

动作 1：①～②：保持外开，右腿旁吸，如图 4.2.35 所示。

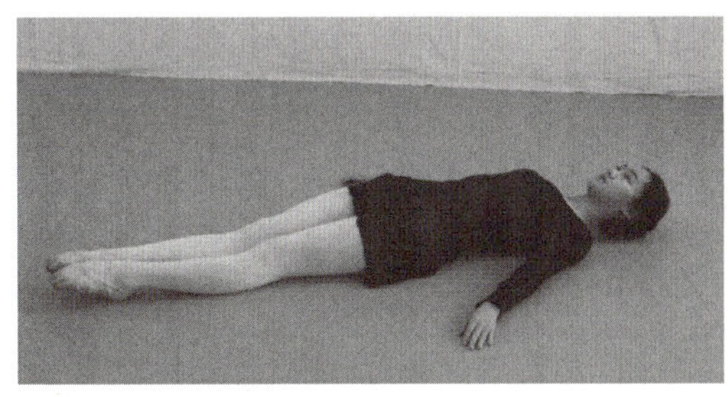

图 4.2.34

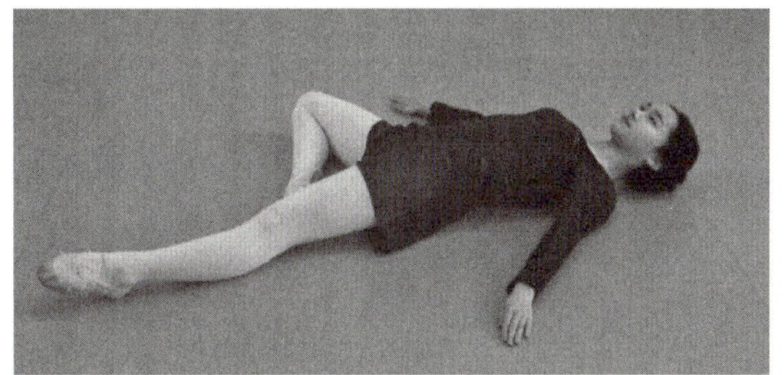

图 4.2.35

③～④：右腿伸前腿 45°，如图 4.2.36 所示。

⑤～⑥：右腿滑到旁边，如图 4.2.37 所示。

⑦～⑧：收回准备位。

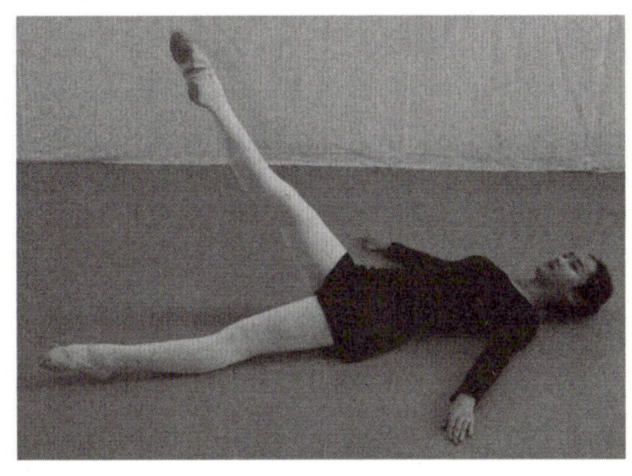

图 4.2.36

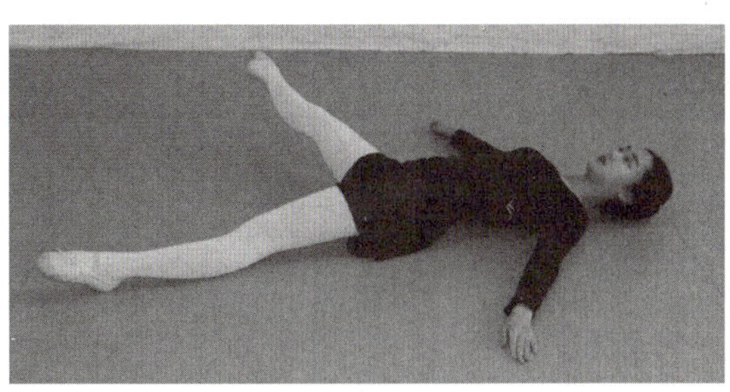

图 4.2.37

动作 2：左腿重复做动作 1。

动作 3：①～②：右腿旁吸。

③～④：右腿伸旁腿 45°，如图 4.2.38 所示。

⑤～⑥：右腿划到前位。

⑦～⑧：落回准备位。

动作 4：左腿重复做动作 3。

动作 5：①～②：保持外开，两腿抬起 45°，如图 4.2.39 所示。

③～④：两腿向旁打开，如图 4.2.40 所示。

⑤～⑥：收回准备位。

⑦～⑧：停。

动作 6：往回做动作 5。

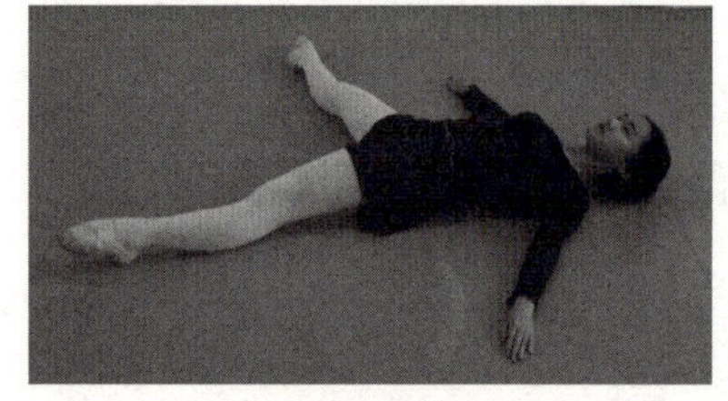
图 4.2.38

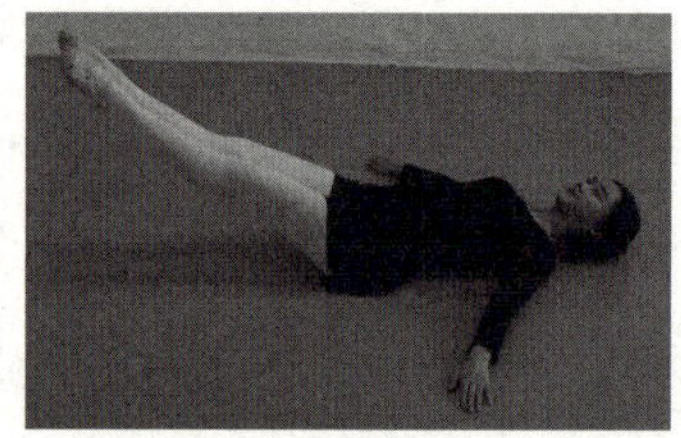
图 4.2.39

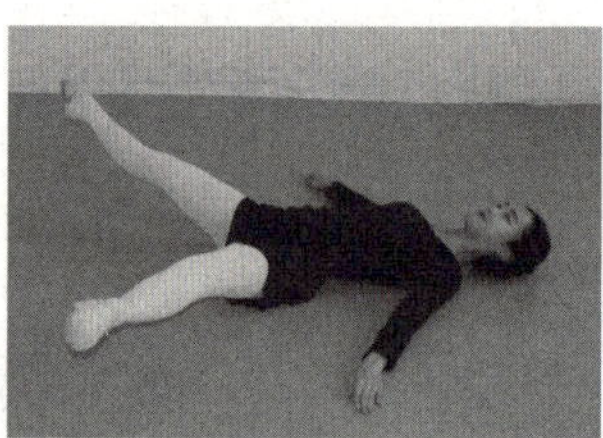
图 4.2.40

任务三　高铁乘务扶把形体训练

一、擦地训练

（一）训练目的

通过训练使学生具备较好的腿部、脚部力量，形成初步的平衡感，塑造完美的脚部和腿部线条，形成挺拔的姿态。

（二）训练要求与要领

（1）擦地是指脚尖和脚掌与地面摩擦的动作，分为向旁、前、后擦地。

（2）向旁擦地时一腿直立，一腿向侧擦出，由全脚擦出，脚跟、脚心、脚掌逐渐离地，擦至最大距离。向前擦地时，脚跟前顶，脚向前擦出，脚跟与支撑腿脚跟呈一直线。向后擦地时，脚尖先走，脚向后擦出，并与支撑腿脚跟呈一直线。擦回时脚跟带动全脚擦回。

（3）擦地时要求把重心从双腿移到支撑腿上，擦出时髋正，腿外旋，双膝绷直。

（4）动作时腹肌收紧，头部和躯干不受动作影响，保持笔直。

（5）擦地出去、回来的速度要平均，出去时脚迅速绷紧。

（6）擦地向前时头一般看动作腿方向；擦地向后时头既可看动作腿方向，也可看支撑腿方向；擦地向旁时头看身体前方。

（7）强调动作的连贯性。

（三）训练内容

训练一：一位擦地

准备：双手扶把，两脚站一位，如图 4.3.1 所示。

动作 1：①～②：右脚擦地，出旁点地，如图 4.3.2 所示。
　　　　③～④：收回一位。
　　　　⑤～⑧：重复①～④动作。

动作 2：①～②：右脚擦地，出旁点地。
　　　　③～④：落成二位，如图 4.3.3 所示。
　　　　⑤～⑥：移重心，左脚推起，旁点地。
　　　　⑦～⑧：落成二位。

图 4.3.1

图 4.3.2

图 4.3.3

动作 3：①～②：移重心，右脚推起，旁点地。
　　　　③～④：收回一位。
　　　　⑤～⑧：半蹲，如图 4.3.4 所示。

动作 4：①～②：右脚擦地，出前点地，如图 4.3.5 所示。
　　　　③～④：收回一位。
　　　　⑤～⑥：右脚擦地，出后点地，如图 4.3.6 所示。

图 4.3.4

图 4.3.5

图 4.3.6

⑦～⑧：收回一位。

把动作 1～4 重复做一遍。

训练二：五位擦地

准备：单手扶把，右脚前五位，右手从一位经二位打开至七位。

动作 1：①～④：右脚向前做两次五位擦地，如图 4.3.7 所示。

⑤：五位擦地出前点地。

⑥：落成四位半蹲。

⑦：移重心成左脚，后点地直起。

⑧：左脚收后五位。

动作 2：①～⑧：左脚向后重复动作 1，如图 4.3.8 所示。

图 4.3.7

图 4.3.8

动作 3：①～⑥：右脚向旁做三次五位擦地，收后、前、后，做动作时带上头的方向。

⑦～⑧：半蹲一次。

动作 4：①～⑥：左脚向旁做三次五位擦地，收前、后、前，做动作时带上头的方向。

⑦～⑧：手收回一位。

二、蹲的训练

（一）训练目的

通过训练能使跟腱、踝关节、脚腕的韧带最大限度地拉长与弯曲；锻炼腿部推地的力量和弹性，训练良好的外开能力；塑造后背挺拔的线条。

（二）训练要求与要领

（1）蹲分为半蹲与全蹲两种。半蹲时两腿外旋，膝盖向旁尽量打开，半蹲至最大限度，脚跟不离地。起来时，缓慢站起至腿部完全伸直。深蹲时两腿外旋，膝盖向旁尽量打开，蹲至半蹲时继续向下至全蹲，起踵，臀部接近脚跟。起立时脚跟先下压，然后慢慢站起至腿部完全伸直。

（2）蹲时，腹部、臀部收紧，集中向上提，后背保持垂直，臀部不能向后撅。

（3）深蹲时，脚跟要尽量少地离开地板，并且不能往后拐。

（4）蹲起时，腿部始终保持紧张状态，动作连贯，音乐节奏平均分配。

（三）训练内容

准备：单手扶把。①～④：脚一位，右手一位，如图 4.3.9 所示。⑤～⑧：右手起二位打开到七位。

动作 1：①～④：一位半蹲一次，如图 4.3.10 所示。
⑤～⑧：一位深蹲一次，如图 4.3.11 所示。

图 4.3.9

图 4.3.10

图 4.3.11

动作 2：①～②：立半脚尖，右手收一位，如图 4.3.12 所示。
③～④：停。
⑤～⑥：落脚跟。
⑦～⑧：右脚一位擦地向旁，落成二位，右手起二位打开到七位。

动作 3：在二位重复动作 1。

动作 4：①～②：立半脚尖，右手经一位、二位到三位，如图 4.3.13 所示。
③～④：停。
⑤～⑥：落脚跟。
⑦～⑧：右脚推起旁点地，划到右前四位；右手打开七位。

动作 5：在四位重复动作 1。

动作 6：①～②：立半脚尖，右手成二位延伸，头向右，如图 4.3.14 所示。
③～④：停。
⑤～⑥：落脚跟。
⑦～⑧：右脚推起前点地，收前五位；右手打开七位。

动作 7：在五位重复动作 1。

动作 8：①～②：立半脚尖，右手成二位，如图 4.3.15 所示。
③～④：停。
⑤～⑥：落脚跟。
⑦～⑧：右脚擦地向旁，收回一位；手经七位收一位。

图 4.3.12

图 4.3.13

图 4.3.14

图 4.3.15

三、小踢腿训练

（一）训练目的

训练脚腕、脚背的力量，塑造脚背的线条；训练小腿的爆发力，加强腿部肌肉和背部肌肉的控制力。

（二）训练要求与要领

（1）基本动作同擦地，但脚要离开地面，急速而有力地踢出，脚背快速有力地绷起，小踢腿的高度在 25°～30°。

（2）小踢腿的力量要集中在整个脚上，绝不能用大腿来做，否则大腿会练粗。

（3）动作要有节奏，脚趾往远伸长；快速点地抬腿时，脚尖触地的感觉应像扎针一样。

（4）动作时，胯要稳定，不能上下起伏。

（三）训练内容

准备：单手扶把，①～④：右脚前五位，收一位；⑤～⑧：右手经二位打开到七位。

动作 1：①～④：右腿向前踢两次，如图 4.3.16 所示。

⑤：半蹲。

⑥：小踢腿向前，同时站直。

⑦：右脚尖快速点地抬起。

⑧：收五位。

动作 2～3：右腿向旁、向后，重复动作 1，如图 4.3.17 所示。

动作 4：①～④：向旁小踢腿三次，收前、后、前五位，如图 4.3.18 所示。

⑤～⑧：向旁小踢腿三次，收后、前、后五位。

动作 5～8：右腿从后开始往回做动作 1～4。

四、大踢腿训练

（一）训练目的

塑造腿部线条，训练腿的爆发力和髋关节的开度，增加韧带柔韧性。

图 4.3.16

图 4.3.17

图 4.3.18

（二）训练要求与要领

（1）踢腿时要经过擦地踢起，用脚尖带着做，提到最高点时整条腿要收紧伸直。不必踢得过高，但要有力量。

（2）踢前腿时，大腿伸直外开，绷脚背，用脚背的力量向前上方有爆发力地踢出，胯不动，主力腿直膝，上身保持正直。踢旁腿时，两肩要正，不能撅臀掀胯。踢后腿时擦地向后踢出，膝盖伸直，绷脚背外开，用小腿去找后脑勺。不论踢哪个方向，落地下来都要有控制。

（3）踢腿时要注意身体垂直，胯稳定，不要跟着摇摆。

（三）训练内容

准备：单手扶把；①～④：站五位，手一位；⑤～⑧：手经二位到七位。

动作 1：①～⑥：右腿大踢腿向前三次。

⑦～⑧：五位脚停。

动作 2：①～⑧：右腿向旁踢，同上。

动作 3：①～⑧：右腿向后踢，同上。

动作 4：①～②：半蹲，立五位半脚尖，手经一位到二位，如图 4.3.19 所示。

③～④：右腿向旁打开 25°，呈二位半蹲，如图 4.3.20 所示。

⑤～⑥：右腿弯曲，置于左腿膝盖处，左脚立半脚尖，手二位，如图 4.3.21 所示。

⑦～⑧：落五位半蹲，手打开到七位，直起时手收一位。

五、半脚尖训练

（一）训练目的

训练膝盖的直立和脚背的绷紧，塑造腿形的修长感。

（二）训练要求与要领

（1）站在半脚尖上时，五个脚趾都要着地，不能偏向哪个脚趾。

（2）立半脚尖时用脚掌推地，脚腕绷紧，膝盖伸直，两条腿转开，胯要特别垂直，不能前顶和后撅。

（3）脚要有力地向下踩，感觉整条腿很长，后背夹紧、上提。

图 4.3.19

图 4.3.20

图 4.3.21

（三）训练内容

准备：双手扶把，站一位。

动作 1：①～②：一位立半脚尖，如图 4.3.22 所示。

③～④：落回一位。

⑤～⑧：重复动作①～④。

动作 2：①：一位半蹲。

②：直起时立半脚尖。

③～④：重复动作①～②。

⑤～⑧：落回一位，右脚擦地出旁，落成二位。

动作 3～4：①～④：二位立半脚尖重复动作 1 和动作 2 中的①～④。

⑤～⑧：收右前五位，如图 4.3.23 所示。

动作 5～6：五位立半脚尖重复动作 1 和动作 2 中的①～④。

⑤～⑧：右脚擦地出前，落成四位，如图 4.3.24 所示。

动作 7～8：四位立半脚尖重复动作 1 和动作 2 中的①～④。

⑤～⑧：移重心，收回一位，如图 4.3.25 所示。

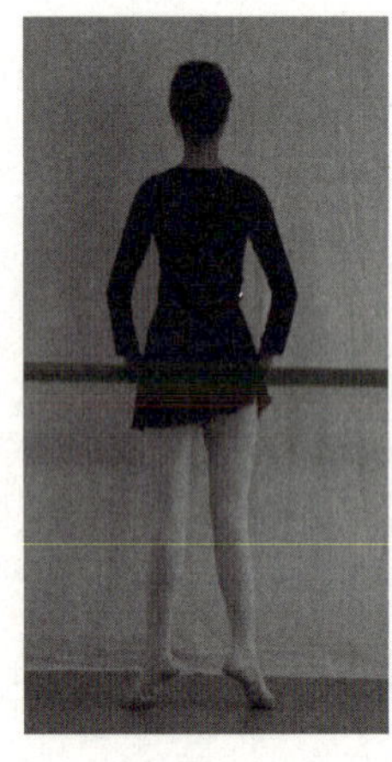
图 4.3.22

图 4.3.23

图 4.3.24

图 4.3.25

六、控制训练

（一）训练目的

这组动作是控制中最重要的动作之一，用于训练腿的柔韧性和控制能力，塑造完美的腿部和脚部线条；培养挺拔、优雅的姿态和高贵的气质。

（二）训练要求与要领

（1）动作时支撑腿保持直立，动作腿最大限度外开、伸直、绷脚。出前腿时不能出胯和往下坐；出后腿时不能塌腰；身体始终保持垂直。

（2）阿拉贝斯克点地舞姿时，上身不能往前趴，保持两腿外开。

（3）强调动作的流畅与连贯。

（三）训练内容

准备：单手扶把；①～④：站五位，手一位；⑤～⑧：手经二位到七位。

动作 1：①～⑤：右腿伸展向前 45°，如图 4.3.26 所示。

⑥～⑧：点地经四位半蹲，立起到第三阿拉贝斯克点地舞姿，手经一位到二位延伸。

动作 2：①～⑤：左腿直腿慢慢抬起 45° 向后，如图 4.3.27 所示。

⑥～⑧：点地收五位，手收一位。

动作 3：①～⑤：右腿伸展 45° 向旁，手经二位到七位，如图 4.3.28 所示。

⑥～⑧：点地收后五位，手收一位。

动作 4：①～⑤：右腿起，后抬阿蒂迪德 45°，手七位。

⑥～⑧：后腿伸直点地收五位，手打开七位收一位。

图 4.3.26

图 4.3.27

图 4.3.28

七、手臂训练

（一）训练目的

手臂练习是指在头的转动和身体的配合下，双臂准确地从一个手位到另一个手位的移动练习。通过科学的训练，能够使双臂具有优美的线条，使动作具有更好的协调性与连贯性，富有造型美和表现力。

（二）训练要求与要领

（1）无论手臂怎样变化，整个动作都要求流畅、连贯、平稳。

（2）向前下胸腰时，要以支撑腿为轴，不要往后坐，起手时要向远伸；向后下胸腰时，双腿拉直收紧，不要挺肚子。

（3）下腰不是为了练软度，而是练习身体的协调性和舒展性。

（三）训练内容

准备：面向∠8，右脚在前站五位，手一位。

动作 1：①～②：双手二位，如图 4.3.29 所示。

③～④：打开七位，如图 4.3.30 所示。

⑤～⑥：停。

⑦～⑧：收回一位。

动作 2：①～②：双手二位。

③～④：双手到三位，如图 4.3.31 所示。

⑤～⑥：双手打开七位。

⑦～⑧：收回一位。

动作 3：①～②：双手二位。

③～④：双手打开五位（左三右七），如图 4.3.32 所示。

图 4.3.29

图 4.3.30

图 4.3.31

图 4.3.32

⑤～⑥：交换位置成五位（左七右三）。

⑦～⑧：双手收回二位。

动作 4：①～⑥：重复动作 3 的③～⑧。

⑦～⑧：打开七位。

动作 5：①～②：向前下胸腰，双手成二位，如图 4.3.33 所示。

③～④：身体直起，双手直接到三位。

⑤～⑥：向后下胸腰，双手仍在三位，如图 4.3.34 所示。

⑦～⑧：身体拉直，双手打开到七位。

动作 6：①～②：双手经一位到二位。

③～④：右脚擦地向前点地，双手成五位（左三右七），如图 4.3.35 所示。

⑤～⑥：停。

⑦～⑧：脚收五位，左手打开七位，双手收回一位。

图 4.3.33

图 4.3.34

图 4.3.35

学习小结

形体训练是一套科学、完备、系统的训练方法。这套形体训练方法不仅符合艺术美的要求，而且是一种使肢体修长、动作舒展的运动，是训练形体和仪态的途径。本项目学习了形体训练的功能、内容等基本理论知识，尤其是对形体训练对高铁乘务的特殊作用进行了说明，强化了学习目标和学习动力，为后面的职业仪态训练打下良好的实践基础。

思考与练习

1. 形象与职业素养存在怎样的关系？
2. 为什么说形体训练是职业素养形成的重要途径之一？
3. 简述地面形体训练的目的、内容及要求。
4. 简述扶把形体训练的目的、内容及要求。
5. 练习地面形体训练的动作组合，并能够在音乐中完成。
6. 练习扶把形体训练的动作组合，并能够在音乐中完成。
7. 根据教学内容，结合个人的特点，编排一套地面形体训练组合，要求不少于三个组合。

项目五

高铁乘务形体美感训练

形体训练是一个完整、系统的锻炼体系，正确的感知觉是形成和保持优美形体的必要条件之一，包括头颈、躯干、上肢、下肢感知觉和站立基本姿态感知觉。通过身体各部位的感知觉练习，可以体会保持正确身体姿态所必需的肌肉感觉，提高身体的自控能力，是形体训练中不可缺少的内容。

知识目标

本项目介绍了傣族舞、维吾尔族舞、蒙古族舞三种民族舞蹈和形体操训练，包括手法、步法、基本组合等内容。

能力目标

通过教师有目的、有计划的传授和启发，并通过学生的主动学习，学生能够逐步掌握各种舞蹈知识与技能，提高舞蹈艺术的欣赏与表演能力，塑造良好的自身条件和素质。

任务一　傣 族 舞 蹈

傣族是世界上最早的稻作民族之一，他们滨水而居，爱水、祈水，对水有着特殊的感情。在傣族的神话里，造物主英叭原来就是天空中的水气；而人则是用水拌和泥土捏塑而成；傣族的祖先诞生于水塘。在有关“泼水节”的各种传说中，尽管人物不同，但他们用水来制服火、用水来洗净血污、用水来祈福等内容是相同的。

傣族人民勤劳勇敢，温柔善良，这是大家公认的；“水一样的民族”是对傣族性格的又一描述。他们礼貌温和、外柔内刚、智慧聪明又幽默诙谐的性格像水一样，有时似涓涓的细流，温柔而细腻；有时像大江的洪流，汹涌而澎湃，傣族的舞蹈也充分反映了这种民族性格。傣族舞蹈历史悠久，据《后汉书·西南夷传》记载，永宁元年（120），傣族先民掸人的首领曾向东汉皇帝奉献过大规模的乐舞、杂技。这说明早在 1 800 多年前，在当地就有了较高水平的歌舞表演艺术。

傣族舞蹈种类繁多，形式多样，流行面也很广，并各有特点。代表性节目可分为自娱性、表演性、祭祀性三大类。

傣族舞蹈练习方法：傣族舞蹈优美、轻盈、朴实、矫健，感情内在含蓄：跳舞时下半身多成半蹲状态，身体、手臂、下肢的每个关节都有弯曲，形成了特有的“三道弯”造型。第一道弯从立起的脚掌至弯曲的膝部，第二道弯从膝部到胯部，第三道弯从胯部到倾斜的上身。另外，重拍向下均匀颤动也形成其特有的韵律特征和节奏特征。

除了人们熟知的孔雀舞，傣族舞还有象脚鼓舞、长甲舞、蜡条舞、鱼舞等。

训练一：手法

（一）手位

一位手：双手提腕在胯的两侧，肘关节弯曲，手腕要推出去，手心朝外（见图 5.1.1）。

二位手：双手抬至胸前，手背相对，肘关节弯曲（见图 5.1.2）。

三位手：双手慢慢向上举，手型保持二位手不变（见图 5.1.3）。

四位手：左手不变，右手慢慢落至胸前，肘关节弯曲（见图 5.1.4）。

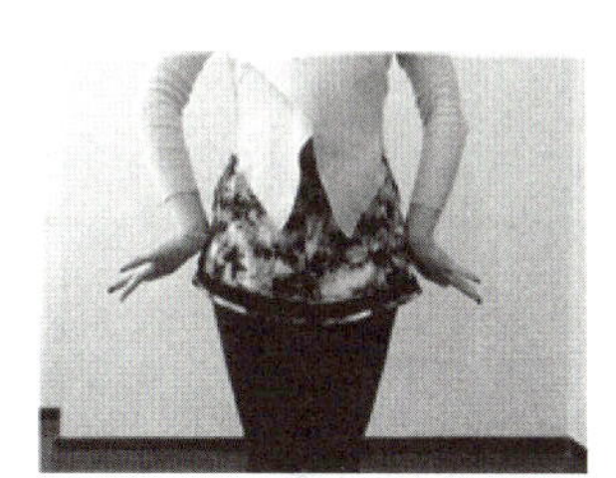
图 5.1.1

图 5.1.2

图 5.1.3

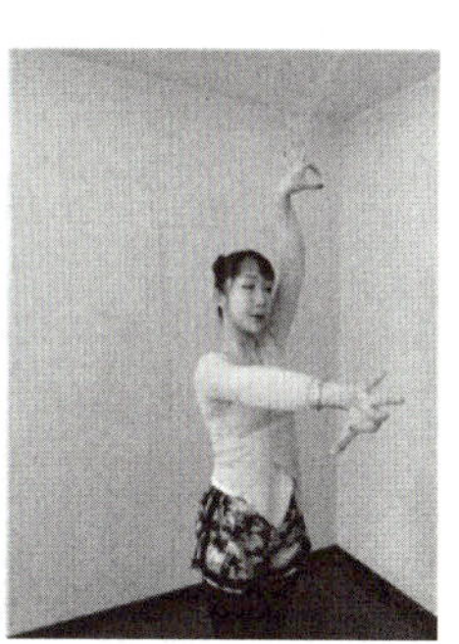
图 5.1.4

五位手：右手慢慢打开（见图 5.1.5）。

六位手：左手由上方慢慢落至胸前，手型保持不变（见图 5.1.6）。

七位手：两手打开至旁边，手腕要下压，肘关节向下弯曲，手指要立起来（见图 5.1.7）。

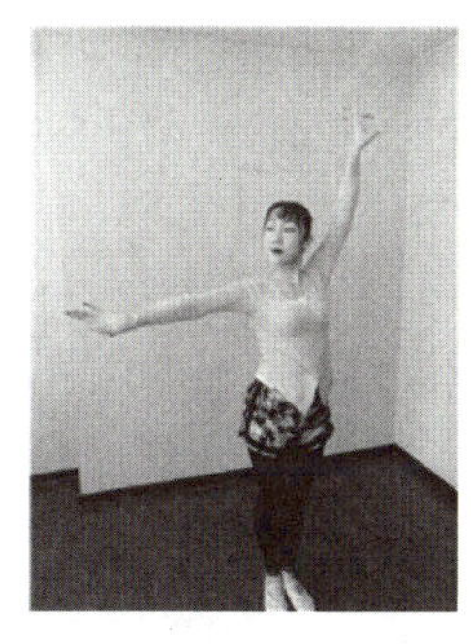
图 5.1.5

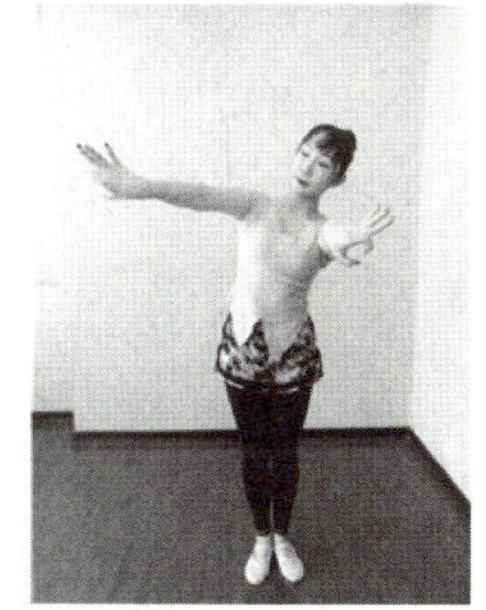
图 5.1.6

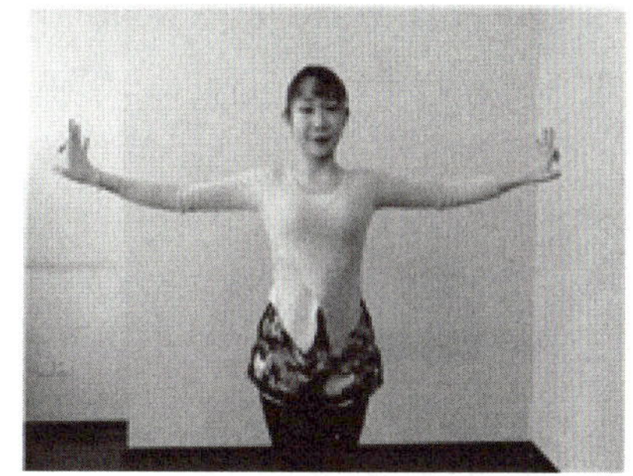
图 5.1.7

（二）训练组合

1. 提翻手

双手提腕至胸前，手指下垂，手背相对（见图 5.1.8），翻手四指向回扣（见图 5.1.9），大拇指向前竖起来，同时肘关节向后夹在腰的两侧（见图 5.1.10）。

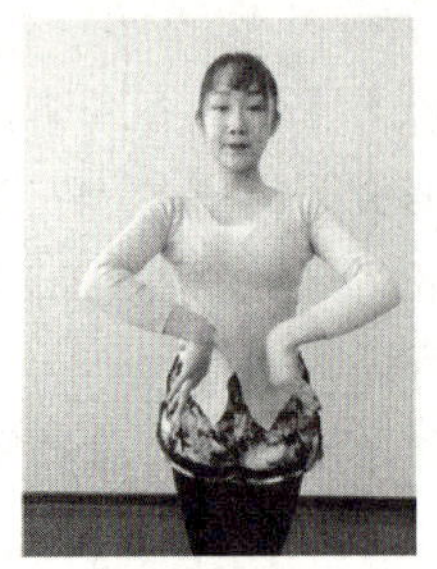

图 5.1.8

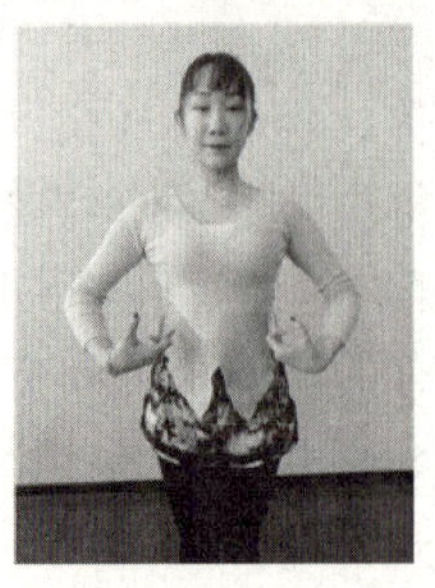
图 5.1.9

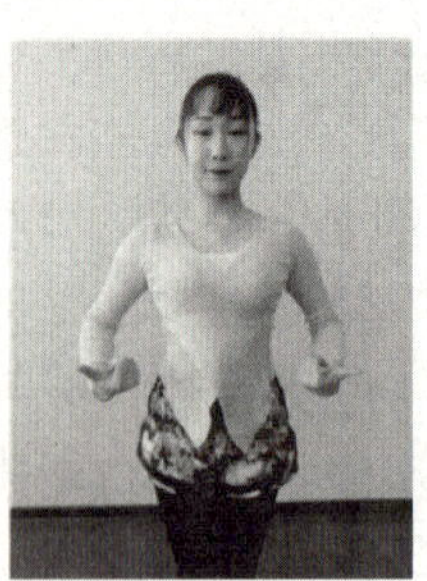
图 5.1.10

2. 提翻手按掌

经过一次提翻手，掌心按下去，手指尖相对，手腕处一定要压下去，同时肘关节要向前撑起来（见图 5.1.11）。

3. 提翻手二位手

先做一次提翻手，手背向两边打开（见图 5.1.12），接下来手背相对至胸前（见图 5.1.13），注意肘关节弯曲，手腕贴住。

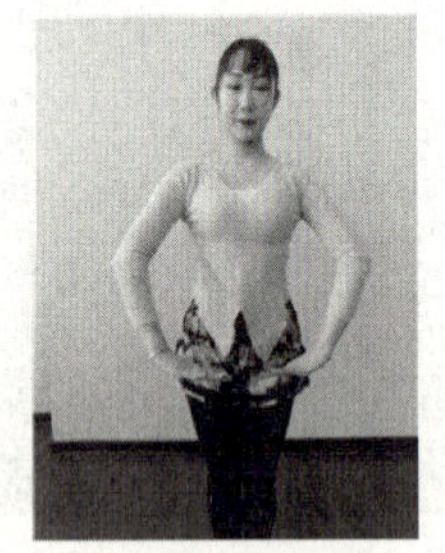
图 5.1.11

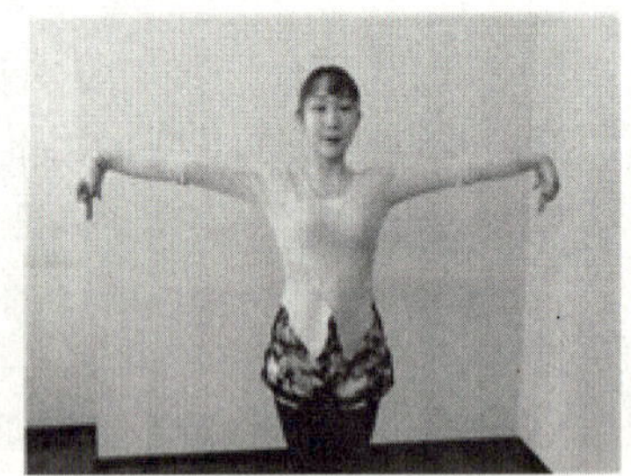
图 5.1.12

图 5.1.13

4. 提翻手三位手

先做一次提翻手，手背打开，同时双手上举（见图 5.1.14），手背相对，肘关节弯曲（见图 5.1.15），注意手臂不要太直。

5. 提翻手双握立掌

先做一次提翻手，双手打开，手腕向回拉至肩的两侧，肘关节向下弯曲（见图 5.1.16），双手向两边打开推出去，注意手掌立起来，大拇指向前（见图 5.1.17）。

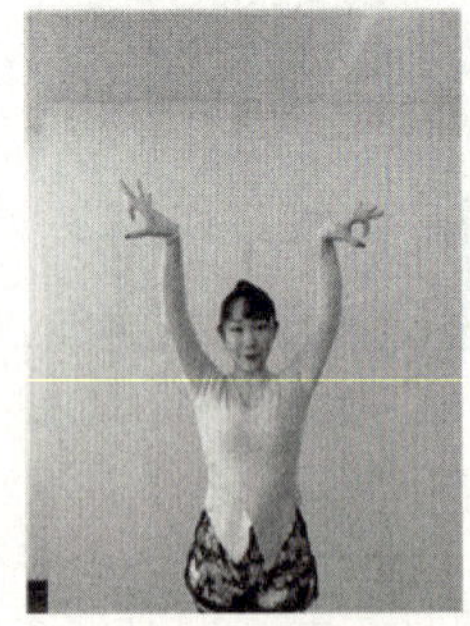
图 5.1.14

图 5.1.15

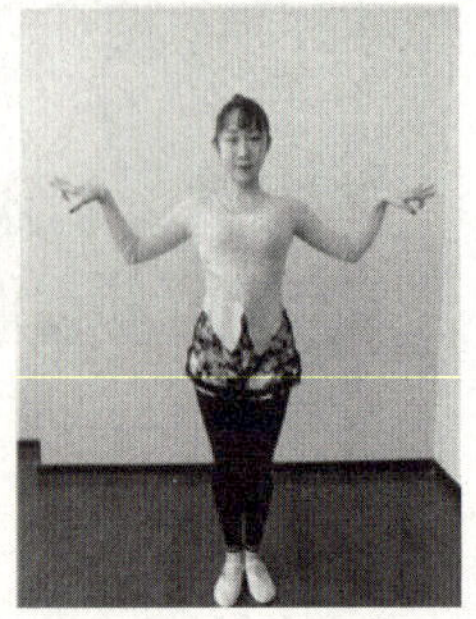
图 5.1.16

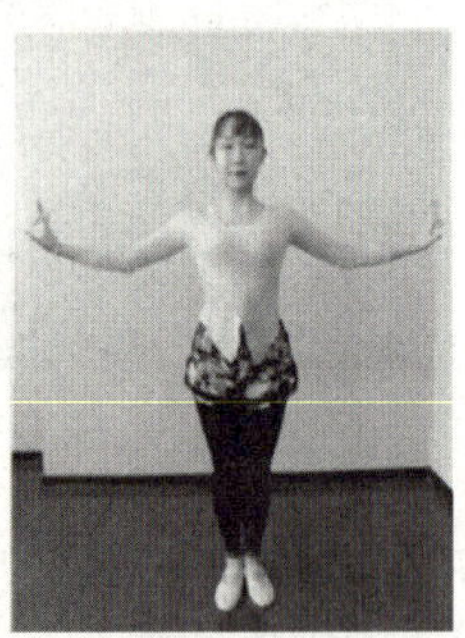
图 5.1.17

6. 领腕手

双手经过一次提翻手（见图 5.1.18），手肘向外打开，手指平伸，掌心向上（见图 5.1.19），大拇指和食指相捏（见图 5.1.20），左手经过一个翻手至左边的胯旁，右手经过翻手向旁边推出去（见图 5.1.21），注意左边的手肘要架起来（见图 5.1.22），右边的手掌心向外（见图 5.1.23）。再做一个反方向动作（见图 5.1.24）。

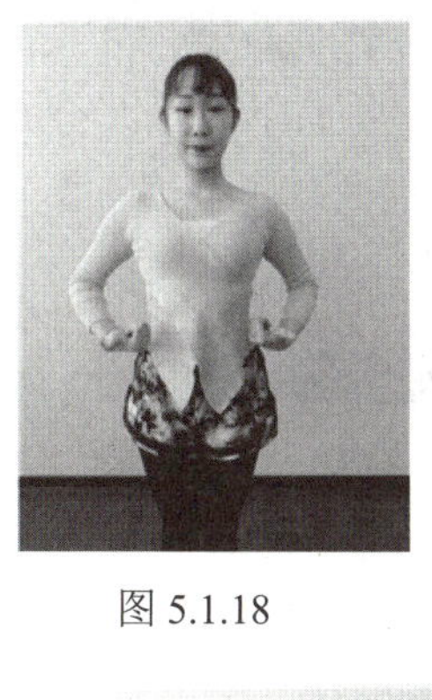
图 5.1.18

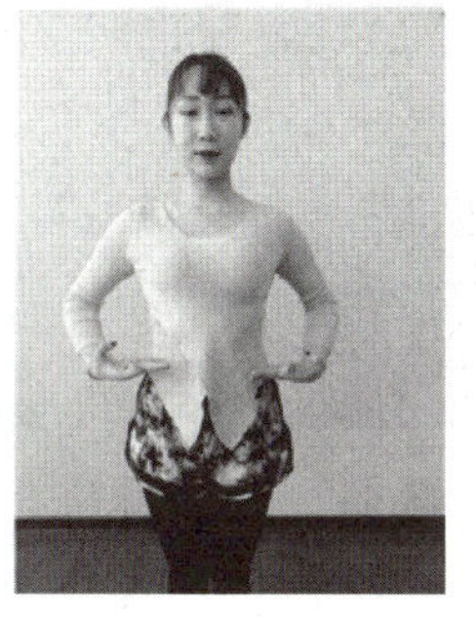
图 5.1.19

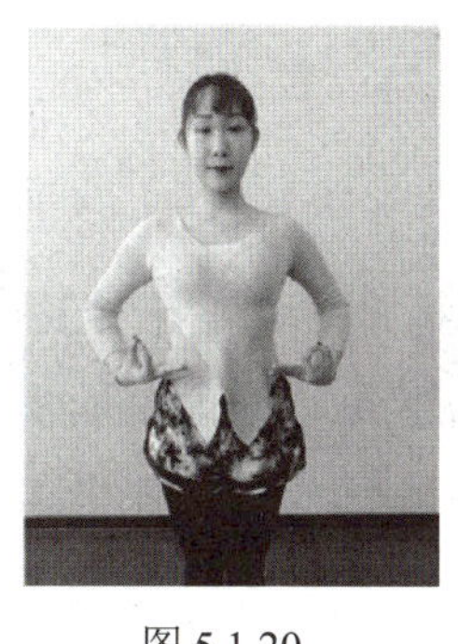
图 5.1.20

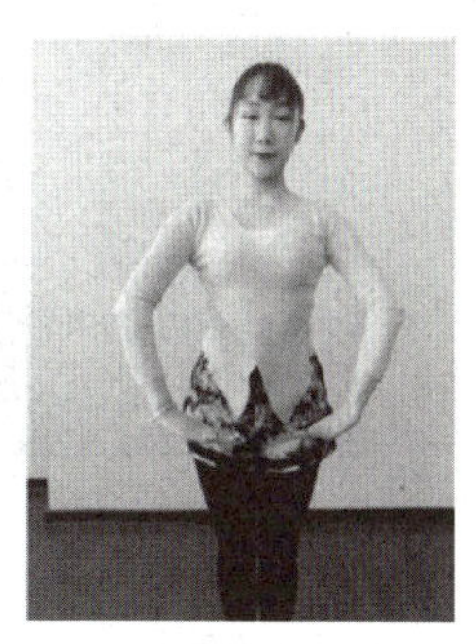
图 5.1.21

图 5.1.22

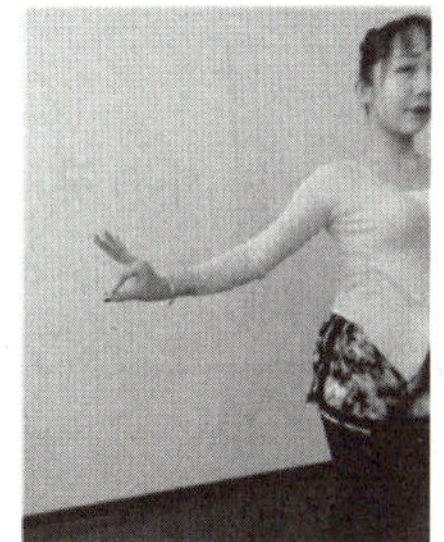
图 5.1.23

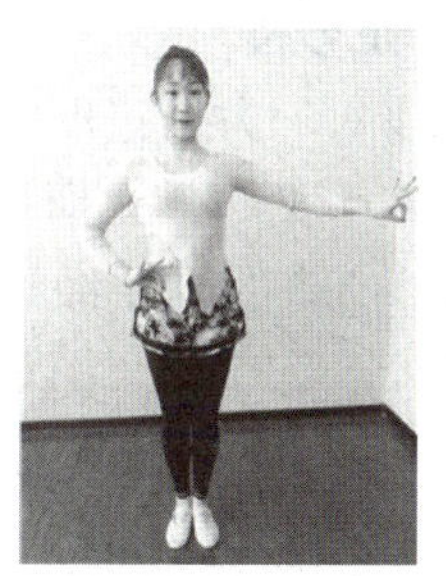
图 5.1.24

7. 推拉手

双手抬至胸前，大拇指竖起来（见图 5.1.25），手背带着向身体的两旁推出去，手腕向肩的两侧拉回来（见图 5.1.26）。

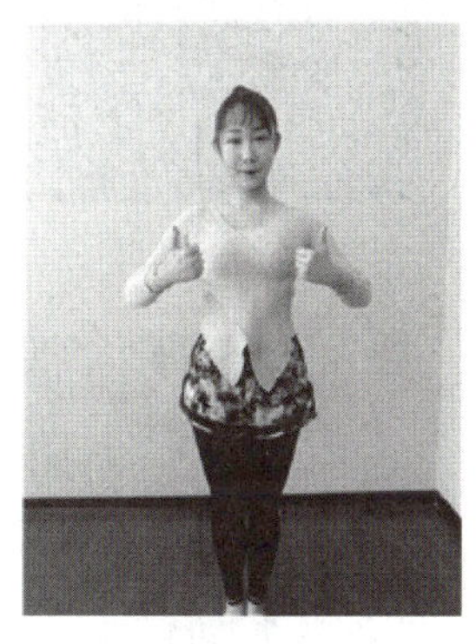
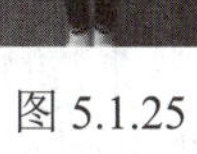
图 5.1.25

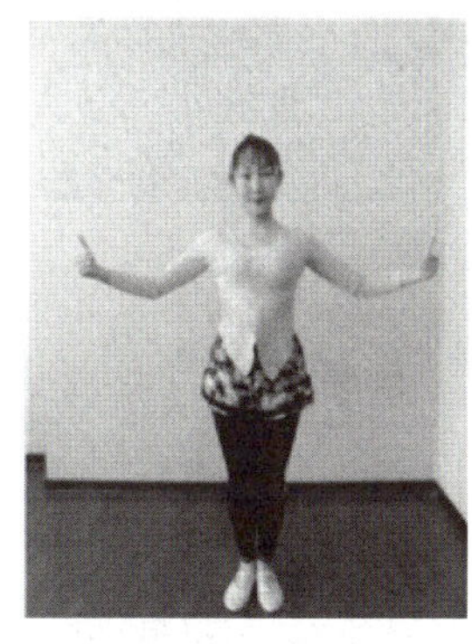
图 5.1.26

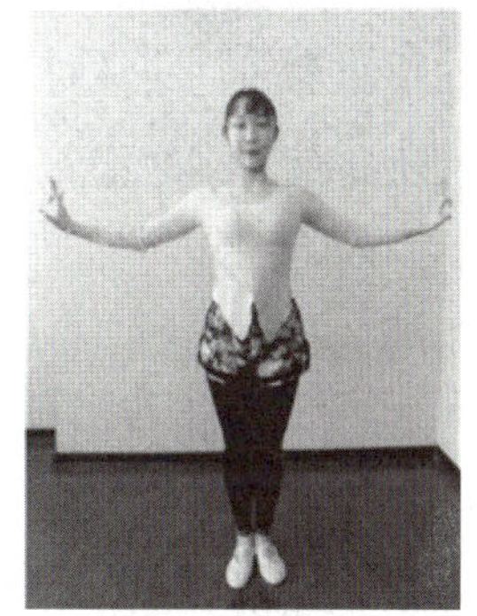
图 5.1.27

8. 推拉七位手

双手经过一个翻腕，手背推出去（见图 5.1.27），大拇指要竖起来，左手贴着身体（见图 5.1.28），右手打开与肩平（见图 5.1.29）；经过向里翻腕再向外推出去。

9. 四位手领腕

经过一个推拉手，双手打开，手背推出去，大拇指和食指相捏，左手向上，右手到胸前，肘关节弯曲，手腕要推出去（见图 5.1.30）。

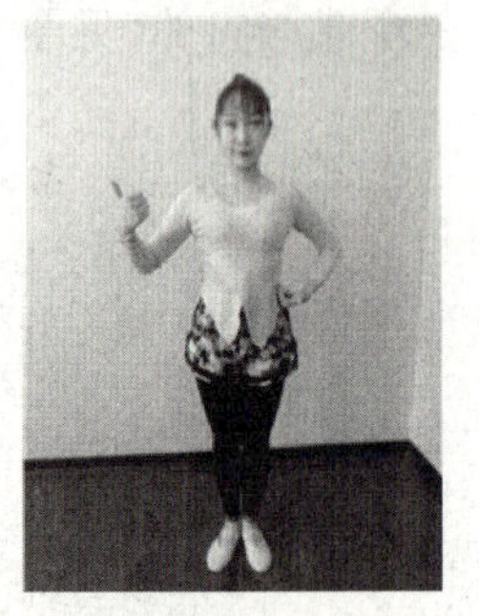
图 5.1.28

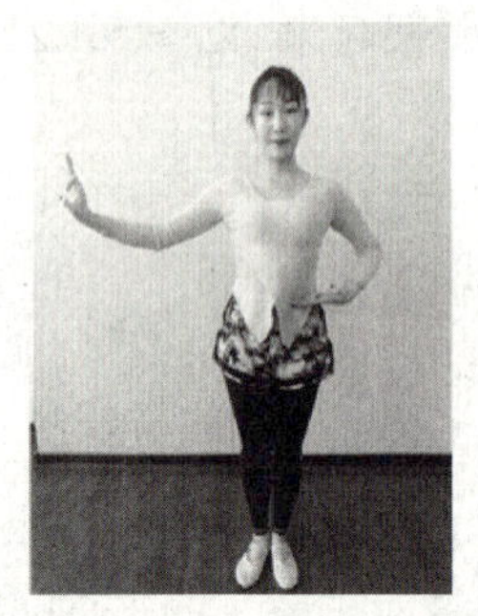
图 5.1.29

图 5.1.30

训练二：步法

（一）正步位

（1）身对一方向正步位准备。

（2）双手叉腰，大拇指向后，大腿内侧保持收紧，膝盖微微蹲下来，胯摆向左侧（见图 5.1.31），蹲的时候经过一个下弧线摆向右侧（见图 5.1.32），同时左脚向后踢，勾脚（图 5.1.33）。反方向：蹲（见图 5.1.34），经过右侧下弧线再到左侧（见图 5.1.35），抬起右脚勾脚向后踢（见图 5.1.36）。注意：重拍在下，长蹲短起。

图 5.1.31

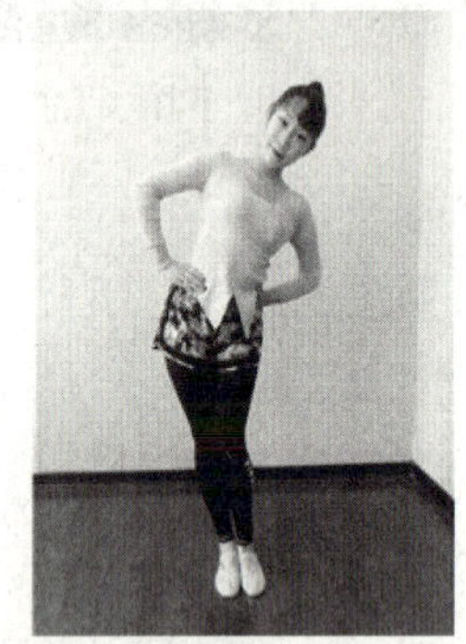
图 5.1.32

图 5.1.33

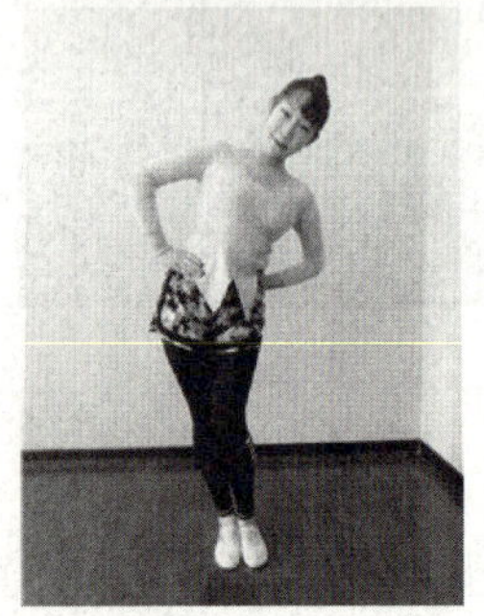
图 5.1.34

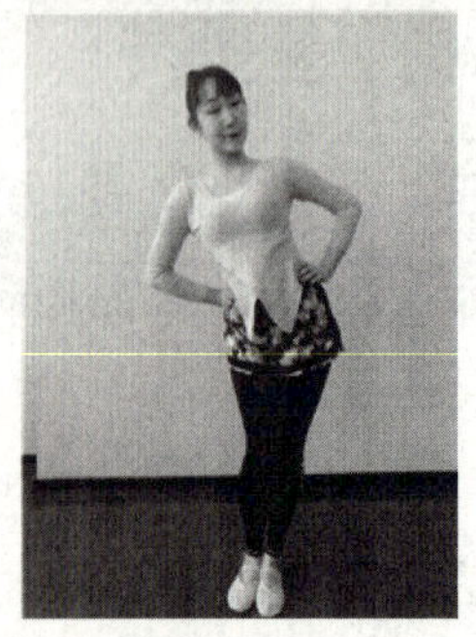
图 5.1.35

图 5.1.36

（二）旁点地

经过一个正步位，右脚打开，胯偏向左侧，右脚脚跟要离开地面，前脚掌点地（见图 5.1.37）。动作大一点，注意身体的姿态。右脚收回来，经过一个正步位，左脚打开，前脚掌点地，胯偏向右侧，身体向前（见图 5.1.38）。

（三）前点步

经过一个正步位，左脚向前，前脚掌点地，膝盖弯曲，右胯向前拧，左肩向后拉，身体微微向后靠（见图 5.1.39）。收回脚做反面，还是经过一个正步位，右脚向前，前脚掌点地，左胯向前拧，右肩向后拉（见图 5.1.40）。

图 5.1.37

图 5.1.38

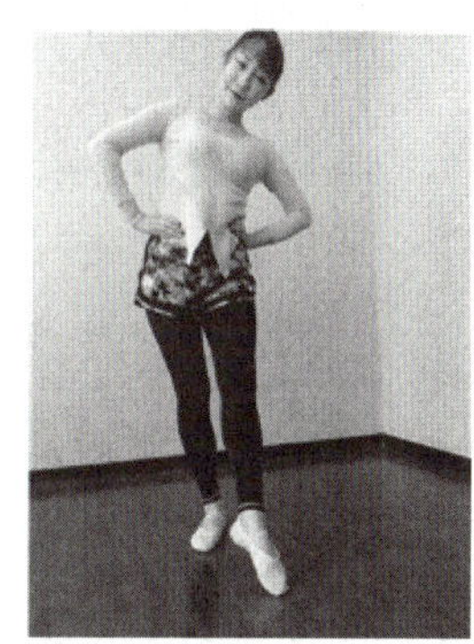

图 5.1.39

（四）侧后点步

经过正步位，右脚向旁边打开，前脚掌点地，大腿内侧向里夹，眼睛看向侧面，身体微微向后躺（见图 5.1.41）。收回右脚，反方向，经过一个正步位，左脚向旁边点地，大拇趾内侧向前点地，身体微微向后，眼睛向侧面看过去，注意出胯（见图 5.1.42）。

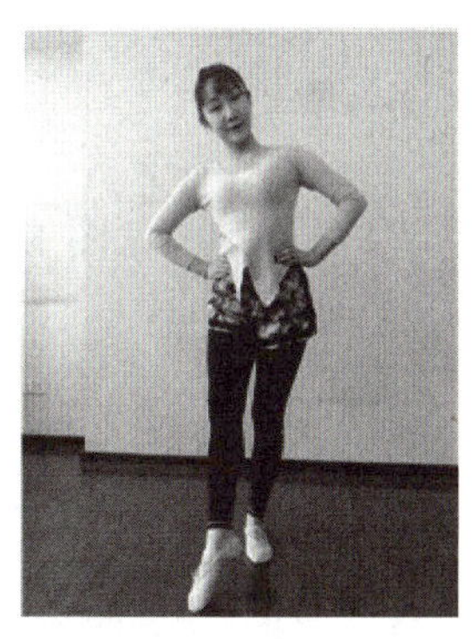

图 5.1.40

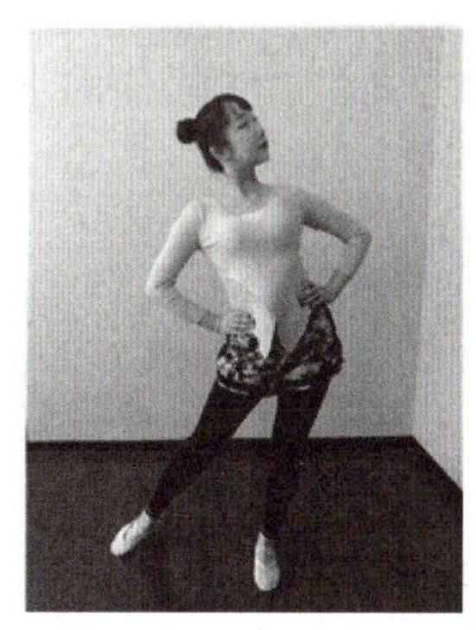

图 5.1.41

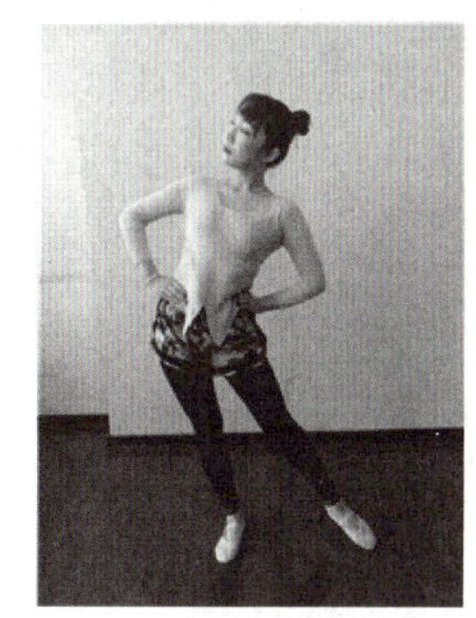

图 5.1.42

训练三：组合训练

（一）傣族踮步组合

1. 穿手

左手指尖点在左肩上（见图 5.1.43），右手向前穿出去（见图 5.1.44），注意掌心向上，指尖向前。

反方向：右手拉回来，点在右肩上（见图 5.1.45），左手向前穿出去（见图 5.1.46），手臂尽量伸直（见图 5.1.47、图 5.1.48），脚下踮步，出右脚，左脚虚点地，重心在右腿。加上手。

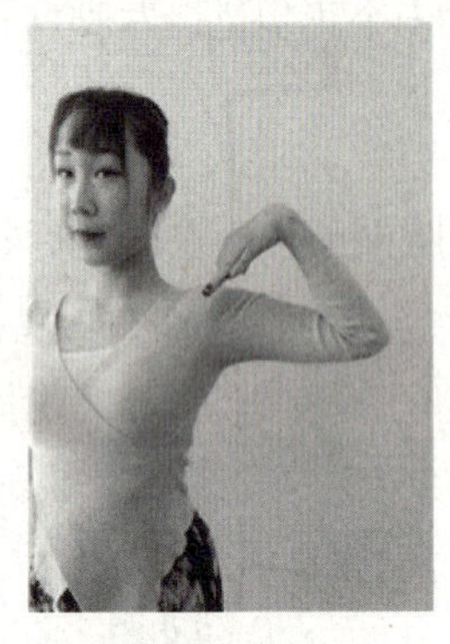
图 5.1.43

图 5.1.44

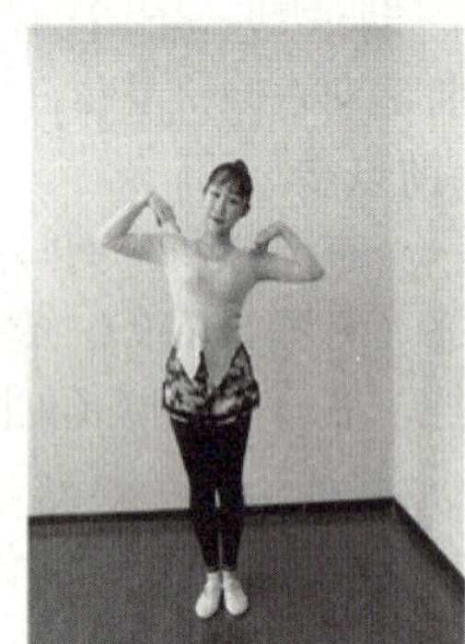
图 5.1.45

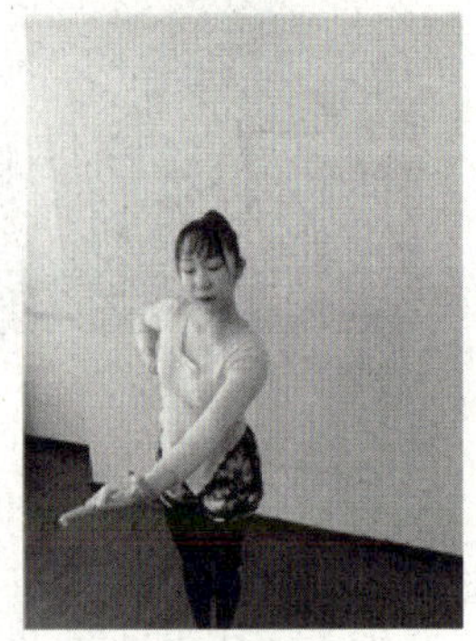
图 5.1.46

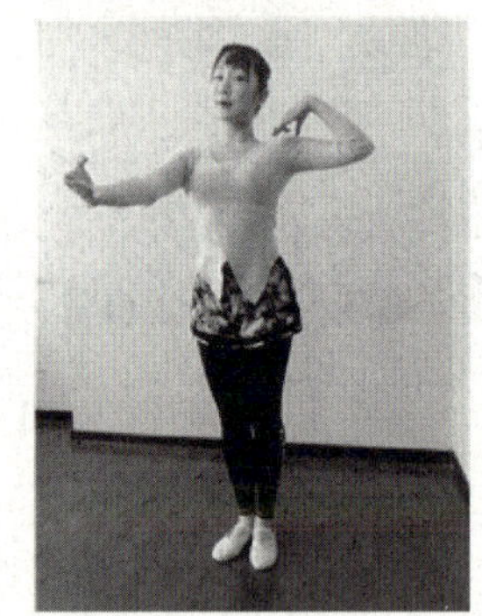
图 5.1.47

图 5.1.48

2. 翻手踮步

脚下动作不变。身体转向∠8 方向，右手慢慢向上（见图 5.1.49），一个翻手，掌心向上（见图 5.1.50），向后打开落下（见图 5.1.51）。

反方向：左手由胸前抬起来（见图 5.1.52），经过一个翻手，掌心向上（见图 5.1.53），打开落下（见图 5.1.54）。左手背过去准备（见图 5.1.55）。

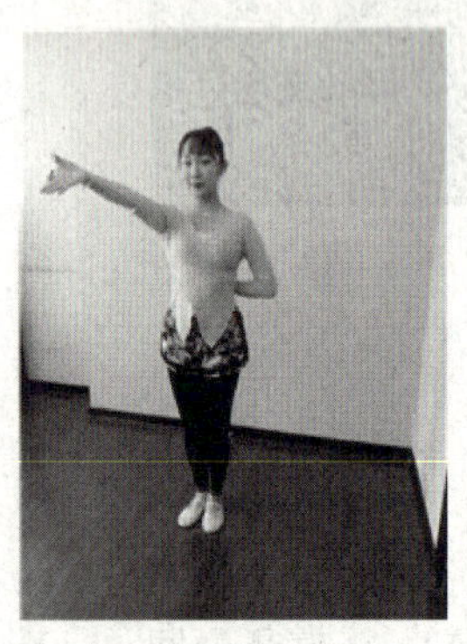
图 5.1.49

图 5.1.50

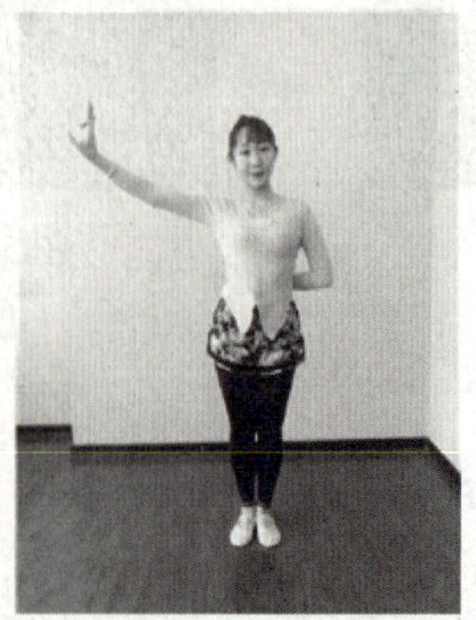
图 5.1.51

图 5.1.52

图 5.1.53

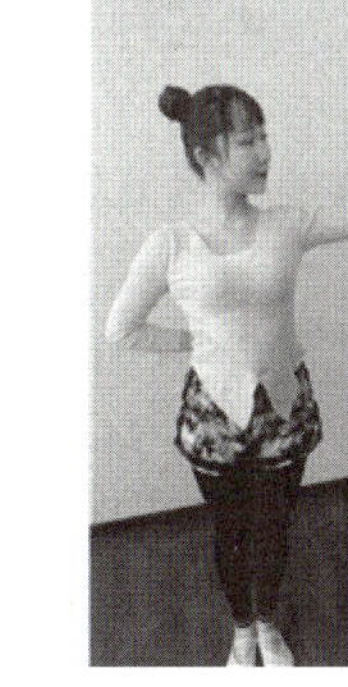
图 5.1.54

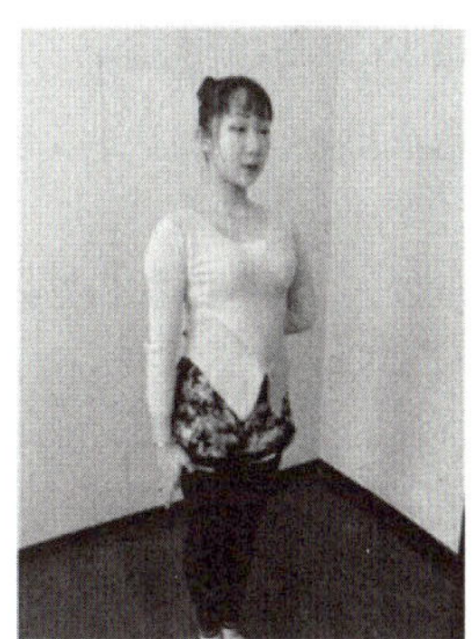
图 5.1.55

配合脚，如图 5.1.56～5.1.58 所示。

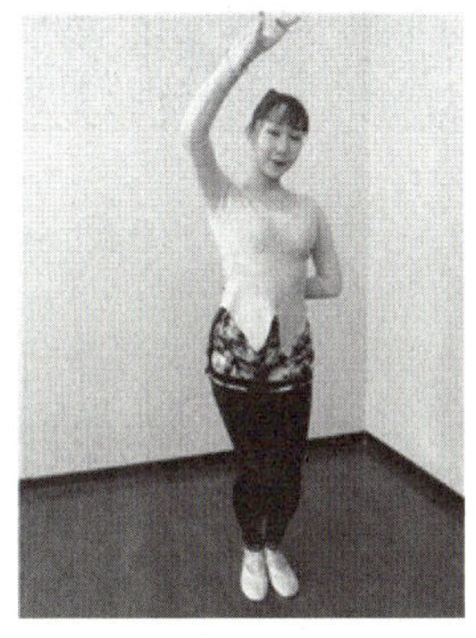

图 5.1.56

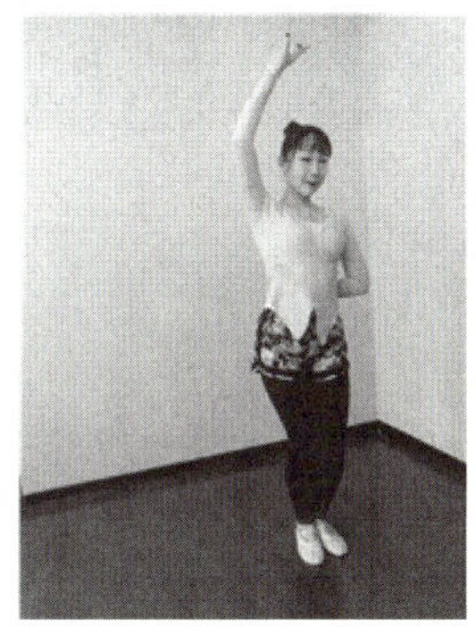
图 5.1.57

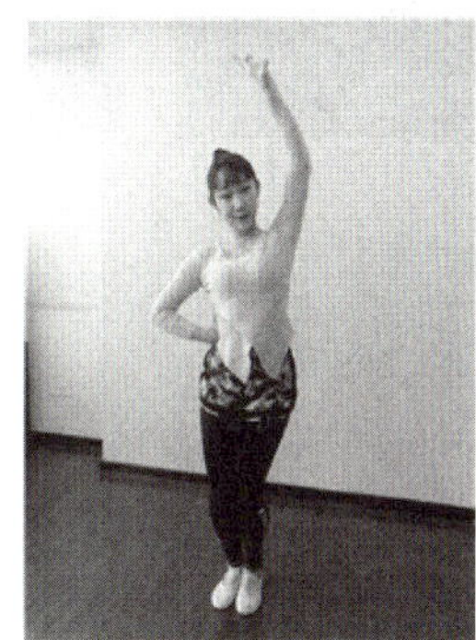
图 5.1.58

3. 翻盖手

双手屈肘在胸前，左手在右肘下（见图 5.1.59）。反方向：右手在左肘下面（见图 5.1.60）。脚下踮步不变（见图 5.1.61、图 5.1.62）。

图 5.1.59

图 5.1.60

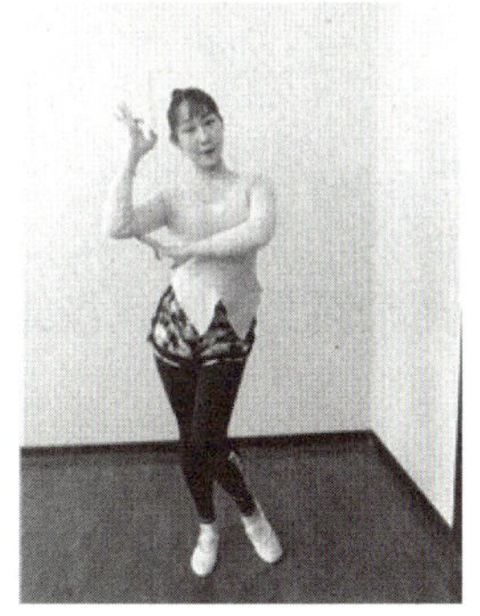
图 5.1.61

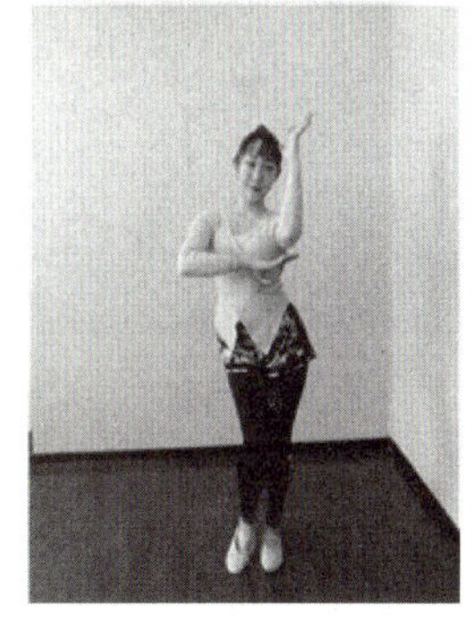
图 5.1.62

（二）小跳组合

1. 第一个动作

1～4 拍：双脚打开，屈膝蹲下，同时加上双手，向外推出去，手臂伸直，掌心向外，手指立起来（见图 5.1.63）。

5～8 拍：右腿吸起来，吸到左腿膝盖处，双手同时举起，手腕相对（见图 5.1.64）。

注意，这两个动作都要跳起来。

第二个 1～4 拍：经过一个蹲，再向上跳（见图 5.1.65）；第二个 5～8 拍，左腿绷脚到右腿的膝盖处，要向上跳（见图 5.1.66）。

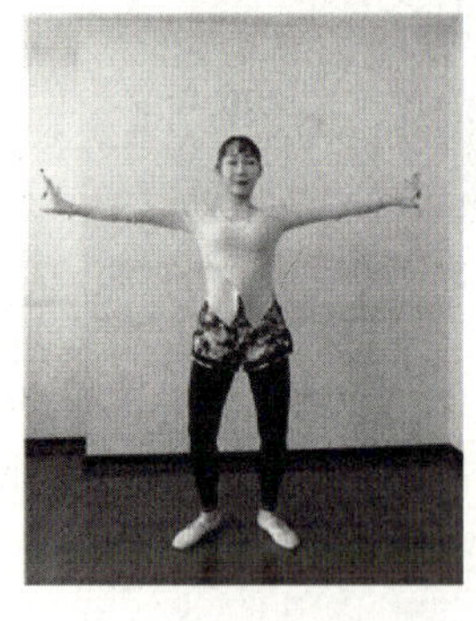
图 5.1.63

图 5.1.64

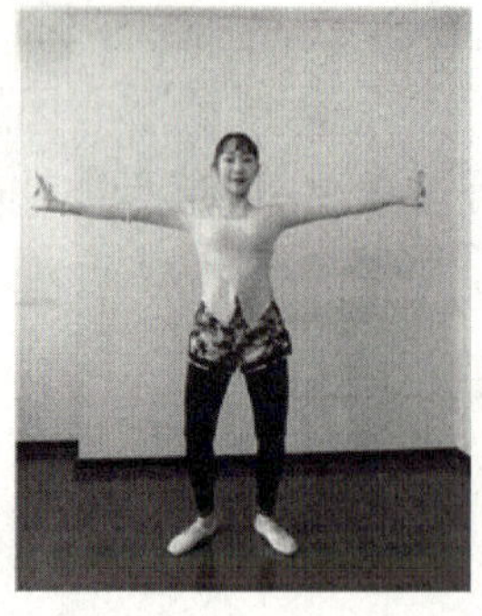
图 5.1.65

图 5.1.66

2. 第二个动作

1～4 拍：双手叉腰在腰的两侧，右腿吸起来勾脚至左脚的脚腕处，同时胯向左边摆（见图 5.1.67）。5～8 拍（反方向）：左腿吸起来勾脚至右脚的脚腕处，同时胯向右边摆（见图 5.1.68）。再加一个转身（见图 5.1.69、图 5.1.70）。

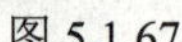
图 5.1.67

图 5.1.68

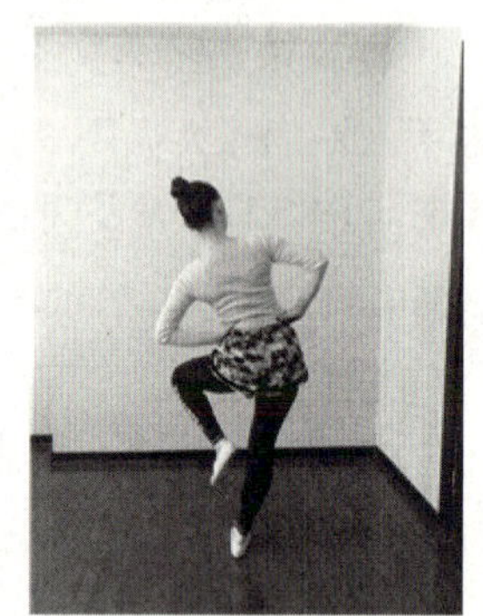
图 5.1.69

图 5.1.70

3. 第三个动作

小跳加旁点地，重复第二个动作一个 8 拍后，做一个 8 拍的呼吸（左脚打开点地，身体向下蹲 2 次，胯向右边摆出去）（见图 5.1.71）；重复第二个动作（反面）一个 8 拍后，做一个 8 拍的呼吸（右脚打开点地，身体向下蹲 2 次，胯向左边摆出去）（见图 5.1.72）。

4. 第四个动作

第三个动作加上手，手随着身体向外推出去，手心向外，左手在前，右手打开；第三个动作加上手两个 8 拍（图 5.1.73），第三个动作（反面）加上手两个 8 拍（见图 5.1.74）。

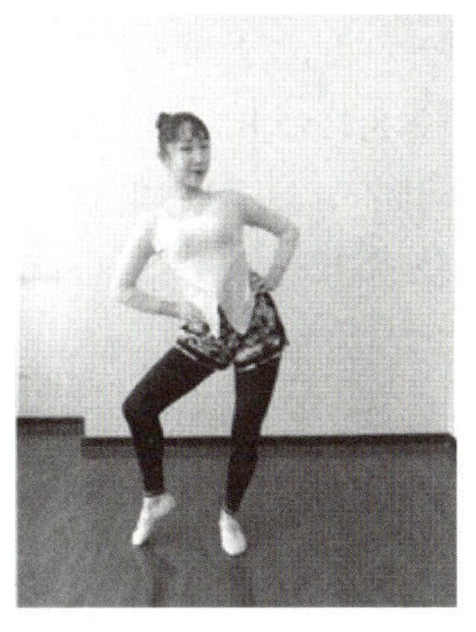
图 5.1.71

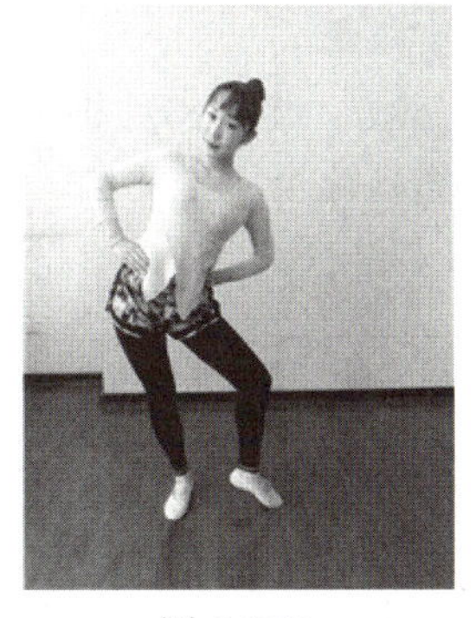
图 5.1.72

图 5.1.73

图 5.1.74

（三）傣族舞蹈组合训练

1. 手基本动作

打开右脚出左胯（见图 5.1.75），上左脚（脚尖点地），同时胯向右边摆过去，小腿向外打开，身体微微向后（见图 5.1.76）。反方向动作：打开左脚，胯摆向右侧（见图 5.1.77），上右脚，胯转向左侧，右脚小腿向外转开，脚后跟提起来，身体重心向后移（见图 5.1.78）。手是推拉手，手背向外推出去时大拇指竖起来，左手贴住身体；右手打开向侧平推出去时，翻手腕掌心推出去，左手向下按，右手立起来。

图 5.1.75

图 5.1.76

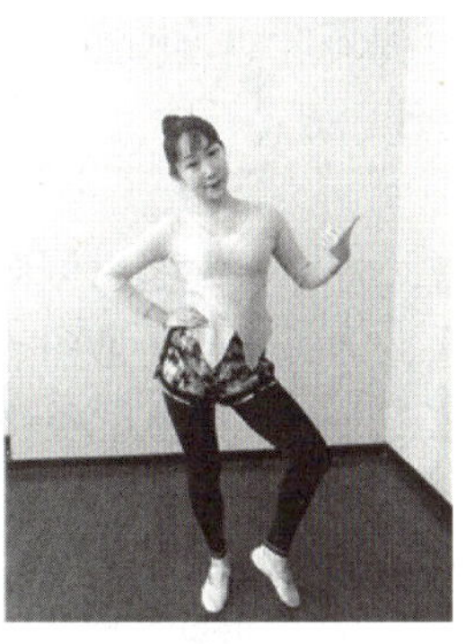
图 5.1.77

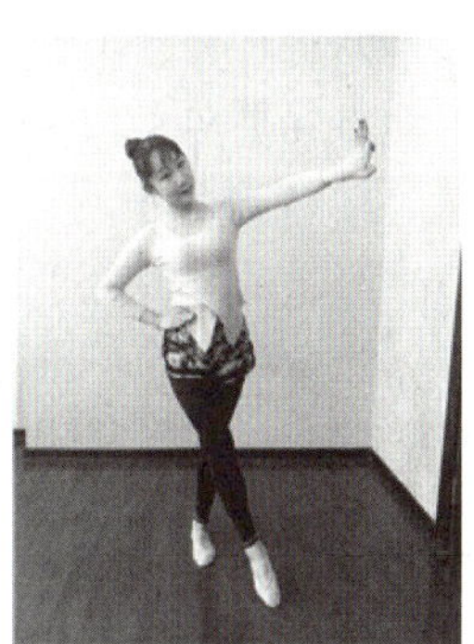
图 5.1.78

2. 提翻四位领腕手组合

左脚向前点地，脚后跟立起来，右胯向前拧，左肩向后，同时双手的大拇指和食指捏在一起，翻手腕，手背向里拉，左手是三位手，右手向胸前拉，肘关节弯曲（见图 5.1.79）。反方向动作：经过一个提翻手（见图 5.1.80），右脚向前踏地，右手在上，左手在胸前（见图 5.1.81）。

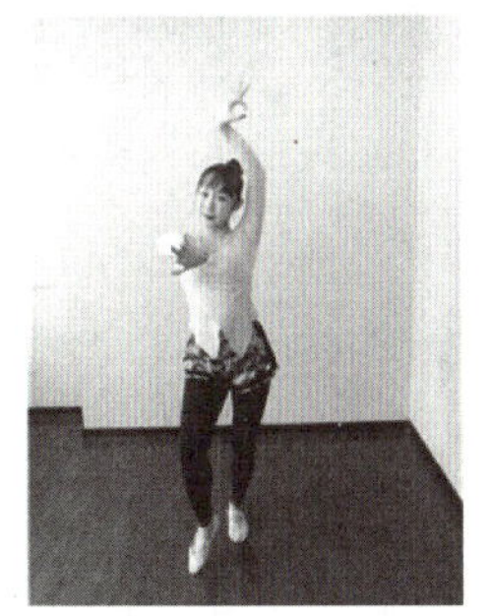
图 5.1.79

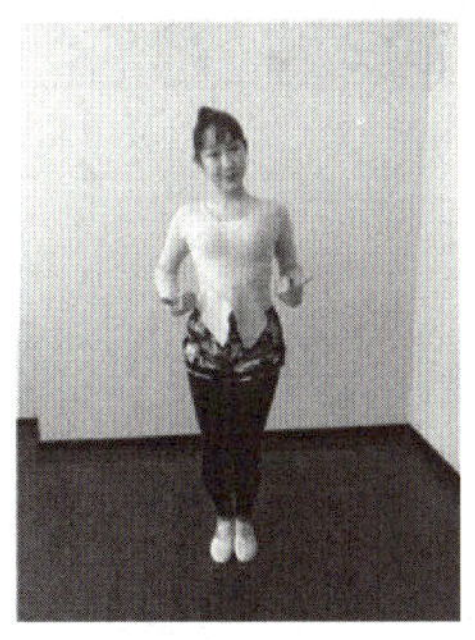
图 5.1.80

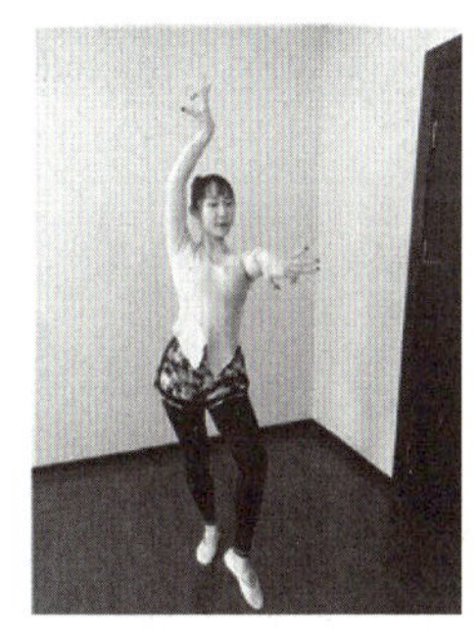
图 5.1.81

3. 托按手

打开右脚，旁点地，准备（见图 5.1.82）。上左脚，重心向后移（见图 5.1.83），脚后跟立起来，脚尖点地，右手向头上方托起，左手向下按（这个动作要加一点胸腰），头向后仰，身体微微向后（见图 5.1.84）。反方向动作：推手，再变成托按手，左手向上方托起，掌心向上，右手向下按，要下胸腰。

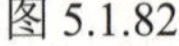
图 5.1.82

图 5.1.83

图 5.1.84

4. 提翻推按手加旁点步

左脚打开，出右胯，脚尖点地，脚跟立起来，手指头捏住翻手，右手在右胯，手腕推进来向里（见图 5.1.85、图 5.1.86）。

5. 提翻推手

经过一个提翻手，右脚打开，大腿内侧向里，前脚掌点地，双手在胸前交叉，手心向外，身体微微向后仰，眼睛看向∠8 方向（见图 5.1.87）。收回脚做反面动作，左脚旁点地，双手在胸前交叉，眼睛望向∠2 方向，身体重心微微向后（见图 5.1.88）。

图 5.1.85

图 5.1.86

图 5.1.87

图 5.1.88

任务二　维吾尔族舞蹈

维吾尔族有历史悠久的文化艺术传统，维吾尔族舞蹈继承古代鄂尔浑河流域和天山回鹘族的乐舞传统，又吸收古西域乐舞的精华，经过长期的发展和演变，形成了具有多种形式和特殊风格的舞蹈艺术，广泛流传在新疆维吾尔自治区各地。

维吾尔族舞蹈的特点是与民间音乐结合得十分紧密。舞蹈中，头、肩、腰、臂、肘、膝、脚都有动作，传神的眼神更具代表性。还要加上“动脖”“弹指”“翻腕子”等一系列的小装饰，形成了维吾尔族舞蹈的特点。维吾尔族舞蹈大致可分为3种：自娱性舞蹈、礼俗性舞蹈和表演性舞蹈。

“赛乃姆”是一种自娱性舞蹈，不管什么场合，只要是喜庆的日子，男女老少都来跳舞，自由进场，即兴发挥，还可以和场外的人进行交流，邀请围观者进场一同跳舞，使人感到亲切，气氛融洽。人们在乐鼓声、伴唱声中翩翩起舞，直到尽兴。

另一种非常有特点的维吾尔族舞蹈是“多朗舞”。多朗舞来自塔里木盆地多朗地区（中国西北）。多朗舞有着结构严谨的舞蹈形式，开始跳舞时以双人对舞为主，多少对不限，中途不能退场，直跳到竞技开始。竞技是旋转，随着乐曲的不断变化，竞技的人逐渐减少，直到只剩下一个人，这时到了舞蹈的高潮，在众人的喝彩声中结束。多朗舞自始至终都在“多朗木卡姆”的音乐伴奏下进行，热烈而欢快，是维吾尔族人民非常喜爱的一种舞蹈。

训练一：手法

（一）律动

1. 头

上身及头部左右摇摆，幅度不宜过大（见图 5.2.1～5.2.3）。

图 5.2.1

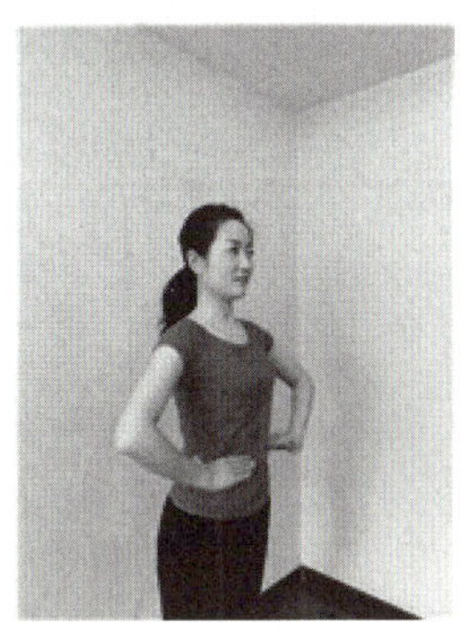

图 5.2.2

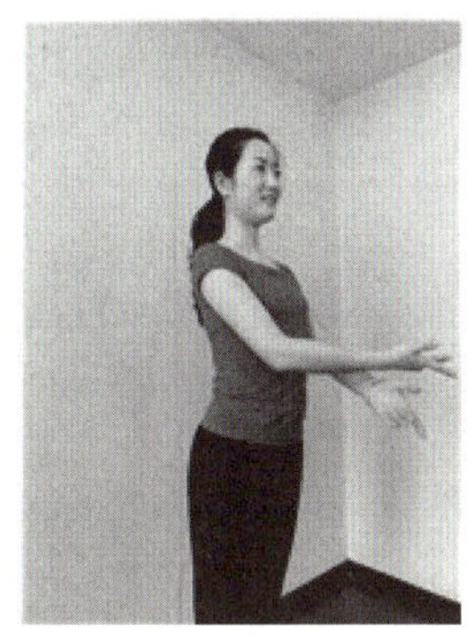

图 5.2.3

2. 手的动作

摊手：双手交叉在胸前，手心向上，手指展开，平平向两侧打开（见图 5.2.4、图 5.2.5）。

软手：双手手腕不断地推和提，手腕要放松（见图 5.2.6、图 5.2.7）。

图 5.2.4

图 5.2.5

图 5.2.6

绕腕立掌：手向上托起，经过一个绕腕，手指向上，立掌停住（见图 5.2.8～5.2.12）。

图 5.2.7

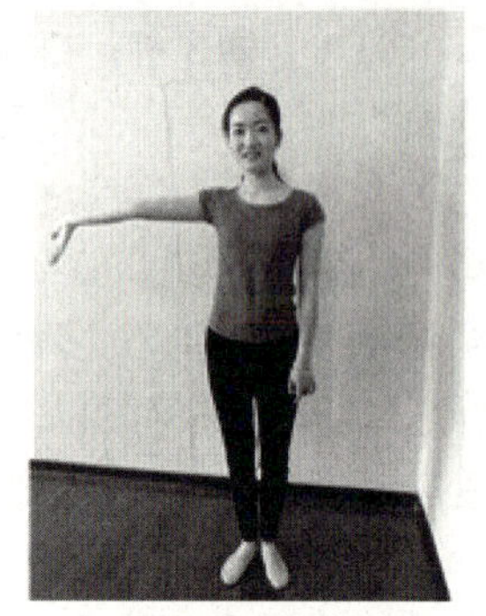

图 5.2.8

图 5.2.9

图 5.2.10

图 5.2.11

图 5.2.12

绕腕手：手臂提到下颚处，提腕经过耳旁，从额头前推掌，到另一侧耳旁（见图 5.2.13～5.2.16）。

图 5.2.13

图 5.2.14

图 5.2.15

弹指手：手臂打开，手指平展，手背向上、向下运动（见图 5.2.17、图 5.2.18）。

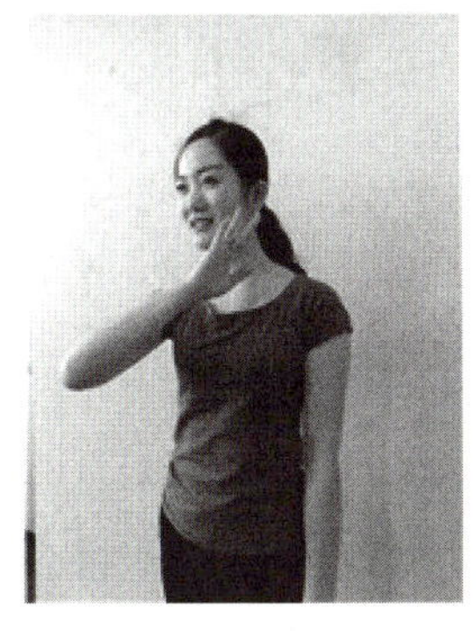

图 5.2.16

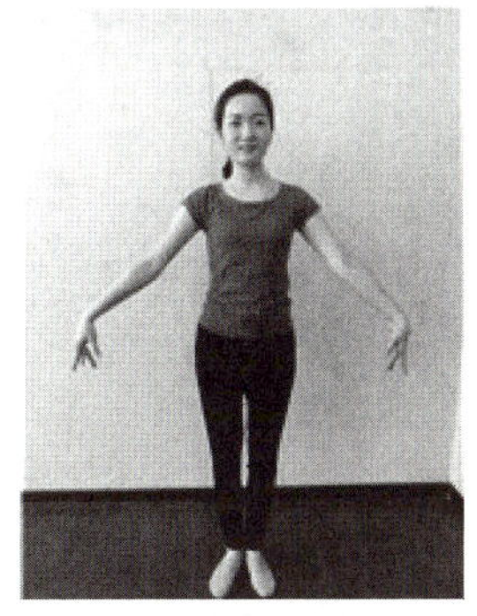
图 5.2.17

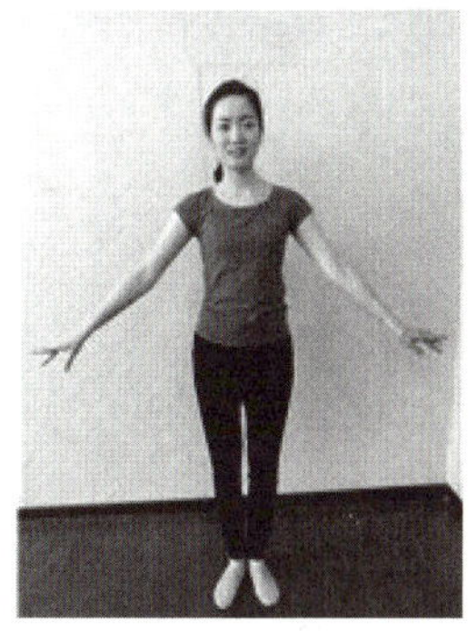
图 5.2.18

（二）手位组合

1. 一位

双手在胯的两侧微微摆动（见图 5.2.19、图 5.2.20）。

图 5.2.19

图 5.2.20

2. 二位

双手经胸前分摊打开（见图 5.2.21、图 5.2.22），经过绕腕回抱到胸前（见图 5.2.23），手心向外，做软手的律动，注意手腕向外推，向里提（见图 5.2.24～5.2.26）。

图 5.2.21

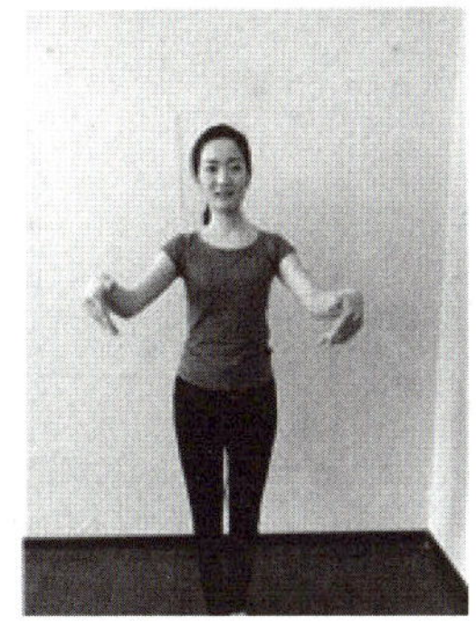
图 5.2.22

图 5.2.23

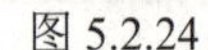
图 5.2.24

图 5.2.25

图 5.2.26

3. 三位

双手经胸前分摊打开（见图 5.2.27），双手向上提起来经过绕腕停在头的上方，注意手心向上，身体左右摇摆（见图 5.2.28、图 5.2.29）。

图 5.2.27

图 5.2.28

图 5.2.29

4. 四位

双手经胸前分摊打开，经过绕腕，一手到胸前，一手到头的上方，推腕（见图 5.2.30、图 5.2.31）。

双手从身体左侧划到右侧，左手在右侧打开绕腕，右手在三位手的位置绕腕，眼睛看侧面（见图 5.2.32、图 5.2.33）。

图 5.2.30

图 5.2.31

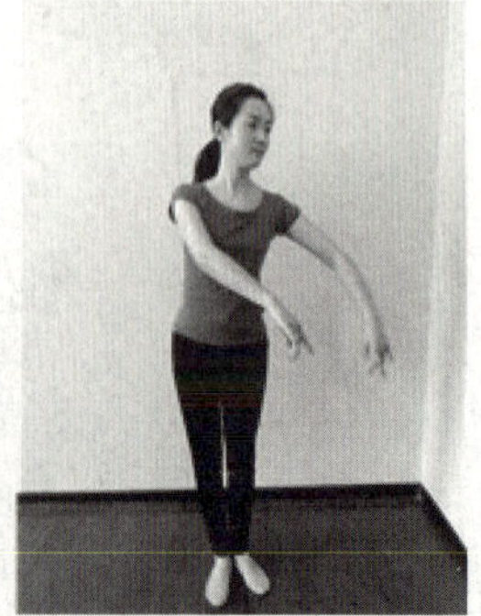
图 5.2.32

图 5.2.33

5. 五位

双手从身体一侧平摊到五位上，经过绕腕，形成五位手位，眼睛随身体方向平视（见

图 5.2.34、图 5.2.35）。

双手经胸前分摊打开，经过绕腕，形成五位（见图 5.2.36、图 5.2.37）。

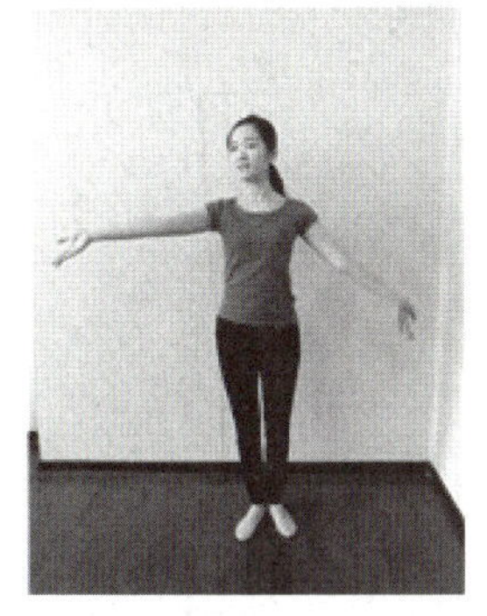

图 5.2.34

图 5.2.35

图 5.2.36

图 5.2.37

6. 六位

双手从胸前平摊到身体右侧，左手在胸前，右手在身体侧面打开，手与肩平行，经过绕腕，立掌，加上身体的律动（见图 5.2.38、图 5.2.39）。

双手经过身体向右侧外推出去，经过绕腕，眼睛看左下方，身体要加上律动(见图 5.2.40、图 5.2.41)。

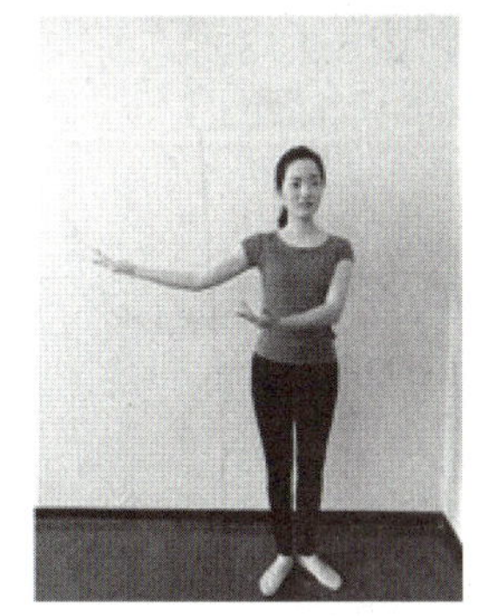

图 5.2.38

图 5.2.39

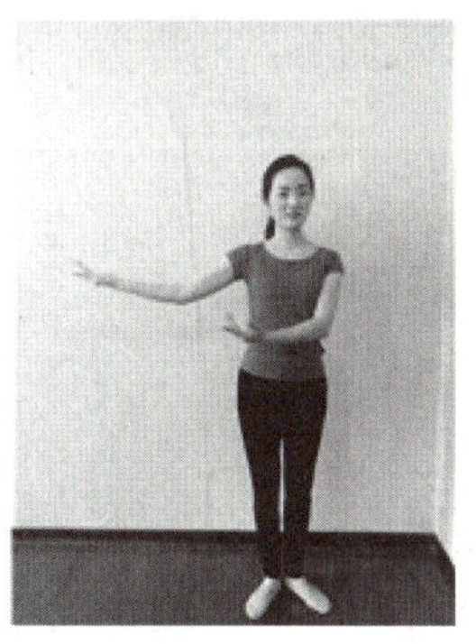

图 5.2.40

图 5.2.41

7. 七位

双手经过胸前分摊打开，经过绕腕，立掌（见图 5.2.42、图 5.2.43）。

双手由下向上打开，在胯的两侧，经过绕腕，立掌（见图 5.2.44、图 5.2.45）。

图 5.2.42

图 5.2.43

图 5.2.44

图 5.2.45

8. 点肩位

双手分摊打开，绕腕，右手到左侧腰旁，左手到右肩前（见图 5.2.46、图 5.2.47）。

双手分摊打开，绕腕，左手叉腰，右手到左肩前（见图 5.2.48、图 5.2.49）。

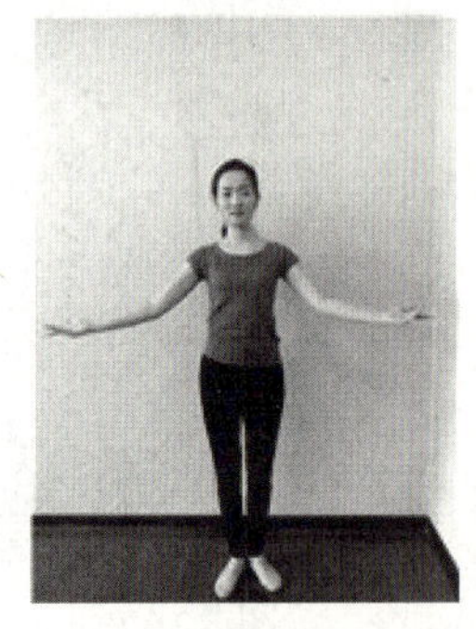

图 5.2.46

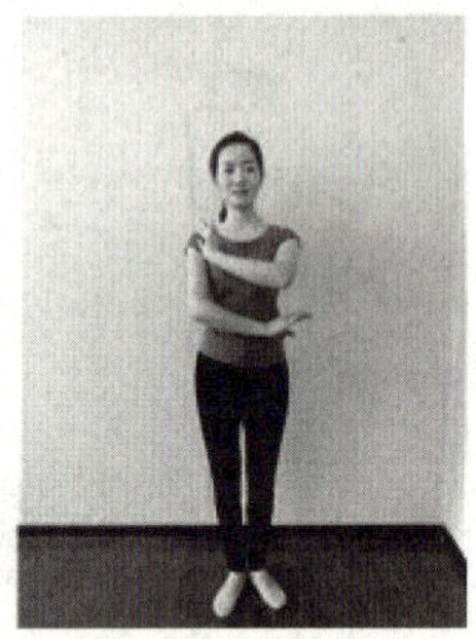
图 5.2.47

图 5.2.48

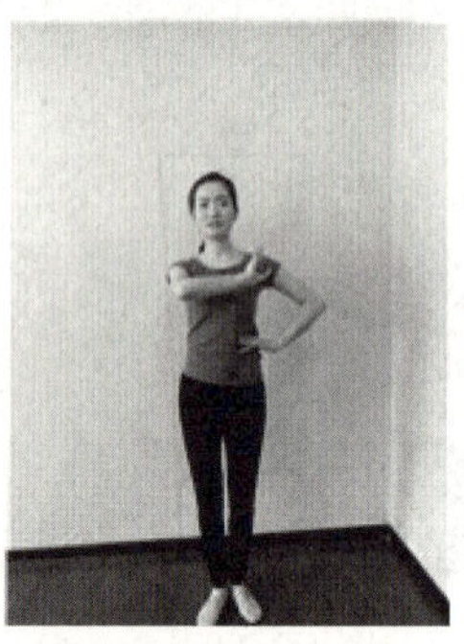
图 5.2.49

9. 托帽位

双手经过胸前摊手，绕腕，左手叉腰，右手在头的侧方，肘关节托起，手心向内，眼睛向左上方看；同样方法做反方向动作（见图 5.2.50、图 5.2.51）。

双手经过摊手，绕腕，右手在头的侧方，肘关节托起来，手心向内，眼睛向左上方看，左手向左上方托起来，手心向外；同样方法做反方向动作（见图 5.2.52、图 5.2.53）。

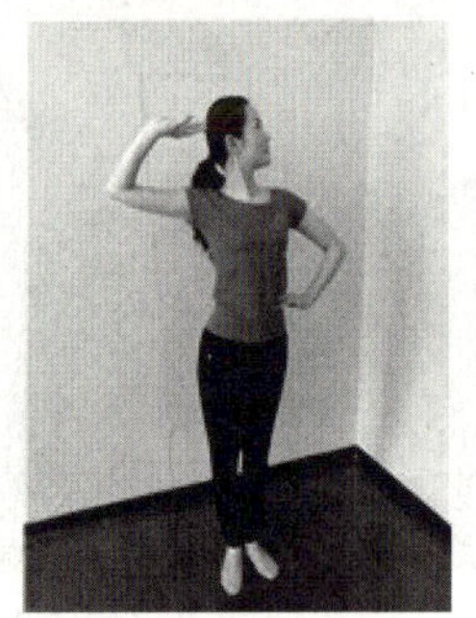
图 5.2.50

图 5.2.51

图 5.2.52

10. 叉腰位

双手经胸前分摊打开，绕腕，手的虎口拉回来，叉到腰间，手型变为掌或者拳都可以，手向里靠（见图 5.2.54、图 5.2.55）。

图 5.2.53

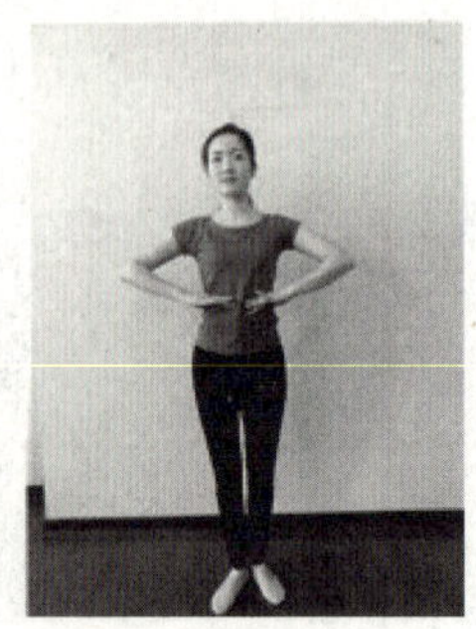
图 5.2.54

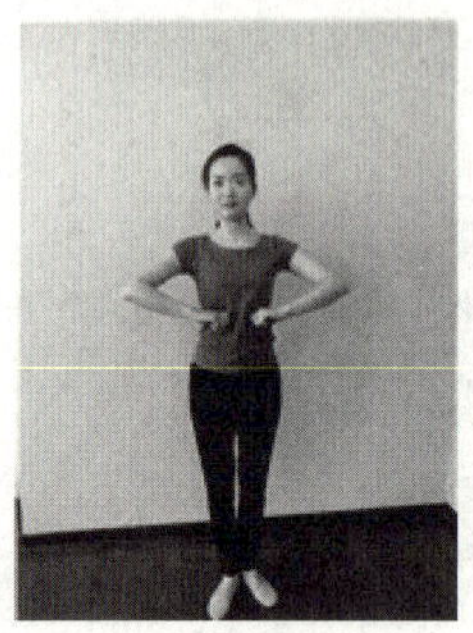
图 5.2.55

训练二：步法——一步一点组合

1. 步伐组合

脚：右脚上步，膝盖蹲（见图 5.2.56），左脚打开，脚内侧大拇趾点地，像打节拍一样，身体加上律动（见图 5.2.57）。反方向动作：上左脚，半蹲，右脚向旁边打开，大腿向里夹，脚趾点地，加上身体的律动（见图 5.2.58～5.2.60）。

图 5.2.56

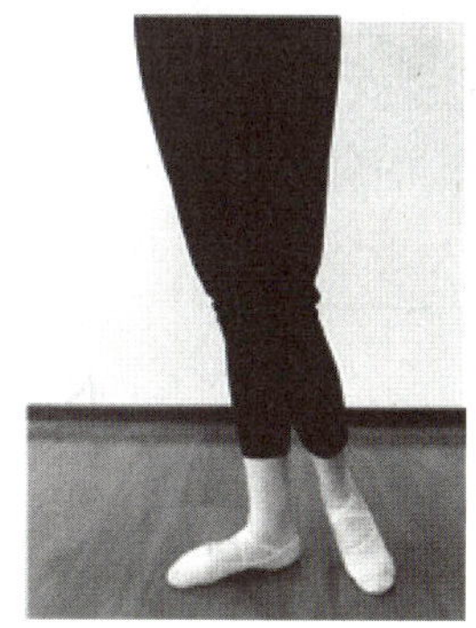
图 5.2.57

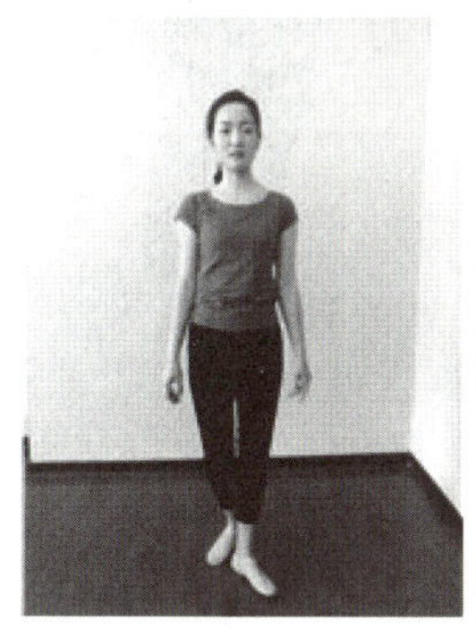
图 5.2.58

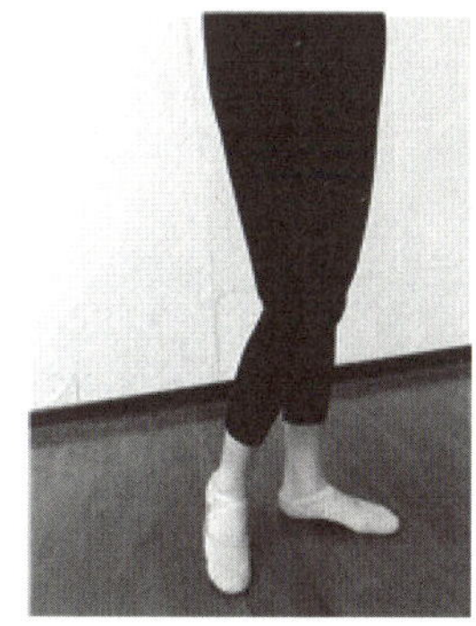
图 5.2.59

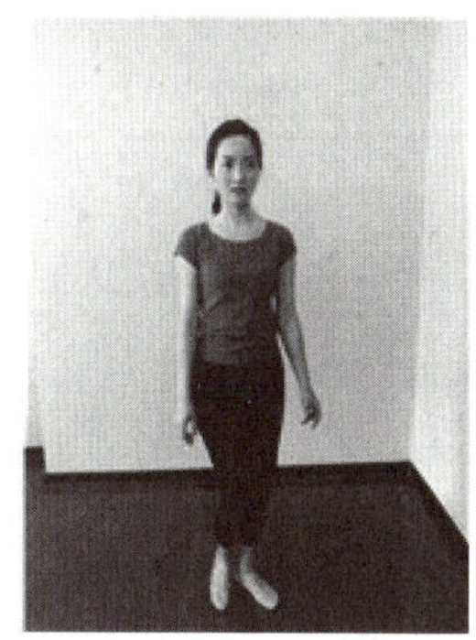
图 5.2.60

手：双手同时从侧面打开（见图 5.2.61），平托起到五位（见图 5.2.62），经过向里绕腕，右手掌心向上，左手掌心向外；同样方法做反方向动作（见图 5.2.63～5.2.66）。

图 5.2.61

图 5.2.62

图 5.2.63

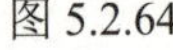
图 5.2.64

图 5.2.65

图 5.2.66

2. 后退一步一点

左脚向后撤步（见图 5.2.67），膝盖蹲，右脚向后打开，大拇趾侧面点地（见图 5.2.68）。反向动作：右脚向后撤步，左脚打开，点地（见图 5.2.69）。

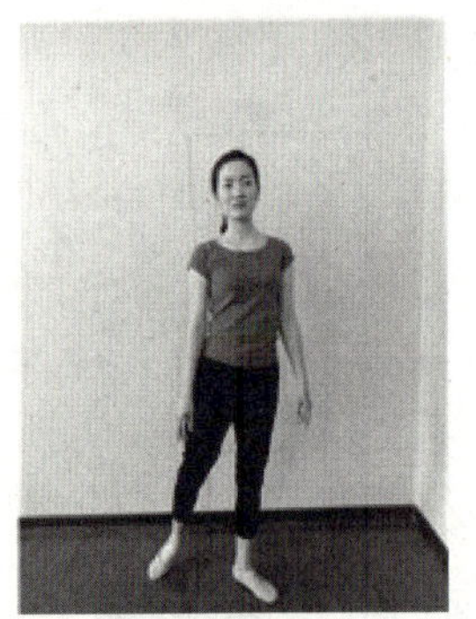

图 5.2.67

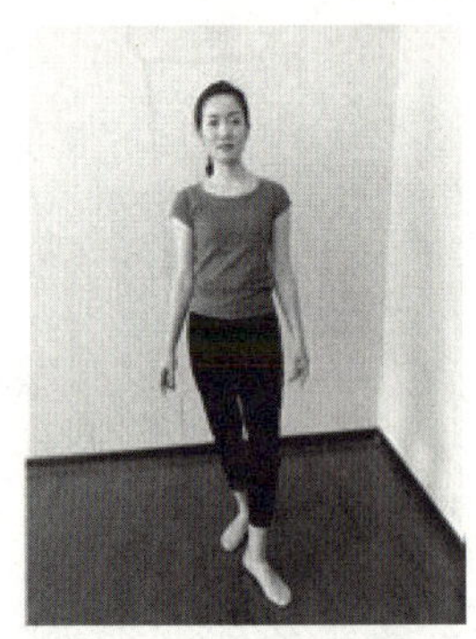

图 5.2.68

图 5.2.69

手：双手平托起（见图 5.2.70），左手向上三位手，右手到左腰侧，绕腕，眼睛看左下方（见图 5.2.71、图 5.2.72）。反方向动作：右手打开到三位手（见图 5.2.73），左手到右腰侧，经过绕腕，加上身体的律动（见图 5.2.74、图 5.2.75）。

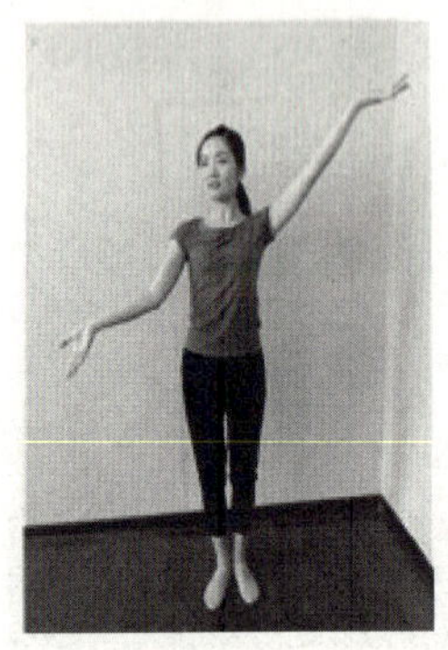

图 5.2.70

图 5.2.71

图 5.2.72

图 5.2.73

图 5.2.74

图 5.2.75

3. 前进一步一点加软手

脚：脚下动作不变。

手：双手同时在左侧打开（见图 5.2.76），经过胸前（见图 5.2.77），平划到右侧（见图 5.2.78），绕腕，左手在胸前，右手在额头的上方，手心向外，做软手的律动（见图 5.2.79）。

图 5.2.76

图 5.2.77

图 5.2.78

图 5.2.79

训练三：组合训练——后退一步一点加旁手律动

脚：保持一步一点律动。

手：双手向身体右侧摊手（见图 5.2.80），绕腕，形成六位手，眼睛看左下方，手向外推出去（见图 5.2.81）。反方向动作：经过一个绕腕（见图 5.2.82），眼睛看右下方，手推出去（见图 5.2.83）。加上脚（见图 5.2.84～5.2.87）。

图 5.2.80

图 5.2.81

图 5.2.82

图 5.2.83

图 5.2.84

图 5.2.85

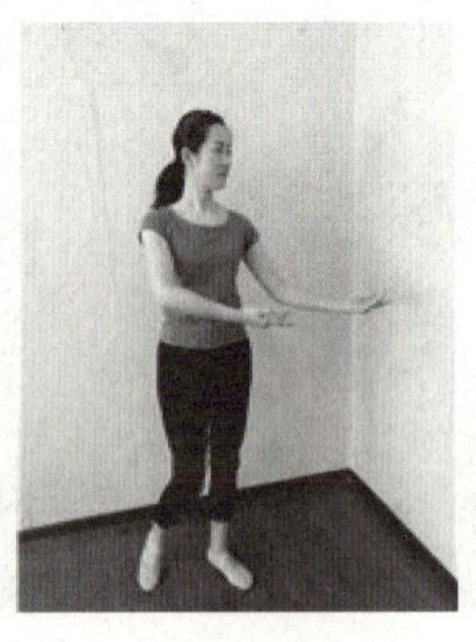
图 5.2.86

图 5.2.87

上右脚蹲（见图 5.2.88），打开左脚，出右胯，肩膀向左靠（见图 5.2.89）。反方向动作：上左脚蹲（见图 5.2.90），打开右脚点地，胯摆向左侧，肩膀向右靠（见图 5.2.91）。

图 5.2.88

图 5.2.89

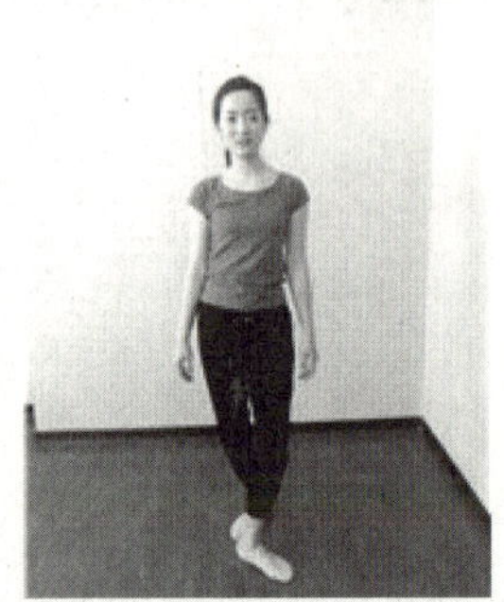
图 5.2.90

图 5.2.91

身体转到侧面，右脚向后退步，半蹲，身体前倾，左脚接上，直起膝盖，身体立起来，连着走三步（见图 5.2.92～5.2.94）。

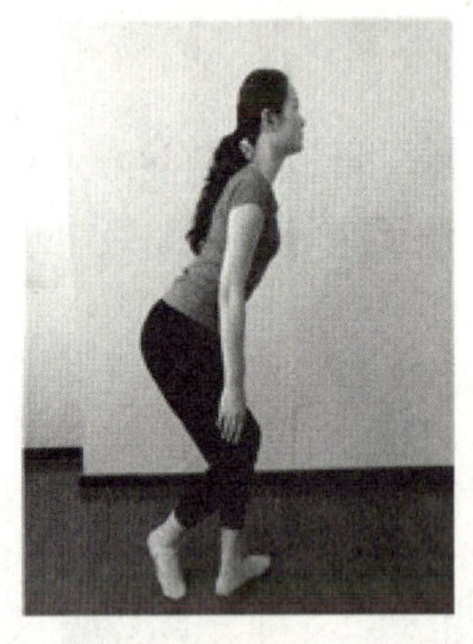
图 5.2.92

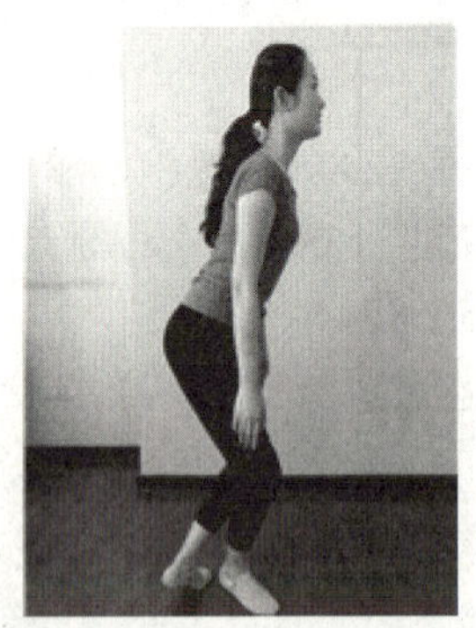
图 5.2.93

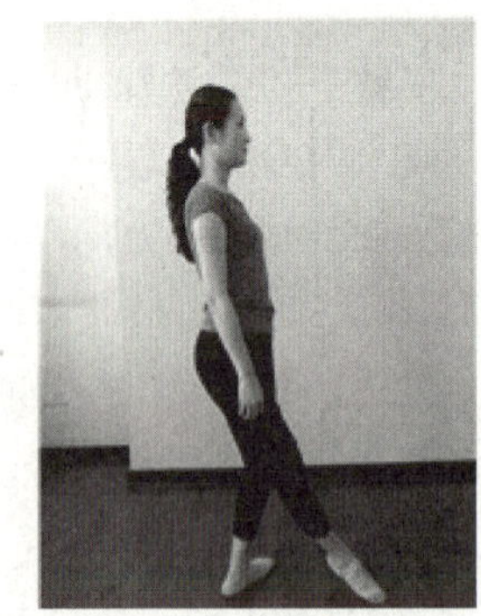
图 5.2.94

手：右手向下，左手向上，手臂要保持垂直，左脚向后退步，手臂一直保持不动（见图 5.2.95、图 5.2.96）；向后三步，左手向下，右手向上，手心向上推手腕（见图 5.2.97、图 5.2.98）。

图 5.2.95

图 5.2.96

图 5.2.97

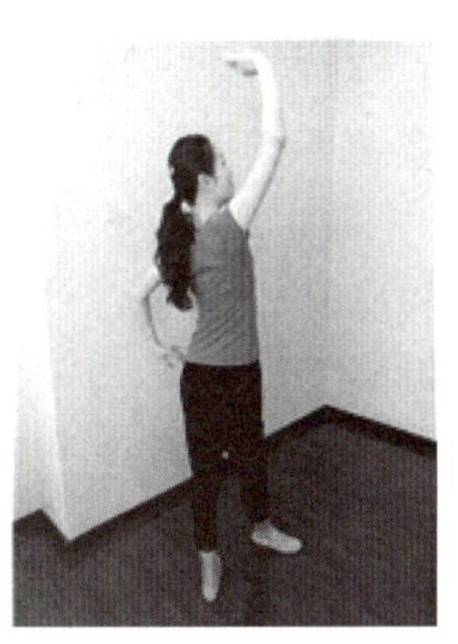

图 5.2.98

右脚前点地，出左胯（见图 5.2.99）。反方向动作：左脚前点地，出右胯（见图 5.2.100）。右脚在前时，右手立起来，左手在右肘的下面，托住（见图 5.2.101）。反方向动作：换手（见图 5.2.102），双手向下，经过一个翻腕，右脚向前，托帽手（见图 5.2.103、图 5.2.104）。

图 5.2.99

图 5.2.100

图 5.2.101

图 5.2.102

图 5.2.103

图 5.2.104

任务三　蒙古族舞蹈

蒙古族也是能歌善舞的民族。蒙古族舞蹈的特点是节奏明快、热情奔放、风格独特。女子的动作多以抖肩、翻腕来表现蒙古族姑娘欢快优美、热情开朗的性格。男子的舞姿造型挺拔豪迈，步伐轻捷洒脱，表现出蒙古族男性剽悍英武、刚劲有力之美。保留节目有“筷子舞”“马刀舞”“驯马舞”“盅碗舞”“挤奶员舞”“鹰舞”“牧民的喜悦”“祝福”“鼓舞”等。

蒙古族舞蹈产生于民间，然后搬上舞台。以久负盛名的“筷子舞”为例，它原先是鄂尔多斯的民间舞蹈，已有150多年的历史。筷子舞自娱性很强，由坐式表演逐步发展为边蹲、边站、边走、边巧妙自如地打击自己身体，变化不同画面的舞蹈形式，从而真切地抒发了牧民热爱生活、乐观欢快的性格和感情。

训练一：手位组合

准备动作：左脚向前踏步，重心向前移，双手叉腰，大拇指向后，放在胯的两侧（见图5.3.1）。

（1）双手向前推出去（四指并拢，虎口打开），手腕向上提（见图5.3.2、图5.3.3）。

图5.3.1

图5.3.2

图5.3.3

（2）双手经胸前向上平举，指尖相对，手心向上，手腕向上推（手臂不要太直，要有一点弧度）（见图5.3.4、图5.3.5）。

（3）双手经胸前落至胯前，指尖相对，手心向下，手腕向下推（手臂不要太直，要有一点弧度）（见图5.3.6、图5.3.7）。

图5.3.4

图5.3.5

图5.3.6

图5.3.7

（4）双手经胸前打开平举，手心向外推出去，肘关节架起（见图5.3.8、图5.3.9）。

（5）手指尖点向肩部（见图5.3.10），收（见图5.3.11）。

图 5.3.8

图 5.3.9

图 5.3.10

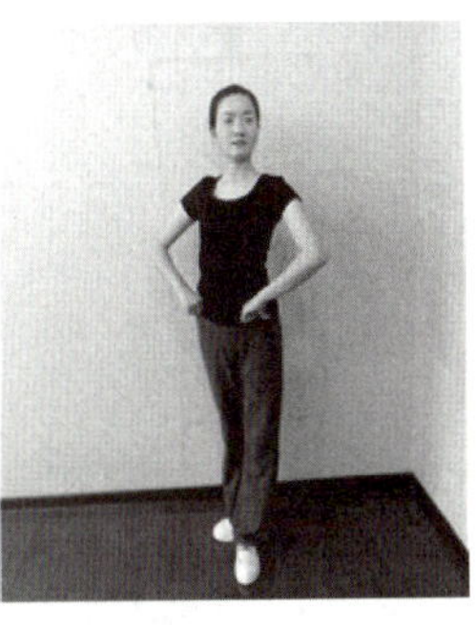
图 5.3.11

训练二：肩部组合

（一）硬肩组合

准备动作：右脚向前踏步，重心向前移（注意膝盖弯曲），双手叉腰（见图 5.3.12）。

右脚向前踏步，重心向前移（注意膝盖弯曲），双手叉腰，左肩向前推出去，右肩向后拉（见图 5.3.13），再使右肩向前推，左肩向后拉（连续交替做一个八拍）（见图 5.3.14）；膝盖伸直，脚后跟立起来，肩动作不变，再做一个八拍（做这个动作时，双肩交替要有顿挫感）。

图 5.3.12

图 5.3.13

图 5.3.14

四个方向各做一次（见图 5.3.15～5.3.18）。

图 5.3.15

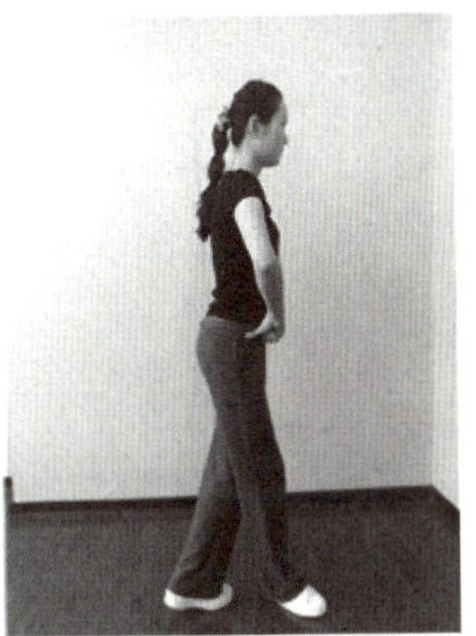
图 5.3.16

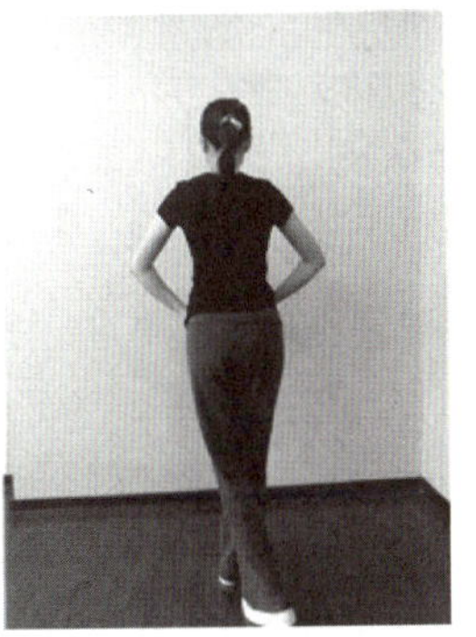
图 5.3.17

图 5.3.18

右脚迈向∠8 方向，屈膝盖，身体前倾，做四拍（见图 5.3.19）；身体立起来向后仰，再做四拍（见图 5.3.20）。反方向动作：左脚迈向∠2 方向，屈膝盖，身体前倾，做硬肩（见图 5.3.21），身体立起来向后仰，再做四拍（见图 5.3.22）。

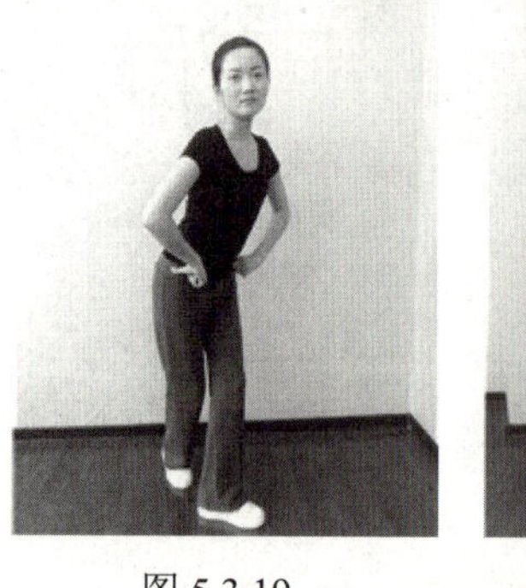

图 5.3.19

图 5.3.20

图 5.3.21

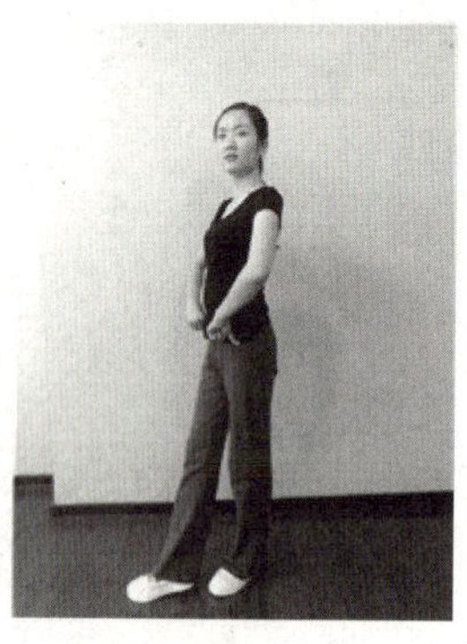

图 5.3.22

（二）肩组合

1. 单肩

右脚迈向∠8 方向，双手叉腰，眼睛看向∠2 方向（见图 5.3.23），右肩向上耸起两次（见图 5.3.24）。反方向动作：左脚迈向∠2 方向，眼睛看向∠8 方向，左肩向上耸两次（见图 5.3.25、图 5.3.26）。

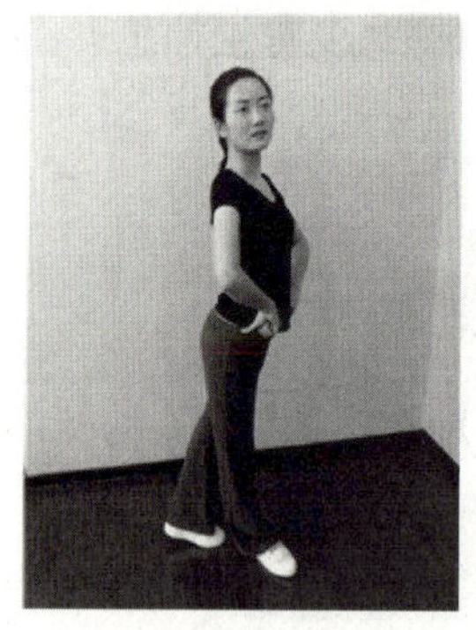

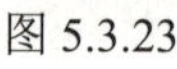
图 5.3.23

图 5.3.24

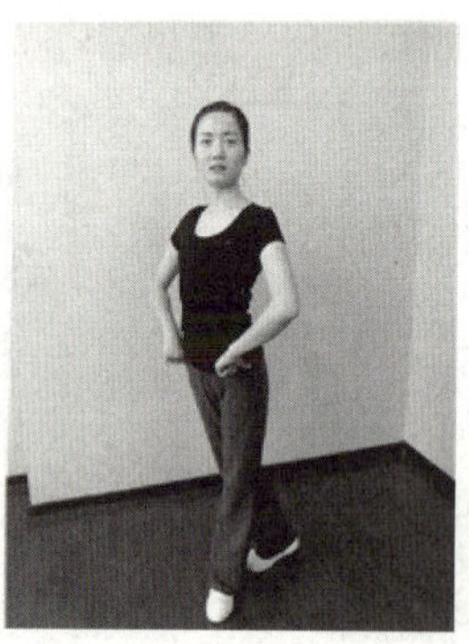

图 5.3.25

图 5.3.26

2. 双耸肩

左脚向前迈，眼睛向前看，双肩向上耸两次。反方向动作：右脚迈向前，双肩向上耸两次（见图 5.3.27、图 5.3.28）。

右脚迈向∠3 方向，半蹲，立起（重心在右腿），眼睛看向∠8 方向，肩耸两下；左腿迈向∠7 方向（见图 5.3.29），半蹲，立起（重心在左腿），（如图 5.3.30 所示）肩耸两下。

图 5.3.27

图 5.3.28

图 5.3.29

图 5.3.30

3. 笑肩

左脚向后，交错在右脚后，眼睛看向∠8 方向，肩耸三下（见图 5.3.31）。反方向动作：右脚向后，交错在左脚后，眼睛看∠4 方向，耸肩三下（见图 5.3.32）。

图 5.3.31

图 5.3.32

注意：耸肩重拍向上，笑肩重拍向下。

4. 抖肩

手从后腰的两侧向下穿手（见图 5.3.33、图 5.3.34），抖碎肩膀（见图 5.3.35）。

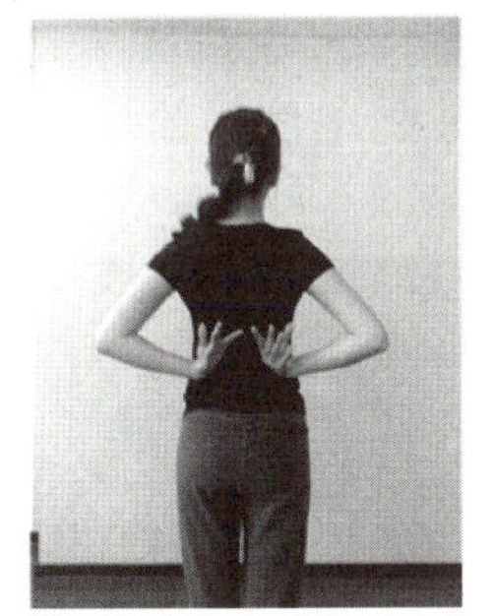

图 5.3.33

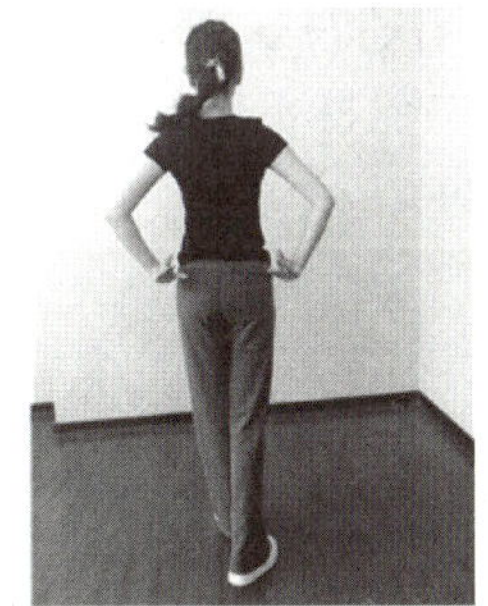

图 5.3.34

图 5.3.35

训练三：手组合

（一）硬手组合

左脚向前上步，重心落在左脚，双手向∠1 方向，手背向外，指尖向下，虎口张开，做提压按掌 4 次（见图 5.3.36、图 5.3.37）；再右脚上步，重心落在右脚，重复 4 次手的动作（见图 5.3.38、图 5.3.39）。注意，做硬手腕的时候，手腕要脆，动作幅度小而有力，切记不要上下拍打。

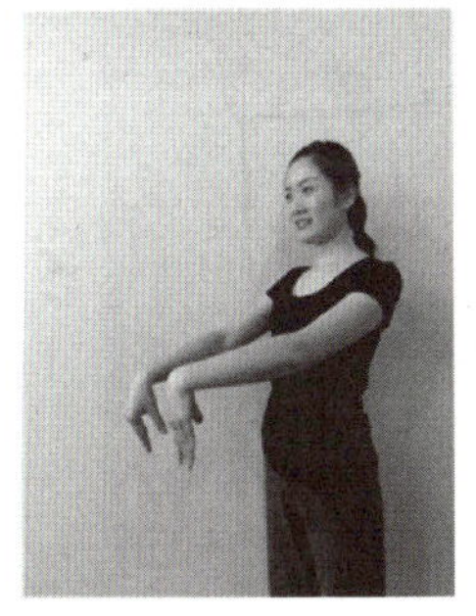

图 5.3.36

图 5.3.37

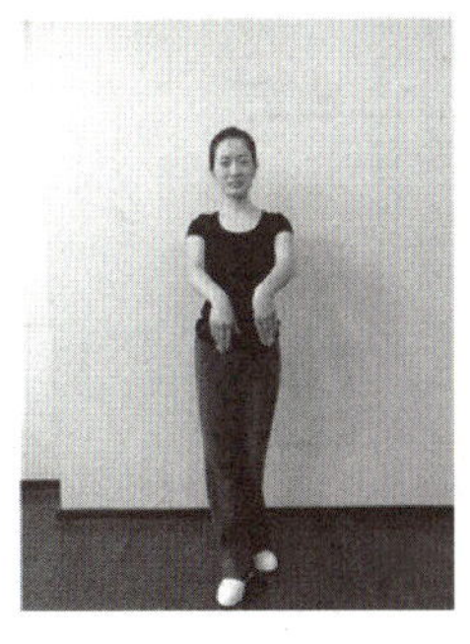

图 5.3.38

图 5.3.39

双手向两侧打开，提压按掌，脚的动作和上一个动作一样（见图 5.3.40、图 5.3.41）；手打开，侧平举，手心向下，肘关节架起，做 4 次提压按掌，脚的动作同上（见图 5.3.42、图 5.3.43）。

图 5.3.40

图 5.3.41

图 5.3.42

图 5.3.43

双手交叉经过胸前，重心落到后腿，膝盖弯曲，右手在∠2 方向，斜下，左手在∠6 方向，向上，做 4 次提压按掌（见图 5.3.44）。反方向动作：左脚向后撤步，重心向后移，做 4 次提压按掌（右手高左手低）（见图 5.3.45）。

左腿弓箭步出去，手推出去，做两次提压按掌（见图 5.3.46、图 5.3.47）；左脚再向后撤，再做两次提压按掌（这两个动作手姿势保持不变）（见图 5.3.48）；右腿弓箭步，再做两次提压按掌，左手高，右手低（见图 5.3.49）。

图 5.3.44

图 5.3.45

图 5.3.46

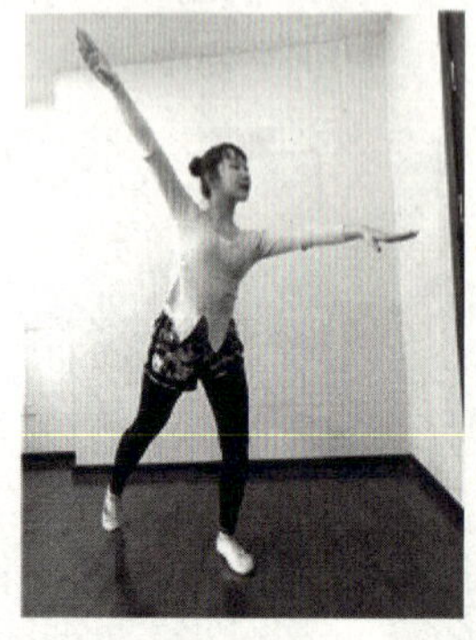
图 5.3.47

图 5.3.48

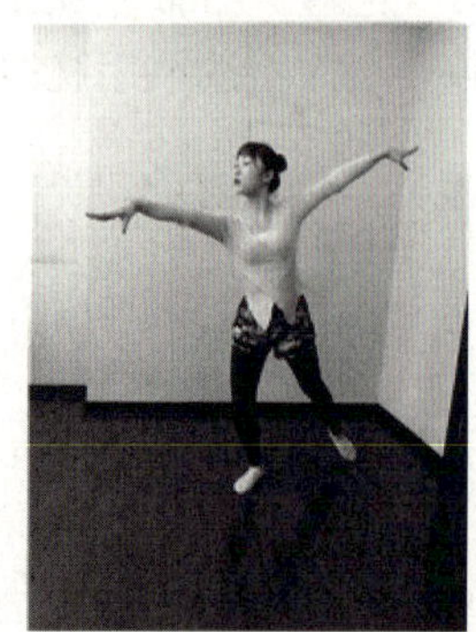
图 5.3.49

（二）揉腕组合

双手自然下垂，手背由内而外推出去（半握拳到手指头伸直，再到手臂一节一节地伸直），做 4 次（见图 5.3.50）；手由两侧到胸前慢慢伸直，手心向下，虎口打开，手臂与肩同宽，再做 4 次揉腕（见图 5.3.51～5.3.53）。

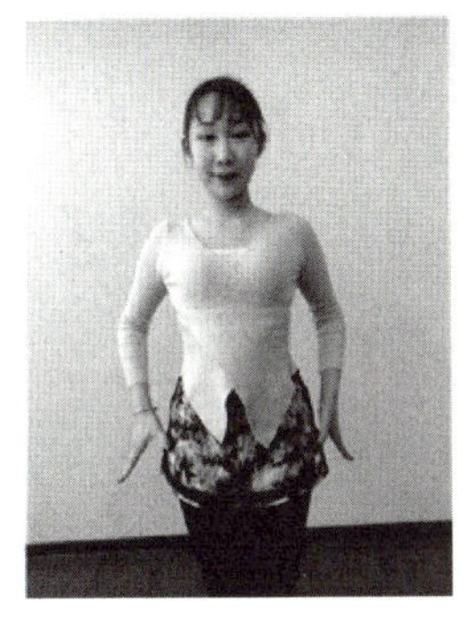
图 5.3.50

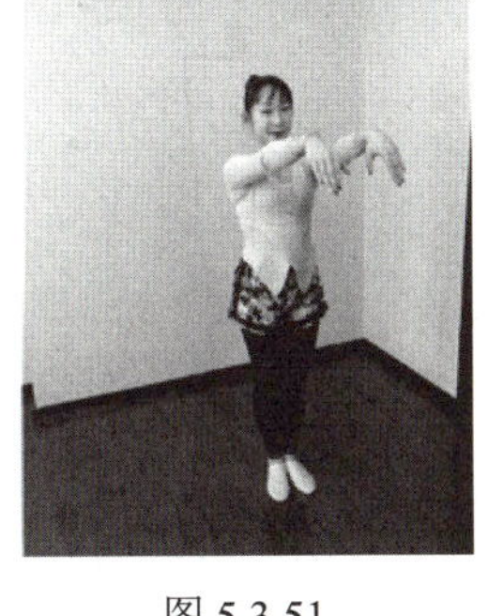
图 5.3.51

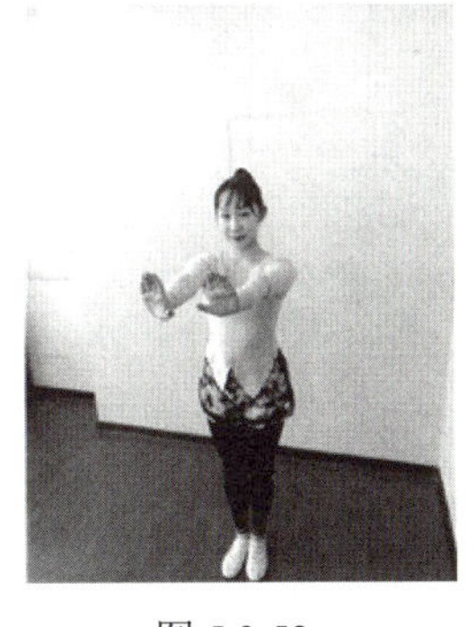
图 5.3.52

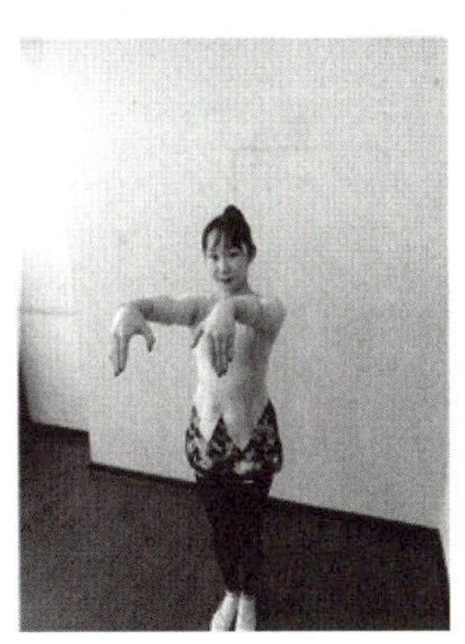
图 5.3.53

打开双臂，侧平举，手心向下（肘关节要架起来）做 4 次揉腕（见图 5.3.54、图 5.3.55），向前上右脚，蹲起，手臂姿势不变再做 4 次揉腕（见图 5.3.56）。

图 5.3.54

图 5.3.55

图 5.3.56

左手叉腰，右脚迈出去（重心在左腿），右手经过上方向前盖下去（见图 5.3.57），节奏放慢做 3 次揉腕（六拍），第七拍时身体立起，做两个揉腕（见图 5.3.58）；右脚迈向前，重心在左脚，身体向前，右手经过上方向前盖，左手在身后与右手，平做 3 次揉腕（六拍）（见图 5.3.59）；第七拍身体立起，向后仰（重心在左腿），连做两个揉腕（见图 5.3.60）。

图 5.3.57

图 5.3.58

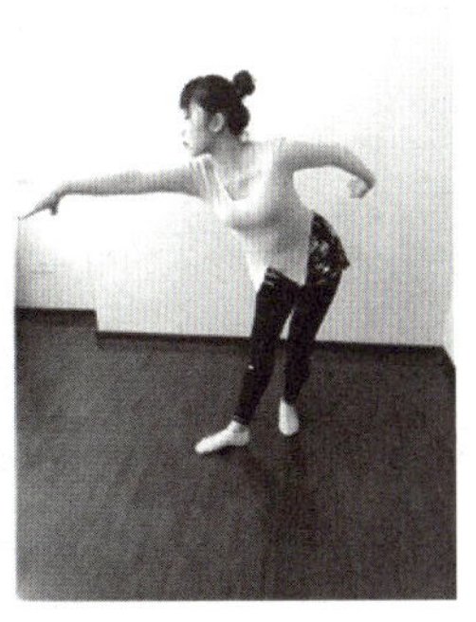
图 5.3.59

图 5.3.60

（三）揉臂组合

揉臂：由肩到肘，再到腕，最后是手指尖，做的时候要连绵不断、一节一节地向远方延伸。

动作组合：上右脚，迈向∠8 方向，屈膝，双臂伸出去做 4 次揉臂（一拍一个），以腰为轴心转动上身（见图 5.3.61～5.3.64）。

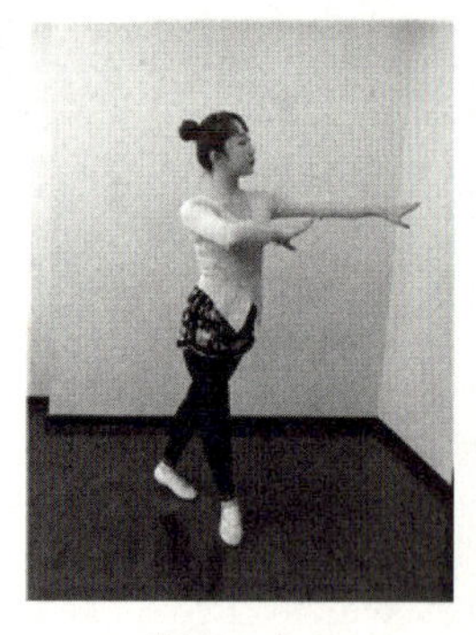
图 5.3.61

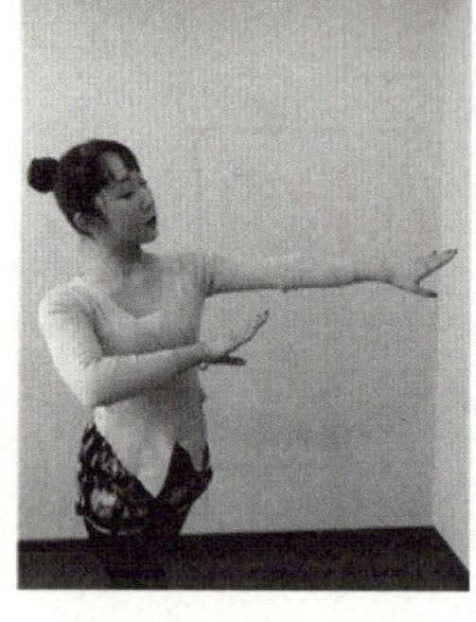
图 5.3.62

图 5.3.63

图 5.3.64

双脚并住，身体立起来，双手在身侧下方做揉臂（见图 5.3.65）；再立起，在头上方做一次揉臂（见图 5.3.66）；手打开（右手在头上方，左手左侧平举），圆场小碎步（走一个圆圈）（见图 5.3.67）；再做反向动作。

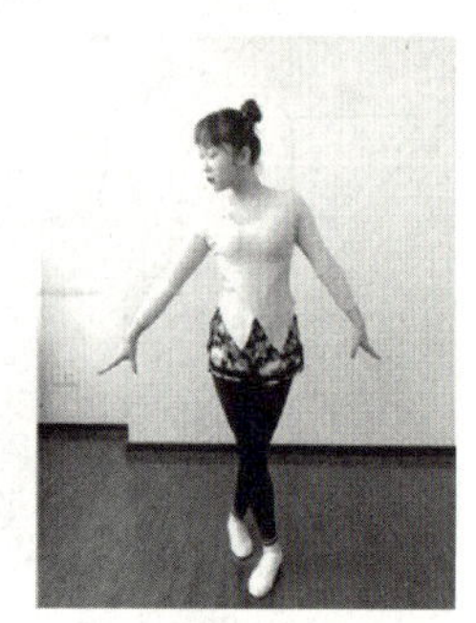
图 5.3.65

图 5.3.66

图 5.3.67

迈左脚，重心在右脚，屈右膝，做 4 次揉臂（见图 5.3.68）；再立起身体，做 4 次揉臂；双手经过头上方落下，交叉在胸前，左脚向后屈左膝，身体向后靠，做 4 次揉臂（见图 5.3.69）；身体立起来，再做 4 次揉臂（见图 5.3.70）。

图 5.3.68

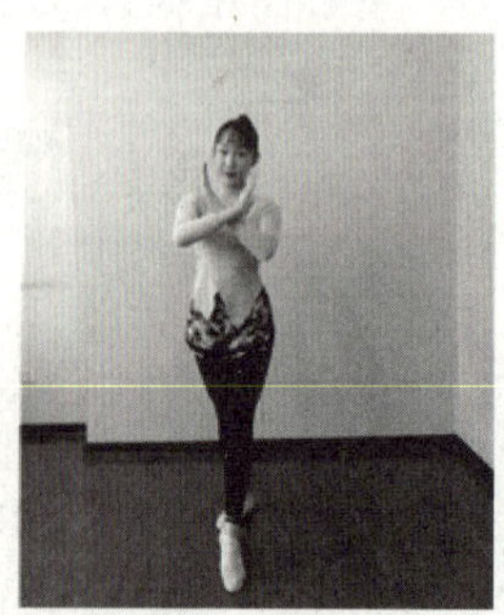
图 5.3.69

图 5.3.70

转向∠5 方向，迈左脚做一次揉臂（见图 5.3.71），迈右脚再做一次揉臂，再立脚尖做 3 次揉臂（见图 5.3.72）；转向∠1 方向，迈左脚做一次揉臂（见图 5.3.73），迈右脚再做一次揉臂（见图 5.3.74），再立脚尖做 3 次揉臂，再迈右脚，双手向上托举（见图 5.3.75），叉腰，收（见图 5.3.76）。

图 5.3.71　图 5.3.72　图 5.3.73

图 5.3.74　图 5.3.75　图 5.3.76

学习小结

通过本项目的学习，能使学生在形体训练和舞蹈训练中更好地认识舞蹈的重要性，让身体各部位更协调，表现出更优美的造型韵律。通过各种训练，掌握不同的舞蹈步伐，培养优美的姿态。

思考与练习

1. 学习民族舞蹈的好处是什么？
2. 傣族舞蹈的练习方法是什么？傣族舞有什么样的特征？
3. 蒙古族舞蹈揉臂动作和维吾尔族舞蹈的软手有什么区别？请对着镜子分别做做看。

项目六

高铁乘务形体感受力训练

项目导读

音乐的感受力训练是提高形体训练水平的必备学习内容。鉴赏音乐作品，不仅能够提高审美情趣，陶冶情操，培养人格美与心灵美，使人热爱生活、积极工作，而且是感受节奏与韵律之美的重要途径，是加强形体训练美感教学的必备环节。所以，音乐的感受力训练是高铁乘务专业学生进行形体训练的重要学习内容。

舞蹈艺术是人类最早创造的艺术形态之一，是人类最美的艺术之一。舞蹈鉴赏作为一种审美艺术教育，既是传播人类精神文明的教育活动，也是提升个体艺术修养的有效路径，是否具备正确的鉴赏能力是个体文化艺术修养的集中体现。高铁乘务人员通过鉴赏优美的舞蹈艺术，可以提升形体美的审美意识，为职业仪态训练的美感认知奠定基础。

知识目标

1. 了解音乐鉴赏的方法。
2. 了解音乐对不同主题的描绘方式。
3. 领悟《天鹅湖》《雀之灵》《孔乙己》《千手观音》四部舞蹈作品中典型艺术形象的表现力与感染力。

能力目标

1. 了解并掌握特定的音乐主题，对音乐作品能够做出简单的分析。
2. 欣赏不同类型的音乐作品，培养对音乐的理解能力。
3. 能够将音乐的节奏感和韵律感融入形体训练中。
4. 感悟《天鹅湖》《雀之灵》《孔乙己》《千手观音》四部舞蹈作品的艺术魅力。

任务一　音乐感受力训练

音乐是时间的艺术、声音的艺术。音乐擅长以非形象的方式来表现事物，用模糊的、粗线条的方式来描绘世界。音乐作品中有很多描写暴风雨、鸟鸣、动物、月光、光

明与黑暗等形象的作品，通过不同的音响效果营造出特定的气氛，用以显现作品所表现的内容。

虽然音乐本身具有一定的指向性，但欣赏音乐却是一个再创作的过程。因为每个人的生活阅历、情感经历都不尽相同，所以不同的人对同一首音乐的感受和理解也是不一样的。对同样的作品，有的人可以充耳不闻，有的人却可以遐想万千。所以欣赏音乐是根据各自不同的体验去理解和感知音乐。德国作曲家门德尔松曾说："一首我喜爱的乐曲对我表达的思想是不能用文字来说明的。这不是因为音乐太不具体，而是因为它太具体了。于是，我发现每当我用文字来表达音乐的思想时，我感到有些好像是说对了，但同时又感到全部都说得不令人满意……"

一、爱情主题

"关关雎鸠，在河之洲，窈窕淑女，君子好逑。"爱情是人类生活中最美好的事物。音乐以其最动听的方式向人们打开爱情的闸门，将爱情的温暖输送到每一位听众的心里。

音乐表达爱情的形式多种多样，内容精彩纷呈。例如，流行于十八九世纪的欧洲的小夜曲就是专门表达爱情的一种音乐体裁，它起源于欧洲中世纪游吟诗人所演唱的爱情歌曲。小伙子为了表达对心爱姑娘的爱慕之情，每当夜幕降临时就会在姑娘的窗前和着六弦琴的美妙音乐唱起优美的小夜曲，旋律优美动听，感情热烈真挚。

同时，音乐中也有"叹天下有情人难成眷属"的爱情悲剧，旋律感人肺腑，最能引起听者强烈的感情共鸣。柴可夫斯基的《罗密欧与朱丽叶》幻想序曲中的爱情主题、我国作曲家何占豪、陈刚的小提琴协奏曲《梁祝》中的主题曲，都是成功的爱情音乐主题。

二、春天主题

春天不仅是一年中最美好的季节，也象征着人生最美好的时光，音乐家们总喜欢用最优美的音乐来赞美春天。在古今中外的音乐作品中，有无数首歌颂春天的乐曲，由于时代差异、流派差别，作曲家所描写的春天也各有不同。总体上说，古典乐派作品对春天的描绘大多以人们对春天的感受为主。例如。贝多芬的 F 大调小提琴奏鸣曲《春》，主要表现了年轻的作曲家对春天的感受，充满了蓬勃的朝气和乐观的情绪。18 世纪意大利作曲家维瓦尔第的小提琴协奏曲《四季》第一乐章《春》也是描写春天的一首乐曲，作品结构严谨，风格朴实，在不断出现的回旋曲式主题中表达了人们迎接大地回春时的喜悦心情。

到了浪漫主义时期，作曲家描绘春天时在加强细致的心理刻画的同时，还加强了音乐的造型性，令听众在感受春天气息的同时，还能引起对春天的联想。例如，浪漫主义作曲家门德尔松的《春之歌》，在描绘春天的景色时，高声部流畅、欢快，富于歌唱性，表现了春光明媚、百花盛开的春天景色，伴奏部分用琶音描写泉水淙淙、流水潺潺，烘托出生机勃勃、春意盎然的音乐形象。

三、田园主题

田园曲的体裁特征是：中等速度，6/8 或 12/8 拍节奏，旋律流畅，采用朴素的自然音体系，有的甚至有明显的五声性特点。伴奏的低音部用持续长音来模仿牧人风笛。为取得牧笛的效果，主旋律通常由木管乐器演奏，大多数是长笛或双簧管。不同时期音乐对田园色彩的描绘也呈现出不同的特点：古典乐派时期，正值资产阶级革命上升时期，人们对生活充满乐观情绪，所以作曲家所写的田园景色就表达了人们的愉悦；而浪漫乐派作曲家由于对现实不满，常常把田园作为远离社会、逃避社会的“避难所”，他们的音乐就把田园描写成了美丽的“世外桃源”。

贝多芬的《田园交响曲》是描写田园风光音乐的巅峰之作，它的出现使其他所有同类作品顿时黯然失色，甚至在几百年后的1958年，美国作曲家麦克费创作了一首描写田园的《第二交响曲》，但他没有勇气以“田园交响曲”来命名，他说：“我不愿以‘田园交响曲’命名，因为这是贝多芬独有的。”

四、月夜主题

如同春天一样，月夜也是音乐家们乐于表现的内容之一。音乐对于月光的描绘，在写法上有很多相似之处。从情绪特征方面说，描写月光的音乐都以宁静的背景为主，感情起伏变化不大，既没有兴高采烈的愉快，也没有悲痛哀伤的忧愁。从音区上说，这些旋律大多位于高音区，常用竖琴、钢琴、钢片琴等高音乐器来描绘月色朦胧的效果。

月夜主题音乐的节奏大多平稳悠长，速度略慢，旋律富有歌唱性，和声柔和而富有色彩。例如，法国印象派作曲家德彪西写过若干首与月亮有关的作品，其中《月光》最为著名。虽然这首作品的浪漫主义色彩比较浓厚，但曲中已经显露出印象主义的某些特征。它有着精美绝伦的旋律，丰富多样的节奏，变化细腻无比的和声色彩，描绘出一幅美妙绝伦的画面：在银色月光的照耀下，夜色茫茫，景色朦胧，大地一片静谧。

【拓展阅读——古典音乐精品推荐】

约翰·施特劳斯——《拉德斯基进行曲》
德沃夏克——《e小调第九〈自新大陆〉交响曲》第二乐章
李斯特——《爱之梦》
奥尔福德——《博基上校进行曲》
小约翰·施特劳斯——《闲聊波尔卡》
小约翰·施特劳斯——《蓝色的多瑙河》
罗西尼——《塞尔维亚理发师》
柴可夫斯基——《天鹅湖》场景音乐
圣桑——《动物狂欢节之天鹅》
普罗科菲耶夫——《彼得与狼》
柴可夫斯基——《第一钢琴协奏曲》
勃拉姆斯——《摇篮曲》
贝多芬——《G大调小步舞曲》
维瓦尔第——《四季》
瓦格纳——《婚礼大合唱》
苏萨——《星条旗进行曲》
莫扎特——《费加罗婚礼》
格里格——《培尔·金特》
德彪西——《月光》

贝多芬——《月光奏鸣曲》
李斯特——《匈牙利狂想曲二号》
埃尔加——《威风凛凛进行曲》
比才——《卡门序曲》
里姆斯基·柯萨可夫——《野蜂飞舞》
莫扎特——《G大调弦乐小夜曲》

【拓展阅读——中国音乐精品推荐】

新疆民歌——《赶牲灵》
云南民歌——《绣荷包》
田汉词、贺绿汀曲——《四季歌》
彝族民歌——《阿诗玛》
新疆民歌——《送我一枝玫瑰花》
古曲——《梅花三弄》
陆春玲——《鹧鸪飞》
江先谓——《姑苏行》
民间音乐——《百鸟朝凤》
古曲——《十面埋伏》
华彦钧曲——《听松》
华彦钧曲——《二泉映月》
吕文成曲——《步步高》
聂耳曲——《金蛇狂舞》
古曲——《高山流水》
郑路曲——《北京喜讯到边疆》
李焕之曲——《春节序曲》
刘铁山、茅沅曲——《瑶族舞曲》
何占豪、陈刚曲——《梁祝》
肖华词，晨耕、生茂、唐诃、遇秋曲——《长征组歌》

任务二　舞蹈感受力训练

舞蹈是以经过提炼、组织和艺术加工的人体动作为主要表现手段，表达人们的思想感情，反映社会生活的一种艺术形式。简而言之，舞蹈是一门经过提炼、组织和美化的人体动作的艺术。同时，舞蹈又不同于其他人体动作艺术，它以舞蹈动作为主要表现手段，着重表现人们内在的深层的精神世界——细腻的情感、深刻的思想、鲜明的性格，以及人与自然、社会等的矛盾冲突。另外，由于人体动作在不停顿地流动变化，所以它必须在一定的空间和时间中存在。在舞蹈活动中，一般需要音乐的伴奏，表演者穿着特定的服装，甚至手持各种道具，有时灯光和布景也是必不可少的。所以说舞蹈是一种集空间性、时间性和综合性为一体的动态造型艺术。

一、古典芭蕾——《天鹅湖》

古典芭蕾（classic ballet）通常以慢舞来表现男女的爱情画面，沿袭了宫廷芭蕾的各种技法与表现方式，具有以下特点：① 女舞者穿着有裙子的舞衣；② 一般都采用童话传说或神话等故事题材；③ 男舞者更多是辅助女舞者做出漂亮的技巧动作。其最基本的审美特征是对外开、伸展、绷直的追求，包括五种基本位置，三种基本舞姿，包括腿的伸展、射击、打开、屈伸、抬腿、踢腿和划圆等动作，还有各种跳跃、转身和旋转，以及各种舞步和连接动作。

俄国作曲家柴可夫斯基的《天鹅湖》共分四幕，作于 1876 年。这是柴可夫斯基的第一部舞剧，取材于民间传说，图 6.2.1 所示为其中的一个剧照。

图 6.2.1

序幕，音乐主要以双簧管为主，曲调浪漫、忧伤。小提琴渐渐进入，此时的序曲仿佛就是一幅流动的画面，把观众的情绪带到一种美妙绝伦的神秘境地。

第二幕，王子齐格菲尔德和公主奥杰塔共同完成一段双人舞，表现了王子和公主的第一次接触。观众可以看出，奥杰塔外表优雅、孤傲，但对刚见到的陌生人表现出一种羞怯和惊慌失措。后来王子向她表白爱情，此时的奥杰塔满怀信心，对生活充满了希望。她的双臂不断地向上伸展，表现了无限的幸福。恋人之间的爱恋与温存，在这段双人舞蹈中得以美轮美奂地展现。

第三幕，几个不同国家、不同风格、不同性格、不同表演方式的舞蹈组合在一起，像自然地串在一起的一颗颗绚丽的宝石，充满浓郁的地方特色。疯狂而又庄严的匈牙利舞蹈、温柔的俄罗斯舞蹈、热情奔放的西班牙舞蹈、热烈明快的意大利舞蹈、波兰的玛祖卡舞蹈，把剧情推向了高潮。王子和黑天鹅欧黛尔的一段双人舞，与第二幕恰恰相反，音乐与舞蹈流露出欺骗和邪恶的意味，黑天鹅不断地挑逗、迷惑着王子，王子像中了邪一样疯狂地迷恋着装扮成白天鹅的黑天鹅，逐步走向黑天鹅父亲（魔王）设下的陷阱。

白天鹅温柔善良，黑天鹅阴险狡诈，进一步加深了舞蹈的矛盾冲突。在他们的订婚典礼上，黑天鹅一口气做了 32 个挥鞭转，表现出了她要征服王子的狂妄的决心。中了邪的王子和黑天鹅在深情共舞，奥杰塔公主突然出现在窗口，她非常希望王子能够回忆起曾经对她许下的誓言。可是，被魔王控制的王子竟然举手对黑天鹅许下了爱的誓言。奥杰塔公主看到这一幕彻底绝望了，她悲痛欲绝地呼喊着离去。顿时，电闪雷鸣、风雨交加，舞台上呈现出混乱不堪的场面。待王子醒悟时，白天鹅已经离去，他疯狂地冲出去寻找真正的奥杰塔公主。

第四幕，奥杰塔公主痛苦欲绝，而魔王又千方百计地阻止王子前去寻找奥杰塔公主，并且制造了一场暴风雪。但王子最终还是找到了奥杰塔公主，可是王子对黑天鹅爱情的许诺无法改变，符咒也不能破解，他和奥杰塔公主就要永远分开了。魔王再次露出他丑恶的面目，将奥杰塔公主和姑娘们都变成了漂流在湖面上的天鹅。王子和公主紧紧地拥抱在一起，刹那间奇迹出现了，魔法破灭了，湖水也退去了，坚贞的爱情战胜了万恶的妖魔，姑娘们获得重生，王子和公主终于在一起了，美好的生活又重新开始了。

二、傣族舞蹈——《雀之灵》

我国幅员辽阔，丰厚的文化积淀造就了现在多民族共同发展的局面。各民族拥有不同的生态环境、不同的历史和文化背景。歌舞是人类与生俱来的一种本能的艺术形式。这种用肢体语言来抒发、表达情感，传递生产生活信息的行为，没有地域、国界和种族之分，是人类共通的形体语言与心灵感受。不同的民族，因生活环境、生产方式和宗教信仰等多方面的差异，拥有数以万计的从内容到形式、从韵律到风格绚烂多彩的民族舞蹈。

《雀之灵》是杨丽萍倾注最多心力创作的傣族舞蹈，也是杨丽萍最喜欢的作品，这部作品在 1986 年第二届全国舞蹈比赛中获得创作和表演两个一等奖；1994 年，这部作品获得中华民族 20 世纪舞蹈经典作品“金像奖”。杨丽萍这个在云南大理出生的白族姑娘，梦想着自己也要像吉祥的孔雀那样自由飞翔。她的梦想实现了，她把自己编创的孔雀舞带到全世界，让更多的人了解我们的少数民族和他们的舞蹈。她认为，自然界的一切都是有生命的，都是可爱的，她把自己对大自然的热爱及对美的追求都表现在她的舞蹈作品中。图 6.2.2 所示为《雀之灵》剧照。

图 6.2.2

《雀之灵》虽然是创作作品，但舞蹈语汇仍然依赖于傣族民间舞蹈的语汇。它的舞蹈动作并不是简单的再现，而是注入了现代人的意识，创造出更加挺拔、舒展、奔放的舞蹈语汇。比如，杨丽萍充分发挥了手的表现性，开场时孔雀头部的舞蹈造型，以及手臂、肩膀、胸、腰等各关节有节奏、有层次的节奏律动，表现出孔雀高洁、轻巧的性格特征。无论创作还是表演，杨丽萍都把自己的生命和对舞蹈的情感与舞蹈的美融为一体。杨丽萍说：“别人的‘孔雀舞’只是模仿孔雀，姿势好看就行，但我跳孔雀舞是一种信仰，是一种纯粹的精神，那是模仿所达不到的境界……别人替代不了我跳的‘孔雀舞’，因为他们唯独缺少我对它的感情，就像信仰那样，很神圣。”她塑造的将真、善、美集于一身的美丽、圣洁的孔雀形象具有无穷的艺术魅力。

舞蹈一开始展现给我们一个无比美丽、圣洁的场景。晶莹、洁白的白孔雀在晨光中伸展舞姿，演员以轻柔细腻的手指、手腕、手臂的动作，配以柔软的肩部、腰部各关节的动作，表现了对生命的敬畏和对生命与自然的无限深情。

接着，白孔雀从静态转向动态。她悠然而高雅地漫步于溪边。爱美似乎是孔雀的天性，她在流水中看到自己美丽的身影，情不自禁地婆娑起舞，或是寻寻觅觅，或是溪边戏水，或是俯身饮水，不时地抖动着艳丽的羽毛。孔雀和美景融为一体，表现了生之欢乐。

最后，舞蹈进入高潮，白孔雀的情绪也变得欢愉雀跃，展翅飞翔，手臂的每一次舞动都被放慢、拉长、延伸。《雀之灵》以情动人，以心造舞，营造了一首生命的颂歌。

三、中国古典舞——《孔乙己》

中国古典舞历史悠久，博大精深。它融合了武术、戏曲中的动作与造型，特别注重眼睛在表演中的作用，强调呼吸的配合，富有韵律感和造型性，独有的东方式的刚柔并济的美感令人沉醉。中国古典舞是古代舞蹈的一次复苏，是戏曲舞蹈的复苏，是几千年的中国传统舞蹈的复兴。中国古典舞讲究“形、神、劲、律”。“形”指体态上强调“拧、倾、圆、曲，仰、俯、翻、卷”的曲线美和“刚健挺拔、含蓄柔韧”的气质美；“神”指内涵、神采、韵律、气质；“劲”指赋予外部动作的内在节奏和有层次、有对比的力度处理；“律”包含动作中自身的律动性和运动中依循的规律。

孔乙己，民国初年的落魄书生。“一件破烂肮脏的长衫，一把茴香豆，二两黄酒，就能把自己陶醉到云雾里。”这是鲁迅先生创作的经典人物，“读书人的事，能算偷么？”“多乎哉？不多也。”这是孔乙己的经典语录，但他最后却因偷窃举人家而被打断双腿，饥寒交迫而死。

舞蹈《孔乙己》不同于以往的古典舞，在题材和风格上大胆、新颖，贴近生活，内容诙谐幽默，更加注重舞蹈本身最直接、最质朴的传情达意。舞蹈《孔乙己》用了短短六分钟就将一个家喻户晓的文学人物形象再现出来。作品以“想象式”的艺术处理，通过喝酒、偷书、断腿三部分刻画出一个饱读诗书却科场失意、穷困潦倒却好吃懒做、想要清白却不免偷窃、怕人嘲笑却自欺欺人、向往上流社会却处于社会最底层的可怜书生孔乙己。他生活在一个麻木不仁的环境中，遍尝冷漠，只能在酒精的麻醉中寻求平衡。他矛盾复杂的性格、悲惨的遭遇，寄托了作者哀其不幸、怒其不争的鲜明态度，更表达了作者希望国人恪守做人原则、自强自立的强烈愿望。图 6.2.3 所示为《孔乙己》剧照。

舞蹈《孔乙己》共分“喝酒、偷书、断腿”三个部分。

舞蹈一开始，演员孙科从欢快的音乐声中出场，一身破烂的长衫、青白脸色、额上青筋条条绽出、脏乱的头发和指甲、乱蓬蓬的花白胡子，刻画出孔乙己的典型外貌特征。在欢快的音乐中，演员用幽默的肢体语言和丰富的面部表情刻画了小酒馆里的孔乙己与人猜拳、教小孩子们五种“茴”字写法的情景。当我们为演员诙谐幽默的表演忍俊不禁时，也潜藏着这一人物的悲情结局。

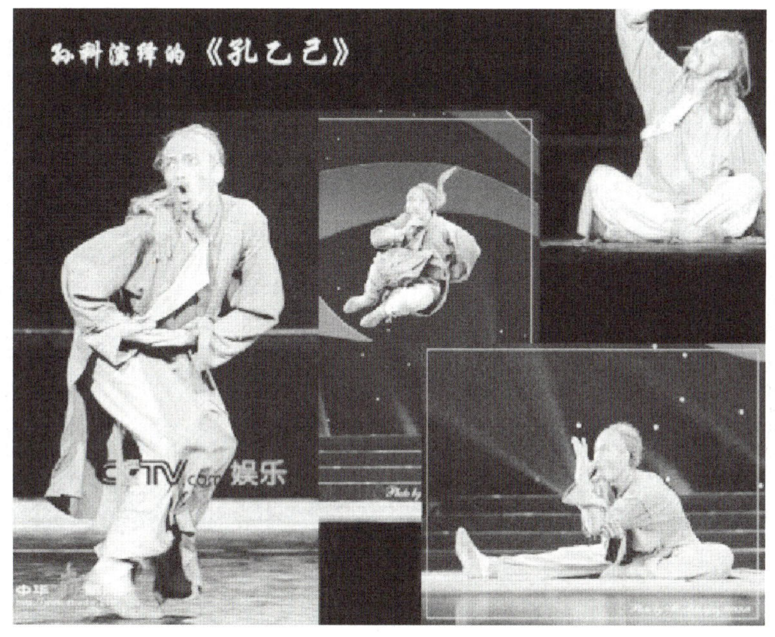

图 6.2.3

第二段着重刻画孔乙己在举人家偷书被人发现后追打的画面。舞台上，一束强光打下来，暗示他被人发现，音乐也从安静变为尖锐刺耳的嘈杂声，象征周围人群对孔乙己的呵斥。此时演员一会儿指天，一会儿指地，环顾四周后极具爆发力的动作，仿佛孔乙己在极力争辩“窃书不能算偷”，但他的思想与现实处境是矛盾的，四周人声鼎沸，他仍旧被人追着打。这一段不仅展现了演员深厚的舞蹈功底，也将剧情展现得淋漓尽致，夸张又富有神韵。最终，孔乙己被打断了腿，眼神悲凉地抱头倒地蜷成一团。

管弦乐合奏的《迎春》开启第三幕，充满沧桑感的三弦营造出宁静、安详又有几分凄凉的氛围。天空中下起鹅毛大雪，被打断腿的孔乙己卧坐于地，风雪交加，贫病交加，他双手撑地俯身拖着断腿前行，大提琴的交响合奏催人泪下，令人同情。音乐《迎春》体现的是寒冬将终，静候春天到来的激动，暗示着经过岁月磨砺的人们历经悲欢离合后仍然坚强不屈的人生态度和永不不言放弃的人生境界，用在这里却反衬出孔乙己的不幸遭遇，将鲁迅先生哀其不幸、怒其不争的本意抒写出来。最后，半躺于地的孔乙己就快要死去时，传来一阵童音：“人之初，性本善，性相近，习相远，苟不教，性乃迁……”这可谓是整部作品的神来之笔，如原著中的大段留白，欲言又止，戛然结束，给观众留下无限的想象空间。

四、音画舞剧——《千手观音》

舞蹈《千手观音》是一部兼具传统之美和现代之力的优秀作品，取材于我国传统文化中最具原生态、最朴实无华的部分。这部作品的成功不仅源于它的原始与真实，而且源于艺术表现手法的现代气息，营造出非常优秀的现代舞台效果。《千手观音》以其精美绝伦的舞蹈艺术征服了观众，东方传统神韵的音乐、演员们精湛的表演，将所有观众带入梦幻般的艺术天堂和充满爱的精神境界。图 6.2.4 所示为《千手观音》剧照。

图 6.2.4

舞蹈《千手观音》显示出一种安详之后的大喜悦，端庄至极，没有一丝一毫的媚笑，舞者用无声的内心传达出对世界的爱意，他们训练有素的心理、灵性的眼神、舞动的指尖，在心跳、韵律里酝酿的是慈祥的微笑，使我们真切地感受到观音菩萨的大慈大悲。

《千手观音》通过浪漫的艺术手法，把静态的壁画变成动态的舞蹈，赋予佛教形象以生命力。作品通过肢体的千姿百态，生动地把那些万能的手展现在人们面前。《千手观音》中动作现代化的价值是艺术形象再创造的一次成功尝试。在动作结构上，改变了动作的单一性，打破了传统的动作连接逻辑，注重多方位、小角度的变化。在运动方向和线条、造型上也多选择不对称性，出其不意，这种节奏的多重处理法，使得《千手观音》在动作方面突破了原有的舞蹈组合的规整性，加强了舞蹈动作变化的莫测性和流动性。

《千手观音》的艺术表现在视觉上淋漓尽致地展现了形式美感，它的美轮美奂不仅是编导的创造，也凝聚着舞美等创作团队的精湛设计。远景中我们看到的是华美的服装头饰，近景中甚至可以看到服装上细致的纹饰。精美的服饰与华丽的灯光配合得相得益彰，带给观众无与伦比的视觉审美享受。

震撼不仅来自于作品的美轮美奂，更依赖于演绎作品的演员们，他们让人心生崇拜与敬仰。他们都是年轻的聋哑演员，他们向观众展示的不是美貌与技巧，他们舞出的是云冈石窟所描绘的中华文明的绚丽华彩。无声世界中的他们，21 个人，42 只手，以舞者的自在，演绎着观音的呼吸与光芒，他们在舞台上绽放着生命的律动。

【拓展阅读——古典舞精品推荐】

月夜·少女·爱——《春江花月夜》

羽衣霓裳——《霓裳羽衣舞》

戎装女儿身——《木兰归》

中国魂——《黄河》

酒欲醉人人不醉——《醉鼓》

丰年人乐业，陇上踏歌行——《踏歌》

墨舞——《扇舞丹青》
冰清玉洁——《爱莲说》
恢弘——《秦王点兵》

【拓展阅读——芭蕾舞精品推荐】

情节芭蕾的代表——《关不住的女儿》
浪漫芭蕾的开始——《仙女》
童话芭蕾的演绎——《睡美人》
戏剧芭蕾的爱情——《罗密欧与朱丽叶》
来源于电影的灵感——《大红灯笼高高挂》
中西方民族风格完美结合的典范——《白毛女》
原创芭蕾舞的代表——《二泉映月》
东方的《罗密欧与朱丽叶》——《梁山伯与祝英台》
源自戏曲的芭蕾——《牡丹亭》

学习小结

音乐是听觉的艺术，良好的音乐听觉能力是准确、深刻地欣赏音乐的基础。良好的音乐听觉能力包括对音乐的辨别、感受和记忆能力，以及在此基础上逐步形成的内心听觉能力，这些能力可以引发欣赏者的情感体验，使欣赏者伴随音响感知和情感体验产生丰富的想象与联想，将音乐作品的内涵在欣赏者的内心创造性地再现，给音乐作品恰当、理性的评价。

有效的形体训练的方法之一就是模仿，而舞蹈是人体动作的艺术，是经过提炼、组织和美化了的人体动作——舞蹈化了的人体动作。舞蹈的基本要素是动作的姿态、节奏和表情，这些直接影响舞蹈的风格和美感的形成，直接影响舞蹈所展示的人物性格、情操、风度、气质和所表达的情感内容。良好的舞蹈欣赏能力，不仅可以提高高铁乘务人员的艺术修养，更有助于其树立健康、优美的形体美感意识。

思考与练习

1. 列举以“亲情”为主题的音乐作品（2～3 首），并简述带给你的审美感受。
2. 列举以“四季”为主题的音乐作品（3～4 首），并简述带给你的审美感受。
3. 从音乐、服装造型、舞美设计等方面简要分析舞蹈《雀之灵》。
4. 从音乐形态、情感表达与形体动作三个方面，对芭蕾舞《天鹅湖》中最具美感的两个场景进行简单分析。

职业仪态训练篇

项目七

高铁乘务仪态训练

站、坐、蹲、行、表情与服务手势是职业仪态的主要训练内容。良好的仪态不仅是个人修养的外在展现，更是从事高铁乘务工作的基本要求。良好的仪态不仅展现了高铁企业高标准、高质量的工作作风与工作态度，更对增强旅客的满意度、培养旅客的忠诚度、提升企业整体形象起到重要作用。

知识目标

1. 学习站姿、坐姿、蹲姿和行姿的基本要求和动作要领。
2. 学习站姿、坐姿、蹲姿和行姿的正确训练方法。
3. 学习服务表情的基本要求和训练方法。
4. 学习服务手势的基本要求和训练方法。

能力目标

1. 熟练掌握正确的站姿、坐姿、蹲姿和行姿。
2. 熟练掌握服务笑容。
3. 熟练掌握服务手势。

任务一　站姿训练

站姿是人们平时经常采用的一种静态的身体造型，同时又是其他动态身体造型的基础和起点。正确的站姿可以锻炼肌肉的用力感，锻炼对身体重心的控制，提高身体的平衡能力，增强身体的控制能力，均匀协调地发展肌肉，促进身体的曲线完美。优美的站姿，不仅能够体现一个人的精神状态、品质、修养和健康状况，更是衡量高铁乘务人员工作态度认真与否的重要标准之一。

训练一：标准站姿

（一）标准站姿具体要求

（1）头部：自然正、直，双眼平视前方，下颌微收，面带微笑。

（2）颈部：自然放松，向上延伸。

（3）肩部：自然放松，向外展开。

（4）胸部：自然挺胸，呼吸均匀、流畅。

（5）背部：垂直挺拔，脊椎骨向上拉长、延伸，后背肌向脊椎骨方向收拢。

（6）腹部：收腹合肋，腹部向内收平。

（7）腰部：中腰挺立、收紧，向上提起。

（8）臀部：收紧臀大肌，髋骨向前推出。

（9）腿部：小腿、膝部向内侧收紧，膝关节伸直，大腿内侧肌肉收紧。

（10）脚部：脚趾抓地面，保持重心稳定。

（二）站姿注意事项

以上动作要求规范，但要避免僵直硬化，肌肉不能太紧张。在站立的同时可以适当地变换姿态，追求动感美。切忌弓腰驼背、挺肚后仰、东倒西歪、两手插在裤袋或插在腰间、抱臂于胸前。

（三）标准站姿动作要领

1. 头正

抬头，颈直，下颌微收，唇微闭，面容自然，微笑。

2. 肩平

双肩平正，放松下沉。

3. 躯挺

挺胸、收腹、立腰、拔背。

4. 臂垂

双臂放松，自然下垂于体侧，手指自然弯曲，中指贴裤缝。

5. 腿并

双膝并拢，大腿内侧肌肉收紧，脚跟靠近，脚尖展开 45°～60°，身体重心移至脚掌与足弓之上。

6. 体直

从侧面看，头、肩、躯干与下肢保持在一条垂直线上，如图 7.1.1（女）、图 7.1.2（男）所示。

图 7.1.1

图 7.1.2

（四）训练方法

1. 五点靠墙法

背墙站立，头部、双肩、臀部、小腿、脚跟紧靠墙壁，用力呼吸、收腹，腹部肌肉有力缩回，如图 7.1.3 所示。每天坚持训练 20 min，以达到强化身体控制能力的目的。

2. 双人训练法

两人背靠背站立，两人脚跟、小腿、臀部、双肩、后脑勺贴紧，如图 7.1.4 所示。要求两人身高、体重相当，每次坚持训练 15 min。

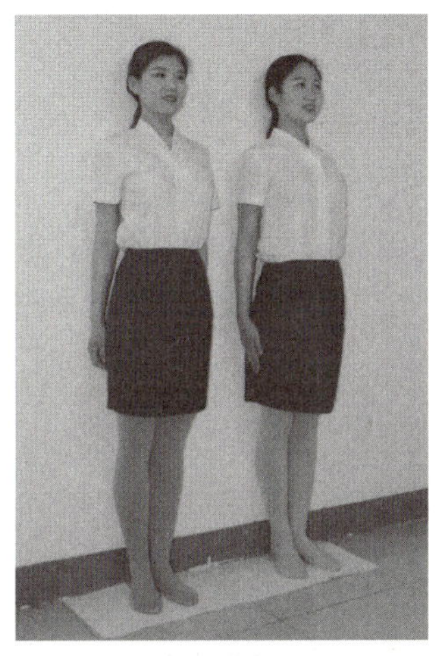

图 7.1.3

图 7.1.4

3. 双腿夹纸法

站立者在两膝间夹一张纸，要求不松、不掉，如图 7.1.5 所示。每次坚持训练 10 min，用以训练腿部的控制能力。

4. 头顶书本法

站立者按动作要领站好后，在头顶上放置一本书，努力保持书的稳定性，用以训练头部的控制能力，如图 7.1.6 所示。

图 7.1.5

图 7.1.6

5. 对镜练习法

训练时，配合优美、抒情的音乐，对照镜子观察面部表情及整个身体的状态，提升站姿训练的整体效果。

（五）检测效果方法

身体放松，轻松摆动后，迅速以标准姿态站立，若姿势不合标准，则应加强训练，直至准确无误为止。

训练二：变化站姿

（一）女士变化站姿基本要领

1. 腹式“丁”字站姿（以右丁字步为例）

（1）身体保持正、直，遵守站姿基本要领。

（2）两脚脚尖向外展开，右脚在前，将右脚脚跟靠近左脚内侧前端，形成斜写的“丁”字。

（3）右手握住左手四指部分并置于腹前，拇指内收，左手四指不外露。

（4）大臂、小臂与手背处于同一平面。

右丁字步如图 7.1.7 所示，左丁字步如图 7.1.8 所示。

图 7.1.7

图 7.1.8

2. 单臂式站姿

（1）身体保持正、直，遵守站姿基本要领。

（2）两脚呈“丁”字步站立。

（3）一手单臂后背或置于腹前，另一手完成指引、倒水等服务动作。

（4）根据协调均衡的原则，右手单臂后背需与左丁字步配合（见图 7.1.9），左手单臂后背需与右丁字步配合（见图 7.1.10）。

3. 调节式站姿

（1）身体保持正、直，遵守站姿基本要领。

（2）双腿微微打开，身体重心偏移到左脚或右脚上，另一条腿向前微屈，腿部放松。

图 7.1.9

图 7.1.10

（二）男士变化站姿基本要领

1. 体前交叉式

（1）身体保持正、直，遵守站姿基本要领。

（2）左脚向左横迈一小步，两脚距离略窄于肩宽，重心放在两脚之上。

（3）左手拇指与四指分开，搭在右手腕处，双手在腹前交叉，如图 7.1.11 所示。

2. 体后交叉式

（1）身体保持正、直，遵守站姿基本要领。

（2）左脚向左横迈一小步，两脚距离略窄于肩宽，重心放在两脚之上。

（3）左手拇指与四指分开，搭在右手腕处，两手相握，贴在后腰节线处，如图 7.1.12 所示。

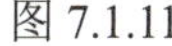

图 7.1.11

图 7.1.12

3. 单臂式站姿

（1）身体保持正、直，遵守站姿基本要领。

（2）将两脚呈“V”字步站立。

（3）一手单臂背后，另一手完成引导、倒水等服务动作，如图 7.1.13、图 7.1.14 所示。

图 7.1.13

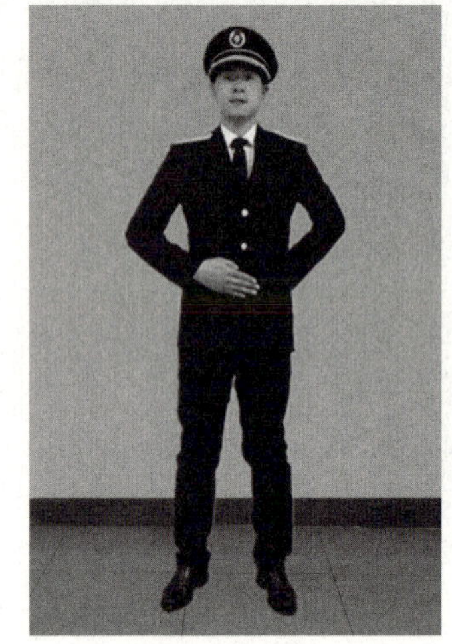
图 7.1.14

4. 调节式站姿

（1）身体保持正、直，遵守站姿基本要领。

（2）双腿微微打开，身体重心偏移到左脚或右脚上，另一条腿向前微屈，腿部放松。

（三）不良站姿

（1）无精打采、耸肩勾背、东倒西歪，倚靠在墙上或椅子上。

（2）身体抖动或晃动，给人以漫不经心或没有教养的感觉。

（3）双手插入衣袋或裤袋中，或双臂交叉抱于胸前，这会有消极、防御、抗议之嫌。

（4）双手或单手叉腰。这种站法往往含有进犯之意，对旅客非常不尊重。

（5）两腿交叉站立，给人以不严肃的感觉。

任务二　行 姿 训 练

行走姿态也叫行姿或走姿，指的是一个人在行走时所采取的身体姿势。行姿是一种动态美，它以人的站姿为基础，是站姿的延续动作。优雅、稳健、敏捷的行姿能够反映出积极向上的精神状态，也是高铁乘务人员经常使用的工作姿态之一。

训练一：标准行姿

（一）行姿的基本要领

表情自然、身体协调、姿势优美、步韵从容、步态平稳、步幅适中、步速均匀。

（二）行姿的具体要求

1. 方向明确

行走时脚尖正对前方，形成一条虚拟的直线。每行进一步，脚跟都应当落在这一条直线上。

2. 重心放准

起步之时，身体向前微倾，重心落在前脚掌上。行进过程中，应使身体重心随着脚步的移动而不断向前过渡，切勿让身体的重心停留在自己的后脚上。

3. 身体协调

行走时，脚跟先着地，脚部落地时膝盖伸直，腰部成为重心移动的轴线，双臂在身体两侧一前一后摆动。上体的稳定与下肢的频繁规律运动形成对比，前后、左右的动作平衡对称。

4. 摆动适当

手臂与身体的夹角在 10°～15°，两臂以身体为中心，前后自然摆动，前摆约 35°，后摆约 15°。

5. 步幅适中

步幅是行走过程中两脚之间的正常距离（前脚跟与后脚尖之间的距离）。乘务人员在行进之时，最佳的步幅应为 1～1.5 个脚长。

6. 步速均匀

一般情况下，服务人员每分钟的步速在 60～100 步。行进时步速应当保持相对稳定、均匀，不宜过快、过促或者忽快忽慢。

（三）女士行姿动作要领（叶子步）

（1）双目平视前方，下颌微收，面带微笑。

（2）上身自然挺拔，头正、挺胸、收腹、立腰。

（3）重心始终放于两腿之间，脚跟先着地，两腿保持直立。

（4）行走时脚尖正对前方，每行进一步，前脚脚跟与后脚脚尖应保持在一条直线上。

（5）步伐要轻盈、含蓄，显示阴柔秀雅之美。

（6）迈出的步子应全脚掌着地，膝和脚腕应富有弹性，膝盖要尽量绷直，双臂自然轻松摆动，步伐有韵律感，步态优美柔韧，如图 7.2.1、图 7.2.2 所示。

图 7.2.1

图 7.2.2

（四）男士行姿动作要领（平行步）

（1）双目平视前方，下颌微收，面带微笑。

（2）身体直立、收腹立腰，双臂在身体两侧自然摆动，脚尖微向外或向正前方伸出。

（3）重心始终放于两腿之间，脚跟先着地，两腿保持直立。

（4）步伐矫健、稳重、刚毅，具有阳刚之美，如图 7.2.3、图 7.2.4 所示。

图 7.2.3

图 7.2.4

（五）练习方法

1. 辅助训练

（1）摆臂练习：保持基本站姿。在距离小腹两拳处确定一个点，两手呈半握拳状，由大臂带动小臂向斜前方向此点摆动，如图 7.2.5、图 7.2.6 所示。

（2）展膝练习：保持基本站姿。左脚跟提踵，脚尖不离地面，左脚跟落下的同时右脚跟提踵，两脚交替进行，提踵的腿屈膝，另一条腿膝部向后用力绷直，两膝靠拢，膝内侧摩擦运动。

（3）平衡练习：行走时脊背、颈部竖直，上半身保持稳定，在头上放置一本书，将书扶稳，进行平衡练习，如图 7.2.7 所示。

图 7.2.5

图 7.2.6

图 7.2.7

2. 分解动作训练

（1）保持基本站姿，双手叉腰，左脚擦地出前点地与右脚相距一个脚长，右腿蹬地，髋关节迅速前移重心，呈右后点地，然后交换练习。

（2）保持基本站姿，两臂自然下垂。左脚前点地时，右臂移至小腹前的指定位置，左臂向后斜摆，右脚蹬地，重心前移成右后点地时，手臂位置不变，然后变换方向练习。

3. 连续动作训练

（1）左腿屈膝，向上抬起，提腿向正前方迈出，经脚跟、脚心、前脚掌至全脚落地，同时右脚后跟向上抬起，身体重心前移至左腿。

（2）右腿屈膝，经与左腿膝盖内侧摩擦向上抬起，勾脚迈出，脚跟着地，落在左脚尖前方，两脚相隔一脚距离。

（3）迈左腿时，右臂前摆；迈右腿时，左臂前摆。

（4）将动作（1）～（3）连贯反复练习。

训练二：变向行姿

变向行姿是指行进中需要转身改变方向时采用的合理方法，应体现出规范和优美的步态。

（一）后退步

后退步指在后退的时候采用的行姿。在与人告别时，应当先面向对方后退两三步，然后转身离去，表示对对方的尊重。退步时脚要轻擦地面，不可高抬小腿，后退的步幅要小，转体时要先转身体，再转头。

（二）侧身步

侧身步指在侧身而行时采用的行姿。以下情况需要使用侧身步：

（1）当走在前面引导乘客时，尽量走在乘客的左前方，髋部朝向前行方向，上身稍向右转体，左肩稍前，右肩稍后，整个身体半转向乘客方向，与乘客保持两三步的距离，如图 7.2.8 所示。

（2）当走在狭窄的路面或楼道中与乘客相遇时，应两肩一前一后，头和上身应同时转向乘客，让乘客先行。不可斜视乘客，更不可将后背转向乘客。

（3）与同行者交谈时，上身应转向交谈对象，距对方较远一侧的肩部朝前，身体与对方的身体应保持一定的距离，如图 7.2.9 所示。

图 7.2.8

图 7.2.9

（4）当乘客从对面走来时，应放慢脚步，两肩一前一后，胸部朝向对方，目视乘客，面带微笑，轻轻点头致意，并且伴随“您好”等礼貌用语，图 7.2.10 所示。

图 7.2.10

（三）转身步

转身步指前行或后退行进时转身而采用的行姿，包含前行转身步与后退转身步两种。

前行转身步：前行右转是以左脚为轴心向右转体 90°，同时迈出右脚；前行左转是以右脚为轴心向左转体 90°，同时迈出左脚。

后退转身步：后退右转是以左脚为轴心向右转体 90°，同时向右迈出右脚；后退左转是以右脚为轴心向左转体 90°，同时向左迈出左脚。

（四）不良行姿

（1）头部不正，摇晃肩膀，肚子腆起，身体后仰。

（2）脚尖没有朝向行进方向，成明显的外八字脚或内八字脚。

（3）两脚不落在一条线上，明显地叉开双脚走。

（4）迈大跨步，像鸭子一样身体左右摆动。

（5）双手左右横着摆动。

（6）手位不正或只摆动小臂。

（7）腿部僵直或身体死板僵硬。

（8）落脚过重或脚步拖泥带水，蹭着地面走。

（9）耷拉眼皮或低着头走。

（10）手插在口袋、双臂相抱、倒背双手。

（11）步伐过大或过小，并经常抢道而行。

任务三 坐姿训练

坐姿是一种可以维持较长时间的工作劳动姿势，符合规范的坐姿能向乘客传递自信练达、积极热情、尊重他人的信息和良好的职业风范。

训练一：标准坐姿——正坐式

（一）动作要领

（1）精神饱满，面带笑容，嘴唇微闭，下颌微收，表情自然，目光平视前方或注视交谈对象。

（2）上身与大腿，大腿与小腿，小腿与地面成 90°，臀部至少坐满椅面的 2/3。

（3）双膝自然并拢，双腿正放，双脚并齐。

（4）女士双手合握置于两腿之间；男士既可两手合握置于两腿之间，也可两臂自然弯曲放在大腿之上，如图 7.3.1～7.3.3 所示。

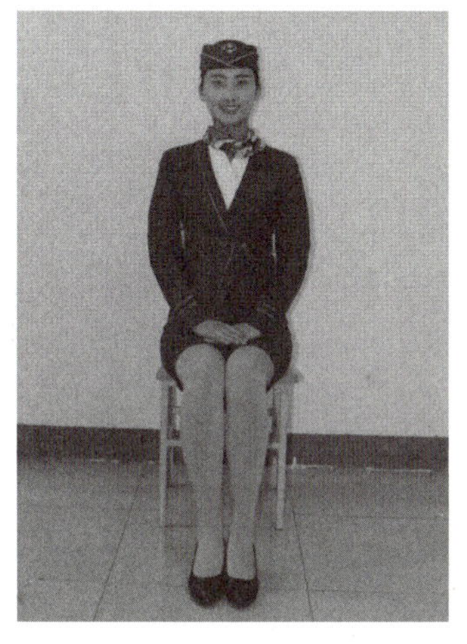

图 7.3.1

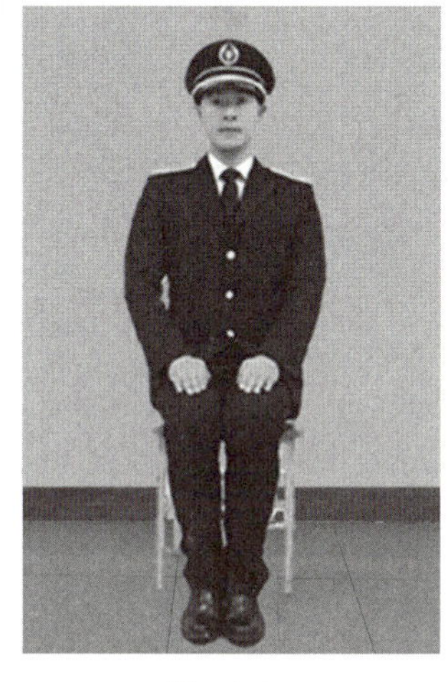

图 7.3.2

图 7.3.3

（二）坐姿注意事项

无论哪种坐姿，都必须保证腰背挺直，女性还要特别注意使双膝并拢。男士如要架腿，最好后于别人交叠双腿，女子一般不架腿。

（三）入座、离座要领

（1）从椅子左侧入座。如果椅子左右两侧都空着，应从左侧走到座位前面。

（2）不论从哪个方向入座，都应在离椅前半步远的位置立定，右脚轻向后撤半步，用小腿靠椅，以确定座位位置。

（3）女士着裙装入座时，双手应先将裙摆后片向前轻拢一下，以显得娴雅端庄。

（4）入座时要轻、稳、缓。

（5）坐好之后，双脚并齐，双腿并拢。

（6）离座时要自然平稳，右脚向后撤半步，而后站起。

训练二：变化坐姿

（一）女士变化坐姿动作要领

1. 侧点式（以右侧为例）

（1）上身保持正直，遵守坐姿基本要领。

（2）两小腿向右侧伸出，与地面成 45°，右脚脚跟靠近左脚内侧，右脚脚掌内侧着地，左脚脚跟提起。

（3）双手叠放于左腿上，头转向右侧，如图 7.3.4 所示。图 7.3.5 所示为左侧侧点式坐姿。

2. 前交叉式

（1）上身保持正直，遵守坐姿基本要领。

（2）两小腿稍向前伸，两脚踝叠放交叉于地面。

（3）双手叠放置于两腿之间，如图 7.3.6、图 7.3.7 所示。

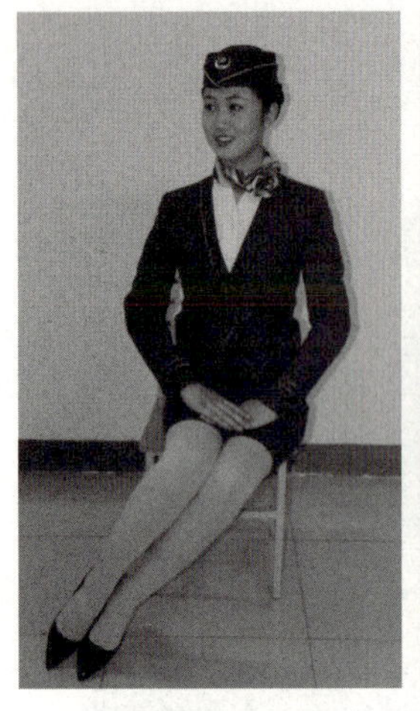
图 7.3.4

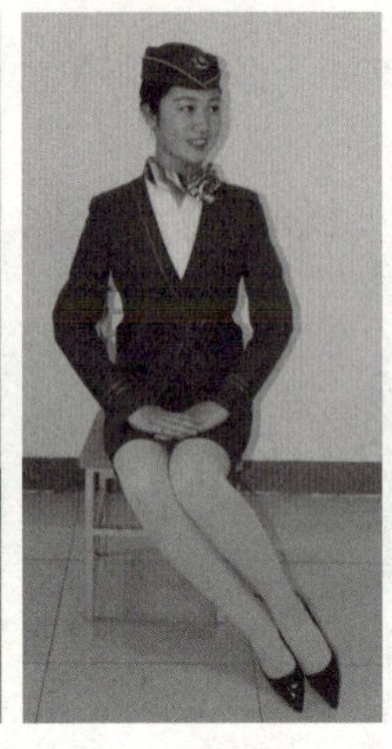
图 7.3.5

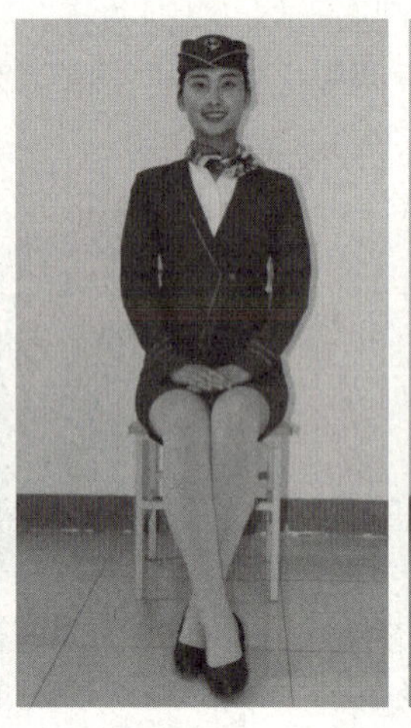
图 7.3.6

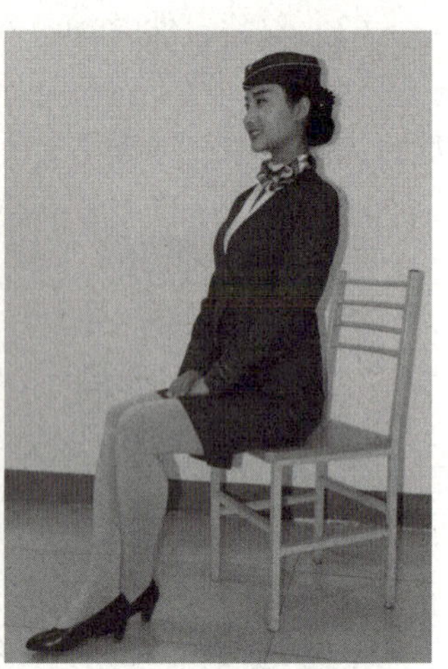
图 7.3.7

3. 曲直式

（1）上身保持正直，遵守坐姿基本要领。

（2）两小腿前后分开，两脚前后在一条直线上。

（3）两手叠放置于两腿间，如图 7.3.8、图 7.3.9 所示。

4. 侧挂式（以右侧为例）

（1）上身保持正直，遵守坐姿基本要领。

（2）在侧点式基础上，将左脚提起，挂在右脚踝关节处。

（3）两腿两膝并拢，大腿与小腿成 90°，上身向左转 45°，如图 7.3.10 所示。图 7.3.11 所示为左侧侧挂式坐姿。

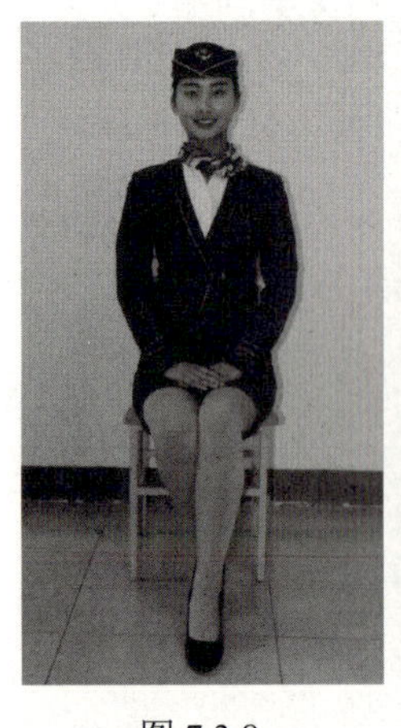
图 7.3.8

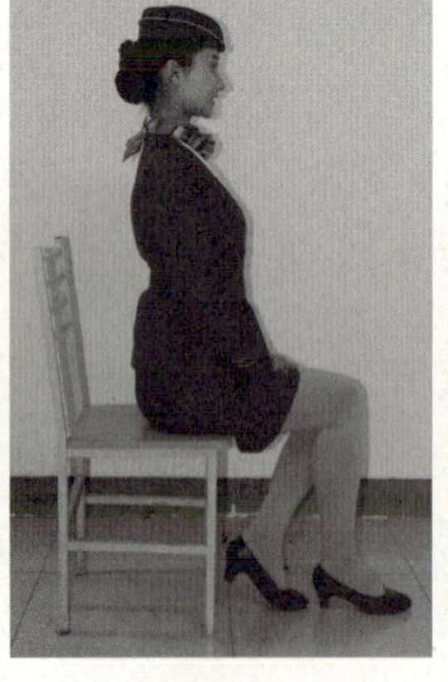
图 7.3.9

图 7.3.10

图 7.3.11

5. 重叠式（以右侧为例）

（1）上身保持正直，遵守坐姿基本要领。

（2）左腿重叠于右腿上，左腿向里收，左脚尖向下，双小腿靠拢斜放，斜放后的腿部与地面成 45°。

（3）双手合握置于左腿大腿上，如图 7.3.12 所示。图 7.3.13 所示为左侧重叠式坐姿。

6. 内收式

（1）上身保持正直，遵守坐姿基本要领。

（2）两膝并拢，小腿向内侧屈回，双脚前脚掌着地。

（3）双手叠放于大腿处，身体可向一侧少许倾斜，如图 7.3.14、图 7.3.15 所示。

图 7.3.12

图 7.3.13

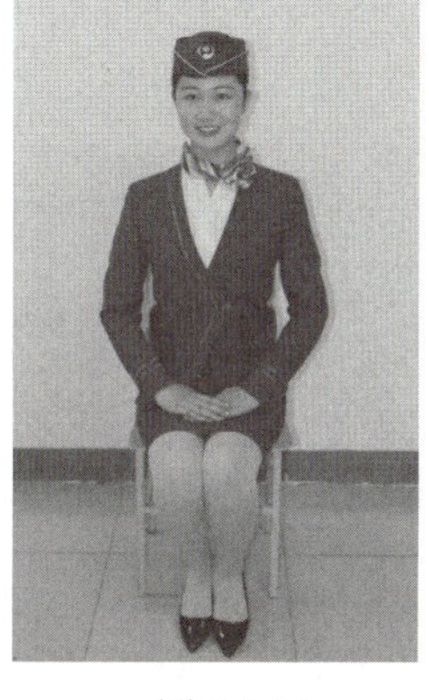
图 7.3.14

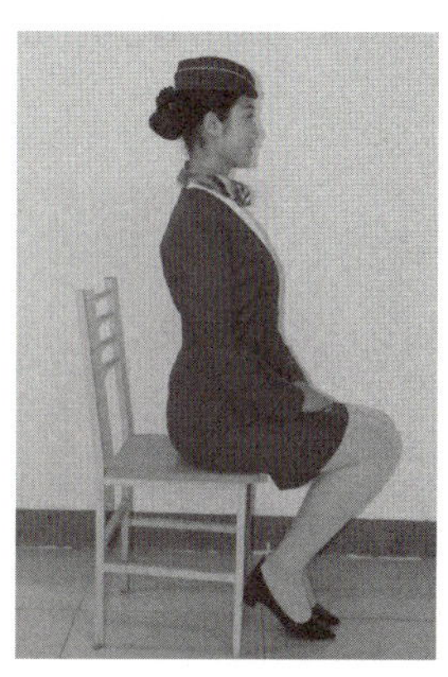
图 7.3.15

（二）男士变化坐姿动作要领

1. 前伸式

（1）上身保持正直，遵守坐姿基本要领。

（2）双膝微开，双腿前伸，双脚在踝关节处交叉。

（3）两手合握，置于两腿之间，如图 7.3.16、图 7.3.17 所示。

2. 后点式

（1）上身保持正直，遵守坐姿基本要领。

（2）小腿向后屈回，一脚全脚着地，另一脚向内侧屈回，前脚掌着地，膝盖微开。

（3）两手合握，置于两腿之间，如图 7.3.18、图 7.3.19 所示。

图 7.3.16

图 7.3.17

图 7.3.18

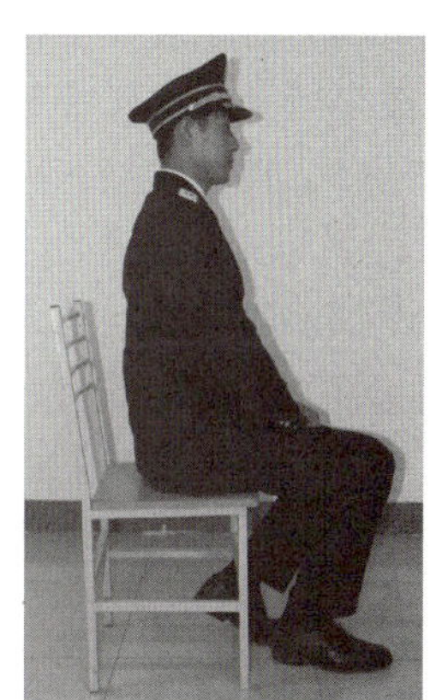
图 7.3.19

3. 曲直式

（1）上身保持正直，遵守坐姿基本要领。

（2）双膝略分开，一脚向后撤一脚长的距离，后脚脚尖与前脚脚跟在一直线上。

（3）双手分别放于大腿面上，如图 7.3.20、图 7.3.21 所示。

4. 重叠式（以右侧为例）

（1）上身保持正直，遵守坐姿基本要领。

（2）左小腿垂直于地面，右腿叠放于左腿膝关节处，小腿向里收，脚尖下压。

（3）双手合握，置于右腿之上，如图 7.3.22、图 7.3.23 所示。

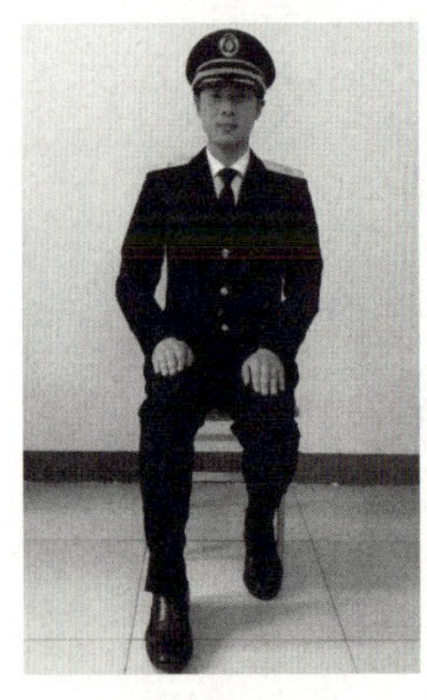
图 7.3.20

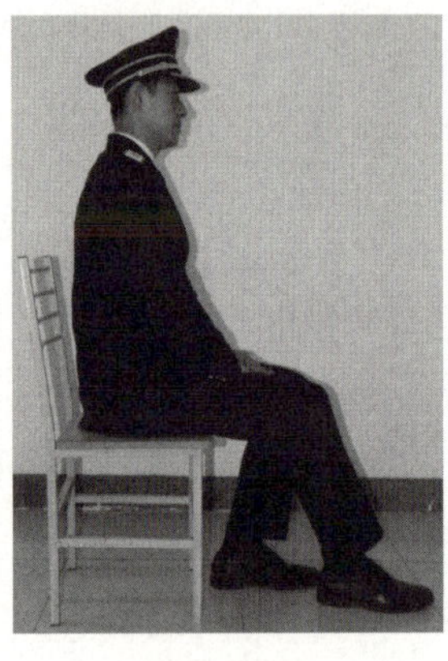
图 7.3.21

图 7.3.22

图 7.3.23

（三）不良坐姿

在乘客面前落座时，一定要遵守律己敬人的基本规定，不要采用犯规的坐姿。

（1）双腿叉开过大。双腿如果叉开过大，不论大腿叉开还是小腿叉开，都非常不雅。特别是身穿裙装的女士，更不要忽略了这一点。

（2）架腿方式欠妥。坐后将双腿架在一起不是绝对禁止，但正确的方式应当是两大腿相架，并且一定要使两腿并拢。

（3）双腿直伸出去，这样既不雅也妨碍别人。

（4）将腿放在桌椅上。有人喜欢把腿架在高处，甚至抬到身前的桌子或椅子上，或把腿盘在坐椅上，这样都是不妥的。

（5）抖腿。坐在别人面前，反反复复地抖动或摇晃自己的腿部，不仅会让人心烦意乱，而且给人极不安稳的印象。

（6）脚尖指向他人。不管采用哪一种坐姿，都不要以本人的脚尖指向他人。

（7）脚蹬踏他物。坐下来后，脚一般都要放在地上。

（8）用脚自脱鞋袜，这是非常不文明的。

（9）手触摸脚部。在就座以后用手抚摸小腿或脚部，即不卫生又不雅观。

（10）双手抱在腿上。双手抱腿是一种惬意、放松的休息姿势，但禁止在工作中这样坐。

（11）上身向前趴伏。工作中禁止坐后上身趴伏在桌椅或本人大腿上。

任务四　蹲 姿 训 练

训练一：蹲姿标准

（一）蹲姿动作标准

（1）下蹲时，两腿合力支撑身体，重心稳定，脊背正直，臀部向下，基本以后腿支撑为主。

（2）下蹲时，一脚在前，一脚在后，两腿同时下蹲。前脚全脚着地，小腿基本垂直于地面，后脚跟提起，脚掌着地。

（3）下蹲时，女士双膝并拢，男士两腿间可留有适当的缝隙，如图 7.4.1、图 7.4.2 所示。

（4）若用右手捡拾物品，可先走到物品左边，左脚后退半步再蹲下捡拾物品，如图 7.4.3、图 7.4.4 所示。

图 7.4.1

图 7.4.2

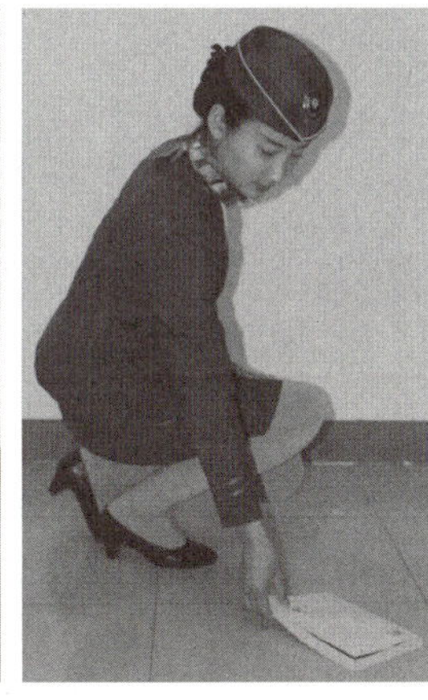

图 7.4.3

图 7.4.4

（二）蹲姿动作禁忌

（1）切忌突然下蹲。下蹲速度要适中，尤其在行进中需要下蹲时，这点尤为重要。

（2）切忌离人太近。下蹲时，应和身边的人保持一定距离；和他人同时下蹲时，更要注意双方的距离，以防彼此“迎头相撞”或发生其他误会。

（3）切忌方位失当。下蹲时，若身边有他人在，应侧身相向。

（4）切忌毫无遮掩。在公共场合，女士身着裙装，要防止大腿叉开，应平衡下蹲。

（5）切忌弯曲上身和撅起臀部，以免出现露出内衣裤等不雅动作。

（6）在公共场合，切忌蹲在凳子或椅子上。

训练二：蹲姿训练

（一）女性乘务员蹲姿

1. 高低式（以右侧捡拾为例）

（1）下蹲时右脚在前，左脚在后，两膝并拢，向下蹲。

（2）右脚全脚着地，左脚脚掌着地，脚跟提起。

（3）左膝内侧靠于右小腿内侧，形成右膝高、左膝低的姿态。

（4）臀部向下，重心移至右腿，如图 7.4.5、图 7.4.6 所示。

2. 交叉式（以右绕左为例）

（1）下蹲时左脚在前，右脚在后，左小腿垂直于地面，全脚着地。

（2）右腿在后，与左腿交叉重叠，右膝由后下方伸向左侧，右脚跟抬起，右脚前脚掌着地。

（3）双膝并拢，合力支撑身体。

（4）上身向前微倾，臀部向下，如图 7.4.7、图 7.4.8 所示。

图 7.4.5

图 7.4.6

图 7.4.7

图 7.4.8

3. 半跪式（以右侧捡拾为例）

（1）下蹲时，右脚在前，左脚在后，双膝并拢下蹲。

（2）右脚全脚着地，左脚掌与左膝着地，形成右膝高、左膝低的姿态。

（3）臀部向下，重心移至右腿，如图 7.4.9、图 7.4.10 所示。

（二）男性乘务员蹲姿

（1）下蹲时，两腿之间可有适当的距离。

（2）右脚全脚着地；左脚稍后，左脚掌着地。

（3）臀部向下，基本以左腿支撑身体，如图 7.4.11、图 7.4.12 所示。

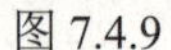

图 7.4.9

图 7.4.10

图 7.4.11

图 7.4.12

任务五　表情训练

人的表情主要指眼神和微笑两个方面。其中，眼神是指人们在交往中通过视线接触所传递出的信息，眼神在高铁乘务工作中起着主导作用。乘务人员在面对旅客时应流露出善意、阳光、温暖的眼神。在乘务工作中，微笑能够迅速地缩短乘务人员与旅客之间的心理距离，创造出和谐、互尊、融洽的良好氛围；微笑面对旅客可以使其产生安全感和愉悦感，高质量优秀的服务体现在欢乐的微笑中。

训练一：眼神训练

（一）方向的调整

（1）俯视，目光向下注视对方，表示爱护、宽容，如图 7.5.1 所示。

（2）仰视，目光向上注视对方，表示尊敬、期待，如图 7.5.2 所示。

（3）平视，目光与对方目光在同一高度接触，表示平等、公正、自信，如图 7.5.3、图 7.5.4 所示。

图 7.5.1

图 7.5.2

图 7.5.3

7.5.4

（二）时间的控制

在工作交谈过程中，连续的目光接触时间一般为 1 s 左右。交谈中目光的相互接触时间通常占交往时间的 30%～60%。低于 30%表示对对方或对谈论话题不感兴趣；高于 60%表示对对方本身的兴趣可能大于谈话内容；如果完全不看对方，只是倾听，则表示对谈话者的漠视或自卑、紧张。

（三）注视部位

1. 公务注视

一般用于会议洽谈或磋商等场合，应注视对方额头与双眼之间的三角区域，如图 7.5.5 所示。

2. 社交注视

一般用于舞会、酒会等社交场合，应注视对方嘴唇与双眼之间的三角区域，如图 7.5.6 所示。

3. 亲密注视

一般用于家庭成员等亲近人员之间，应注视对方的双眼与胸部之间，如图 7.5.7 所示。

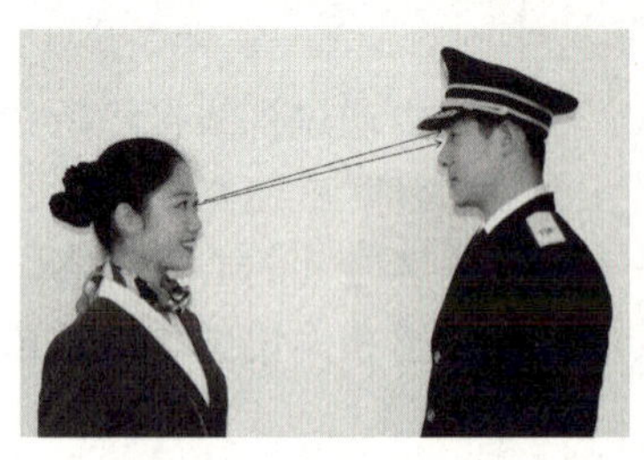

图 7.5.5

图 7.5.6

图 7.5.7

（四）眼神禁忌

（1）切忌反复地、全身上下地打量对方，这种眼神容易被认为是有意寻衅滋事。

（2）切忌盯住对方某一部位“用力”地看，有愤怒之意。

（3）切忌频繁眨眼看人，失于稳重，显得浮躁。

（4）切忌左顾右盼，表示心神不定、用心不专。

训练二：微笑训练

（一）微笑的种类

（1）充满力量的自信的微笑。

（2）春风化雨，温暖心田的礼貌的微笑。

（3）对别人尊重、理解、同情的真诚的微笑，如图 7.5.8 所示。

（二）练习方法

1. 咬筷练习

用牙轻轻地咬住筷子，嘴角对准筷子，使嘴唇两端的线与筷子在同一水平线上，如图 7.5.9 所示。咬筷练习使双颊笑肌向上抬，使面部肌肉、眉毛、眼睛、口型在笑时呈现和谐统一状态。

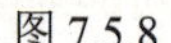

图 7.5.8

图 7.5.9

2. 情绪记忆

工作中需要微笑时，应唤起自己记忆中最好的情绪储存，积极调动好情绪，脸上就会露出会心的微笑。

3. 情景训练

将乘客视为“上帝”和“财神”，只有当这种观念深入乘务人员心中时，才能在服务中自然地展现笑容。

4. 口形练习

借助普通话中“茄子”“切切”“姐姐”“钱”“一”“七”等字词发音时的口型正好是微笑的最佳口型。

（三）面部表情的自我检查

1. 检查牙齿排列

面对镜子，仔细检查，看看上下排牙齿的咬合状况及排列的整齐度。

2. 观察自己的表情

面对镜子，仔细看看自己说话时的各种表情，例如眉头是否不自觉皱起，眼神是否有亮泽变化等，观察后加以改善。

3. 两侧嘴角上升时要齐平

两侧的嘴角不能一齐上升的人很多。这时利用木制筷子进行训练很有效。刚开始会比较难，但经过反复练习就会在不知不觉中两边一齐上升，形成干练而熟练的微笑。

4. 笑时不能露出牙龈

笑的时候露有很多牙龈的人，往往笑得没有自信，经常是遮嘴笑或腼腆地笑。自然的笑容，可以弥补露出过多牙龈的缺点，但由于本人太在意，所以很难笑得自然、亮丽。通过嘴唇肌肉的训练，可修正露出牙龈的笑。

5. 挑选满意的微笑

以各种形状尽情地试着笑，从中挑选最满意的笑容，然后确认能看见 2 mm 以内的牙龈就可以了，并在此基础上反复练习。如果希望在大笑时不露出很多牙龈，就要将上嘴唇稍微加力向下拉，保持状态 10 s。

任务六　手 势 训 练

手势也称手姿，是指在服务过程中因使用手臂而出现的各种动作和体态。作为与乘客交流的“第二表现方法”，正确适当地运用服务手势，不仅可以提高工作的效率，还能增强与乘客的感情沟通。服务手势的使用，不仅可以弥补有声语言的不足，而且可以在特定的工作环境中起到“此时无声胜有声”的作用。因此，在高铁乘务客运服务过程中，服务手势也是使用频率较高的体态语言之一。服务手势主要分为引导手势与演示手势两种。

训练一：引导手势

（一）斜臂式

斜臂式引导手势主要用于请旅客就座或请旅客注意列车与站台间缝隙等情况，动作要领如下。

（1）保持基本站姿。

（2）将右臂抬起，斜向下方，与身体成 45°，左手自然下垂或置于腹前。

（3）手掌在垂直于地面的基础上向上转，至手背与地面成 45°。

（4）目光朝向指尖所指方向，如图 7.6.1、图 7.6.2 所示。

图 7.6.1

图 7.6.2

（二）曲臂式

曲臂式引导手势用于请旅客往里面走的指引方向，或用于向旅客做礼貌性的介绍等情况，动作要领如下。

（1）保持基本站姿。

（2）将右臂抬起，上臂与身体成 15°，小臂与地面平行，左手自然下垂或置于腹前。

（3）手掌在垂直于地面的基础上向上转，至手背与地面成 45°。

（4）目光朝向右手指尖所指方向，如图 7.6.3、图 7.6.4 所示。

图 7.6.3

图 7.6.4

（三）高位式

高位式引导手势用于引导旅客上楼、上电梯，或向旅客示意处于高位的物品，动作要领如下。

（1）保持基本站姿。

（2）将右臂抬起，大臂与小臂成 120°，手腕与肩在同一高度，左手自然下垂或置于腹前。

（3）手掌在垂直于地面的基础上向上转，至手背与地面成 45°。

（4）目光朝向指尖所指方向，如图 7.6.5、图 7.6.6 所示。

图 7.6.5

图 7.6.6

训练二：演示手势

为了给旅客介绍高铁企业的促销活动，或向旅客普及高铁设施设备的使用和操作方法，或给旅客演示必要的安全逃生常识，乘务人员需要经常做演示服务，用演示手势配合语言进行表达。常用演示手势有展示物品手势与递接物品手势两种。

（一）展示手势

要将被介绍的物品正面面向旅客，让旅客有足够的观看时间。当四周旅客较多时，还需要变换不同的角度进行演示或多次演示。

展示小件物品时，可灵活采用以下三种方式：被人围观时应将物品举至高于双眼展示（见图 7.6.7）；给较近距离的旅客展示时，应上不过眼、下不过胸、左右不过肘（见图 7.6.8）；给较远距离的旅客展示时，应上不过眼、下不过胸，左右伸直过肘（见图 7.6.9）。注意，展示时不可挡住本人的头部。

图 7.6.7

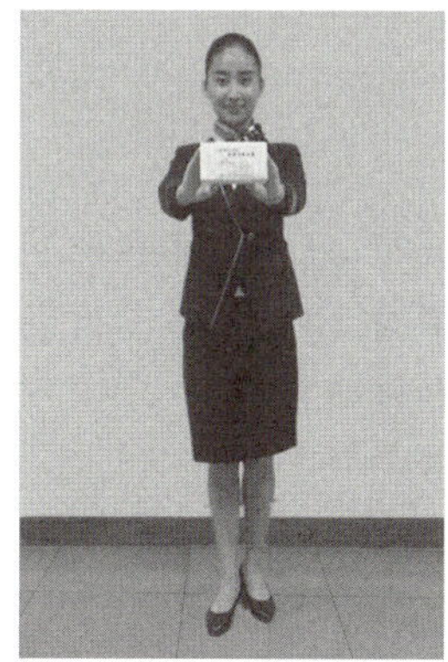

图 7.6.8

图 7.6.9

（二）递接手势

在递接物品时应面带微笑，采用走上前或前倾身体的方式表达出“主动”的意愿，然后用双手递接，表示对旅客的尊重，同时应注意方便旅客接物。

（1）递送单据给旅客时，用双手握住文件前端，字朝对方，齐胸送出；需要对方签字或着重阅读某个部分时，应着重指示给对方，同时用语言准确表达，如图 7.6.10 所示。

（2）递送笔或剪刀给旅客时，将手柄一端朝向对方，方便旅客接拿；若是尖锐锋利之物，需要用语言提醒旅客小心使用，如图 7.6.11 所示。

（3）接取旅客递来的物品时，应在对方递过物品后再去接取，而且应目视前方，双手接至齐胸高度，如图 7.6.12 所示。

图 7.6.10

图 7.6.11

图 7.6.12

在特殊情况下，无法用双手接取物品时，应该使用右手接取，绝对不能单用左手接取物品。

学习小结

站姿、坐姿、蹲姿、行姿、表情及服务手势是本项目的重点学习内容，是高铁乘务人员职业素质的重要表现形式，是衡量从业人员职业素养高低的重要指标，也是体现高铁企业服务质量的重要标准。

思考与练习

1. 简述站姿的具体要求，每天坚持 20 min 标准站姿训练。
2. 简述行姿的具体要求，每天坚持 20 min 标准行姿训练。
3. 简述蹲姿和坐姿的具体要求和注意事项。
4. 简述演示物品和递接物品手势动作要点。
5. 每天坚持 15 min 对镜笑容练习。

项目八

高铁乘务仪态美感训练

项目导读

高铁乘务员的仪态美感直接影响高铁服务的形象和质量，仪态美感的训练是通过瑜伽与普拉提的各项练习进行的，其目的是增进健康、美化体型、端正姿态。本项目是提高高铁乘务专业学生个人素质的重要项目之一，对学生优良素质的形成具有积极促进作用。

瑜伽是起源于古印度的哲学，我们现在所学习的瑜伽就是经它演变后的包括运动体操、心理调节、心智开发、个人卫生、健康饮食在内的一套健身法，是一项让人受益终生的完美运动。瑜伽的修行，可以促进身与心的平衡，通过对身体的保护逐渐使人更加自立和自信。因此，瑜伽训练是高铁乘务员仪态美感训练里必不可少的环节，通过瑜伽的训练，可以让高铁乘务员在日常工作中自然地传递出美感、热情与自信。普拉提更注重于身体机能的训练，用于纠正身体的站姿和平衡问题。普拉提以自然的方式运动，不仅可以使人恢复体能，更是一种能够积极影响生活各方面的个人身心合一、循序渐进的过程。

知识目标

1. 了解瑜伽和普拉提的呼吸方法。
2. 了解瑜伽的基本坐姿。
3. 熟练掌握书中介绍的瑜伽体位及普拉提训练方法。

能力目标

1. 通过瑜伽练习美化身形。
2. 通过瑜伽和普拉提练习调理身体健康状况。
3. 通过瑜伽和普拉提练习塑造自立和自信的品格。
4. 将瑜伽和普拉提训练中学到的美感、坚韧与柔性的特点，运用到日常工作中。
5. 熟记瑜伽和普拉提的训练动作，并将其合理运用。

任务一　女性乘务人员职业仪态美感训练

一、瑜伽调息与坐姿

训练一：瑜伽调息训练

瑜伽的“调息法”在梵语中用“Pranayama”表示，其中Prana是“生命之气”的意思，yama则是“控制”的意思。瑜伽的调息法通过有规律的吸气和呼气，以及有意识的屏息，刺激和按摩所有的内脏器官，进而唤醒潜藏在体内的能量（生命之气），使之得以保存、调理和提升。

（一）胸式呼吸

胸式呼吸是我们日常生活中最常用的呼吸方式，这种呼吸方式起伏的部位主要在胸部。深深吸气，感觉胸部隆起，腹部回收，然后缓缓呼气，向内、向下放松肋骨。情绪不稳定时做几个深缓的胸式呼吸，可以使心态平衡，经常练习胸式呼吸，可以帮助把体内的废气、淤气排出体外。

（二）腹式呼吸

腹式呼吸又称为横膈呼吸，这是一种简单有效、同时也是最安全的呼吸方式。练习腹式呼吸时可以平躺，也可以坐定，初练者可以将一手放在肚脐下方小腹的位置，来帮助感受呼吸时腹部的收缩，每次呼气，感觉小腹内收上提，肚脐贴近脊柱，尾骨也收进身体里。每次吸气，小腹隆起，感觉气体充满腹部，气息沉入肺底。吸气是自发的，不要为了小腹涨起而向上拱起腰背。如果感到憋气，是因为吸气时间太长而呼气时间太短，请恢复平常的胸式呼吸即可。

（三）完全瑜伽呼吸

完全瑜伽呼吸是瑜伽体系的一大基石，它教给练习者正确的自然调息法，具体包括3个阶段。

（1）呼气阶段：缓慢呼气，用收缩腹部的方法把气体赶出腹腔，当腹腔完全凹进体内时，开始缓慢地收缩肋骨，将体内剩余气体赶出胸腔，直到气体呼尽为止。

（2）屏息阶段：在腹腔和胸腔完全凹陷时停止呼吸，保持2～3 s。

（3）吸气阶段：先放松肋骨，让气体缓慢充满胸腔，尽量吸气最大限度地扩张胸膛，然后轻轻吸气，缓缓放松腹部，使腹部渐渐鼓起。

完全瑜伽呼吸法排出的二氧化碳是普通调息法的3倍以上。

（四）风箱呼吸

风箱呼吸的梵文名称是Bhastrika Pranayama。Bhastrika的意思是“风箱”，这种呼吸方式就像风箱借力将空气吸入和排出一样，空气通过鼻孔进入和排出肺部。

第一阶段：单鼻孔练习

（1）将食指和中指放在前额中央，把大拇指放在右鼻孔旁，无名指放在左鼻孔旁。

（2）用大拇指按住右鼻孔，用左鼻孔做节奏清晰、急速有力的腹式呼吸，让腹部连续地收缩和扩张 20 次。

（3）第 21 次呼吸时，用左鼻孔以完全瑜伽呼吸法吸气，然后闭住双鼻孔。

（4）屏息 3～5 s，缓缓解开所有收束，用喉呼吸方式，双鼻孔同时有控制地呼气。

（5）交换体位，用右鼻孔重复整个过程。

第二阶段：双鼻孔练习

（1）双手合十或放在两膝之上。

（2）用双鼻孔一起做 20 次节奏清晰、急速有力的腹式呼吸。第 21 次呼吸时用双鼻孔以完全瑜伽呼吸吸气，然后闭住双鼻孔。

（3）屏息 3～5s，缓缓解开所有收束，用喉呼吸方式，双鼻孔同时有控制地呼气。

（4）以仰卧放松姿势休息。

（五）圣光调息

圣光调息的梵文名称是 Kapalbhati Pranayana。Kapal 的意思是“头盖骨”、前额或智慧，Bhati 的意思是发光或者出众。

用鼻子做腹式呼吸，慢慢吸气，腹部涨起，呼气时感觉腹部向上提拉。重复 20～50 次。最后一次呼气时彻底呼出肺部空气，外悬息（即呼完气后不再吸气，保持屏息状态），做大收束法。解除大收束后，慢慢吸气。

训练二：瑜伽坐姿

（一）简易坐

简易坐又称安逸坐，是初学者最理想的一种坐姿。用这种坐姿，可以保持简单的调息或冥想。这个坐姿有利于膝盖、脚踝等关节的健康。它能增强两髋、两膝、两踝的灵活性，补养和加强腿部神经系统，减轻或消除风湿和关节炎。

练习方法：

（1）双腿并拢，向前伸直，弯起左小腿，把左脚放在右膝或右大腿下。

（2）弯起右小腿，右脚放在左膝或左大腿下，如果可以，尽量使脚心向上。

（3）双手掌心向下轻放在两膝之上。这个过程中，双腿可交换位置，继续保持，如图 8.1.1 所示。

图 8.1.1

（二）半莲花坐

半莲花坐是由简易坐向莲花坐的过渡形式，适用于柔韧性还不够好但是已经有一定的瑜伽基础的人群。这个坐姿能够放松脚踝、双膝和双腿肌肉。

练习方法：

（1）双腿并拢，向前伸直，弯起左小腿，把左脚放在右大腿上。

（2）弯起右小腿，右脚放在左大腿下。

图 8.1.2

（3）双手掌心向下轻放在两膝之上，如图 8.1.2 所示。

（三）全莲花坐

全莲花坐是瑜伽中最重要和最有用的体位之一，是最佳冥想坐姿。因为生理结构的原因，不是每个人都可以练习全莲花坐式，所以不要勉强身体。每次练习后请按摩双膝、双踝。

练习方法：

（1）坐在瑜伽垫上，双腿并拢，向前伸直。

（2）左脚脚心向上，尽量放在右大腿根部，脚跟抵住小腹右侧。

（3）右脚脚心向上，尽量放在左大腿根部，脚跟抵住小腹左侧。

（4）双手掌心向下轻放在两膝之上，如图 8.1.3 所示。

（5）交换双腿的顺序，重复练习。

（四）至善坐

至善坐又称高僧坐，在某种程度上，这是比全莲花坐更重要的瑜伽坐姿。《哈他瑜伽导论》中指出："在 84 个瑜伽体位中应该经常练习至善式，它纯净了 72 000 条经络。"

练习方法：

（1）坐在瑜伽垫上，双腿并拢，向前伸直。

（2）屈左膝，左脚跟抵住会阴，脚底抵住右大腿，屈右膝，右脚脚趾插入左大腿和小腿间，右脚跟和左脚跟放在一条直线上，右脚跟抵着耻骨，双手自然置于膝上，如图 8.1.4 所示。

（五）金刚坐

金刚坐又称"正跪坐"或"钻石坐"，是瑜伽练习者要掌握的一个重要姿势。如果其他坐姿感到腿部麻痛，即可换成跪坐，缓解疼痛。

练习方法：

（1）双腿并拢跪地。

（2）臀部坐在双脚脚后跟上。

（3）放松肩部，收紧下巴，挺直腰背。

（4）双手平放在大腿上，如图 8.1.5 所示。

图 8.1.3

图 8.1.4

图 8.1.5

二、美臂训练

训练一：瑜伽热身——拜日式

拜日式，也称“祈祷式”“向太阳致敬式”。严格来说，拜日式并不算一种体位法，而是一连串配合呼吸进行的缓和动作，之所以放在美臂训练里，是因为拜日式第一式就练习到双臂，也是所有瑜伽体位练习的一个热身动作。因此在练习这些姿势时，也要注意呼吸的节奏。最好每天能重复做 6～12 次。

练习方法：

（1）祈祷式：站立，一边吐气一边把双手放到胸前合掌，平缓呼吸，全身放松，如图 8.1.6 所示。

（2）脊柱后弯式：吸气，手臂往后伸直，放在耳朵两侧，上半身向后仰，臀部往前推，如图 8.1.7 所示。

（3）增延脊柱伸展式：吐气，双手抱住小腿，头尽量贴近膝盖，如图 8.1.8 所示。

图 8.1.6

图 8.1.7

图 8.1.8

（4）新月式：吸气，右腿尽量往后伸，双手撑于两脚外侧，脊柱后弯，头部后仰，如图 8.1.9 所示。

（5）顶峰式：吐气，左脚往后撤一大步，双膝并拢，将双肩下压，尽量让全脚掌触地，如图 8.1.10 所示。

（6）八体投地式：慢慢弯曲手肘，双膝放在地面上，胸部下颌贴于地面，如图 8.1.11 所示。

（7）眼镜蛇式：吸气，臀部往前推，头向后仰并扩胸，呈眼镜蛇式，如图 8.1.12 所示。

图 8.1.9

图 8.1.10

图 8.1.11

图 8.1.12

（8）顶峰式：吐气，手脚不动，臀部尽量往上推，呈倒“V”字，如图 8.1.10 所示。

（9）新月式：吸气，跨出右脚并放在两手间，眼睛往前看，如图 8.1.9 所示。

（10）增延脊柱伸展式：吐气，把左脚往前收，膝盖伸直，额头紧贴膝盖，如图 8.1.8 所示。

（11）脊柱后弯式：吸气，全身尽量往后伸展，如图 8.1.7 所示。

（12）祈祷式：吐气，恢复站姿，双脚并拢，双手垂于身体两侧。深吸一口气，回到祈祷式，如图 8.1.6 所示。

训练二：海狗变化式

（一）功效

美化手臂线条，消除手臂多余赘肉，紧实手臂肌肉，并柔软肩关节与膝关节，腰部亦可同时受到按摩，且强化肝肾。在炎热季节穿短袖制服时，不会因为“蝴蝶袖”的显露给乘客造成不良印象。

（二）练习步骤

（1）长坐，腰背挺直，做深呼吸，如图 8.1.13 所示。

（2）弯曲左腿，脚后跟抵住裆部，右腿往后方拉开，尽量伸直，如图 8.1.14 所示。

（3）右腿向上弯曲，双手同时抓住右脚掌，吸气，右脚缓慢地往外侧推开，吐气，直到手臂有伸展拉近的感觉，停留，做深呼吸，如图 8.1.15 所示。

图 8.1.13

图 8.1.14

图 8.1.15

（4）恢复起始姿势，换另一个方向重新开始。

（三）练习建议

每次重复练习 3～5 次，每次停留最少保持 7 s。整个过程中保持呼吸顺畅，双腿需要找到平衡点。

训练三：牛脸式

（一）功效

预防脂肪在手臂堆积，使手臂纤细；预防肩周炎，消除肩颈僵硬，增加盆骨与膝关节的弹性；预防失眠，解除疲劳与压力。由于乘务员的工作性质，会有久坐、久站的可能性，肩颈病已经越来越年轻化、严重化，此动作对手臂、肩颈、盆骨、膝关节的锻炼恰好能缓解久坐、久站带来的亚健康隐患。

（二）练习步骤

（1）单脚跪立，深呼吸，如图 8.1.16 所示。

（2）双膝弯曲，右脚在下，两腿交叉，左脚踩在右大腿外侧，如图 8.1.17 所示。

图 8.1.16

图 8.1.17

（3）左手由上方绕过背后，与右手在背后相握，停留数秒，深呼吸，如图 8.1.18、图 8.1.19 所示。

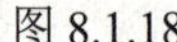
图 8.1.18

图 8.1.19

（4）还原，调息；换另一边重复动作。

（三）练习建议

每次练习 3～5 次，每次保持 5～10 s，意识要集中于手臂肌肉，体验肌肉因牵引而产生的紧实与微酸感。初学者不能两手相握的，可保持最大限度或者用毛巾连接双手。

训练四：鹫变化式

（一）功效

纤细手臂，灵活肘、腕和肩关节，矫正驼背。此动作对驼背有较好矫正作用，驼背对乘务员来说是第一大禁忌，无论男性还是女性，所以此动作同样适用于男性来进行锻炼。

（二）练习步骤

（1）金刚坐姿，在身体前方弯曲双臂，右手在上，左手在下，右肘压住左肘，如图 8.1.20 所示。

（2）双手手腕相绕，双手相扣，如图 8.1.21 所示。

（3）吸气，头部缓缓后仰；呼气，手臂尽量往后伸送，保持数秒，如图 8.1.22 所示。

（4）还原，吸气，抬头翘下巴。恢复金刚坐姿，然后换另一边重复动作。

图 8.1.20

图 8.1.21

图 8.1.22

（三）练习建议

每次练习 5～10 次，练习过程中要将注意力集中在手臂上，强化手臂的机能。

三、美胸训练

训练一：云雀式

（一）功效

促进全身血液循环、加快人体新陈代谢。扩胸可柔软僵硬的颈部，训练平衡感，调整自律神经。对月经不调、怕冷症状有很大的改善调理作用。这个动作特别针对女性而设置，女性的身体生理周期对工作状态有直接影响，通过云雀式训练，能够将女性身体状态调整到最佳水平。

（二）练习步骤

（1）金刚坐姿，深呼吸，如图 8.1.23 所示。

（2）弯曲左脚，脚跟置于会阴部下，右脚尽量往后伸直，如图 8.1.24 所示。

（3）深呼吸，感到平衡之后，两手向两侧伸直打开，如图 8.1.25 所示。

（4）吸气，上身尽量往后仰，到达极限位置，吐气。停留做深呼吸，感觉自己像小鸟一样飞翔，如图 8.1.26 所示。

图 8.1.23

图 8.1.24

图 8.1.25

图 8.1.26

（5）还原。换另一边重复完成动作。

（三）练习建议

每次练习 3～5 次，每次停留至少 5 s。动作完成时，如果重心不稳，可先止息，再后仰，使重心稳定下来，再保持顺畅的呼吸。

训练二：伸展式

（一）功效

健美胸部，矫正驼背，提气养神。

（二）练习步骤

（1）双脚分开约 1.3 m，双手在身体两侧展开，双脚位于手掌正下方。盆骨正直，处于中心，以保持稳定的姿势，调整呼吸，如图 8.1.27 所示。注意，不要塌腰站立。

（2）呼气，手指在身后交叉；吸气，拉长腹部，挺胸；双手离开臀部向上抬，两眼向上看天花板，如图 8.1.28 所示。

图 8.1.27

图 8.1.28

（3）呼气，身体向前向下，头顶置于双脚之间的地板上。肩部放松，尽量让双手在身后向下方压，保持手臂伸直。如果头部够不着地面，就保持在自己的最大限度，如图 8.1.29 所示。

（4）呼气，抬头，身体向前弯并伸展出去，用拇指和食指钩住大脚趾。吸气，轻轻拉起大脚趾，挺胸，伸直脊椎，向前看，如图 8.1.30 所示。

（5）呼气，向下弯腰，头顶接触地面。肩部放松，与地面平行。吸气，轻轻拉起大脚趾并伸直脊椎，头一直放在地面上，保持呼吸 5 次，如图 8.1.31 所示。

图 8.1.29

图 8.1.30

图 8.1.31

（6）吸气，抬头，翘下巴，身体缓慢抬起，恢复起始姿势。

（三）练习建议

每次做 5～10 次，每回停留 5～10 s，尽量扩胸。第（4）步时，脊椎不要拱起，腿要尽可能伸直。第（5）步时，要尽量使大臂和小臂成一个直角。

训练三：跪式后弯成圈

（一）功效

预防乳房下垂，解除胸部压力，美化胸部线条。通过跪式后弯成圈动作的练习，让我们将女性独有的魅力展现得淋漓尽致。

（二）练习步骤

（1）跪在地板上，双膝双脚并拢，脚掌向上，屁股坐在脚后跟上，手轻轻放在大腿上，如图 8.1.32 所示。

（2）双手在身后握紧。吸气，舒展肩膀和胸部，向上看，脊椎弯成弧形，如图 8.1.33 所示。

图 8.1.32

图 8.1.33

（3）呼气，向前俯身，前额触地板，保持面部放松。注意，向前俯身时，臀部一定要落在脚后跟上，如图 8.1.34 所示。

（4）手指尖向后按压在地板上，在身后一点一点地轻移。吸气，弯曲后背，抬胸。呼气，慢慢把头向后仰，向上看天花板。此时想象胸部中心的肋骨被拉向屋顶，保持该姿势呼吸 5 次，如图 8.1.35 所示。

（5）吸气，抬臀，轻柔地从前额着地，移到头顶着地，同时向上抬起手臂，双手握紧。此时双臂伸直，尽量保持与颈部在一条直线上，向上抬起臀部，保持该姿势，呼吸 5 次，如图 8.1.36 所示。

图 8.1.34

图 8.1.35

图 8.1.36

（三）练习建议

每次练习 6 次，练习中保持呼吸平稳，此动作有前俯也有后仰，宜缓慢为之，不要心急，切勿扭伤脖颈。

四、美腰训练

训练一：膝立侧弯式

（一）功效

调整不正的脊椎，增强腰部线条，改善血液循环不良的现象，是全身性的减肥动作。经常练习还可以刺激肾脏荷尔蒙分泌，美化皮肤。

（二）练习步骤

（1）金刚跪姿，后背挺直，深呼吸，如图 8.1.37 所示。

（2）吸气，右脚往右侧伸直，吐气，双手向头上方伸直互握，掌心向上，如图 8.1.38 所示。

（3）吸气，上身慢慢向右侧侧弯，吐气，停留，调息，如图 8.1.39 所示。

（4）还原，深呼吸，换另一边重复动作。

图 8.1.37

图 8.1.38

图 8.1.39

（三）练习建议

每次练习 3～5 次，练习时，将意识放在手臂、肋骨和腹部。侧弯时盆骨一定要正，不可歪斜。此动作的重点是上手臂与肋腹部的牵引，而不是侧弯的程度。

训练二：转躯触趾式

（一）功效

减少腰部赘肉，柔软腿部韧带，挤压按摩腹部，对消化系统有益。

（二）练习步骤

（1）双腿分开，达到极限位置，双臂打开，侧平举，吸气，如图 8.1.40 所示。

（2）呼气，上身向左侧扭转并俯身前倾，右手触摸左脚趾，左臂向后伸送，头部尽量向后扭转，眼睛去看左手，如图 8.1.41 所示。吸气，还原。

（3）呼气，转向右侧，如图 8.1.42 所示。重复上述动作。

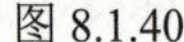
图 8.1.40

图 8.1.41

图 8.1.42

（三）练习建议

每次练习 10 次，每次停留 5～10 s，在呼气时，以腰为中心，向不同方向扭转。

训练三：扫地式

（一）功效

活动腰椎，减少腰部脂肪，伸展并放松背部肌肉，活动脊柱。

（二）练习步骤

（1）双腿分开，略比肩宽，吸气，双臂上伸，如图 8.1.43 所示。

（2）呼气，上身向左侧 45° 方向前倾，保持腰背平直，如图 8.1.44 所示。

（3）前倾到极限，双手扶地，如果无法够着地，双臂自然下垂也可，如图 8.1.45 所示。

图 8.1.43

图 8.1.44

图 8.1.45

（4）上身和双臂横移到右侧，吸气，如图 8.1.46 所示。

（5）呼气，双臂伸直，和上身一起沿右侧 45° 方向抬起，如图 8.1.47 所示。

（6）还原到起始姿态。

（7）反方向再做一遍。

图 8.1.46

图 8.1.47

（三）练习建议

每天练习 6 次，练习时注意膝盖不要弯曲，了解自己腿部柔韧状态，根据自身情况练习，不要勉强。

五、美腹训练

训练一：船头式

（一）功效

增强腹肌和腰背力量，强化肝脏和肾脏功能。

（二）练习步骤

（1）长坐，双腿并拢向前伸直，调整呼吸，如图 8.1.48 所示。

（2）双手交叉扶于颈后，吸气，双腿抬起来，离地 60 cm，身体形成“V”形。自然地呼吸 10～20 s，如图 8.1.49 所示。

（3）呼气，慢慢还原。

图 8.1.48

图 8.1.49

（三）练习建议

每次练习 6 次，将意识放在腹部，尽自己的体力施力，尽量多停留几秒，让腹部、腰部多用力，充分燃烧脂肪。

训练二　单手骆驼式

（一）功效

消除腹部赘肉，矫正驼背，消除腰酸背痛，美化手臂及身体线条，防止下半身肥胖；亦可刺激肠胃，增强消化功能，并解除胸口郁闷，促进心肺功能。

（二）练习步骤

（1）跪立挺直腰杆，深呼吸。吸气，双膝打开与肩同宽，吐气，如图 8.1.50 所示。

（2）吸气，腰、臀往前推，上身放松，右手抓右脚，吐气，左手向后方伸直，停留做深呼吸。初练者可踮脚尖练习，如图 8.1.51 所示。

（3）练习较久之后，后弯柔软度足够了，可脚背着地练习，如图 8.1.52 所示，方法同步骤（2）。

（4）还原，换手做。

（三）练习建议

每天练习 3～5 次，练习时将臂部向前顶，收紧小腹，持续一个月就可以告别腹部脂肪，迎来一个平坦的小腹。

图 8.1.50

图 8.1.51

图 8.1.52

训练三：推展式

（一）功效

强化腹部力量，挤压、按摩腹部，助消化，强化肾脏功能。

（二）练习步骤

（1）长坐，双腿向前伸直，调整呼吸，如图 8.1.53 所示。

（2）吸气，屈双腿、双肘，大腿尽量贴胸，以臀部为支撑点，如图 8.1.54 所示。

（3）呼气，上身后仰，双臂向前推直，双腿也伸直，身体呈“船式”，头和脚离地约 30 cm，如图 8.1.55 所示。

（4）如此反复，共做 12 次一组。

图 8.1.53

图 8.1.54

图 8.1.55

（三）练习建议

每天练习 8 组，将意识放在腹部，尽自己的体力施力，并勉强多停留几秒，让腹部、腰部多用点力，对燃烧脂肪很有效果。

六、美臂训练

训练一：单脚蝗虫式

（一）功效

塑臀、提臀效果佳，亦可调理肝、肾、胰，还能健肺，预防腰痛，强化消化，紧缩大腿肌肉。

（二）练习步骤

（1）俯卧，两手向下伸直，手心向上，两腿并拢伸直，下颌贴地，做深呼吸，如图 8.1.56 所示。

（2）吸气，同时将左腿举高到自己极限范围，停留，深呼吸保持数十秒，如图 8.1.57 所示。

（3）吸气，缓慢放下左腿，还原。

（4）换另一边重复动作。

图 8.1.56

图 8.1.57

（三）练习建议

每次练习 5～10 次，每次停留 10 s 左右，一定要感觉臀肌有酸痛感，膝盖不能打弯，腿必须笔直抬高，手不要给大腿施加助推力量。

训练二：头顶轮式

（一）功效

紧实臀肌，预防臀肌下垂，强化腿部力量，并且刺激头顶穴道，按摩头部，使头脑清醒，增强记忆力。

（二）练习步骤

（1）平躺，深呼吸，如图 8.1.58 所示。

（2）双腿打开，与肩同宽，双膝弯曲，将足跟拉近臀部，如图 8.1.59 所示。

图 8.1.58

图 8.1.59

（3）双手反撑于耳朵旁，吸气，臀部往上推，如图 8.1.60 所示。

（4）吐气，头后仰，头顶地，如图 8.1.61 所示。

（5）重心稳定后，用手抓住双脚脚踝，收腹、夹臀，停留做深呼吸，如图 8.1.62 所示。

（6）慢慢还原，调息。

图 8.1.60

图 8.1.61

图 8.1.62

（三）练习建议

每次做 2～4 次，每次停留 5～8 s，因为头顶地时会刺激头部穴位，有刺痛感是正常的，但是如果感到明显眩晕和不适，应尽快停止练习。动作过程中，一定要保持呼吸顺畅，不要憋气。

训练三：舞者之王

（一）功效

提高臀位线，收紧腰、腹、臀部肌肉，强化腿部力量和平衡能力。

（二）练习步骤

（1）直立，调整呼吸，如图 8.1.63 所示。

（2）吸气，屈右腿，向后抬，右手抓住右脚，左臂向上伸直，如图 8.1.64 所示。

（3）呼气，右手拉起右脚向上伸展，左臂前伸维持平衡，保持 20 s，自然地呼吸，如图 8.1.65 所示。

（4）呼气，还原到步骤（2）的姿势，再回到站姿。

（5）换一边重复动作。

图 8.1.63

图 8.1.64

图 8.1.65

（三）练习建议

每次练习 3～5 次，每次停留 20 s，若有重心不稳的现象，可分解动作，一旦重心稳后，要注意保持呼吸顺畅，整个人要有重心上移的感觉。

训练四：直角侧抬腿式

（一）功效

收紧臀肌，强化臀部外侧肌肉，减少髋部、腰部赘肉。

（二）练习步骤

（1）跪撑，呈小动物爬行姿势，双手、双膝着地，上身同大腿成直角，大腿同小腿成直角，如图 8.1.66 所示。

（2）吸气，右腿抬起来，膝盖同臀部保持水平，大腿和小腿成直角，如图 8.1.67 所示。

（3）呼气，大腿保持不动，小腿向外侧伸直，此时左腿同地面平行，如图 8.1.68 所示。

（4）左腿落下，还原成跪撑姿势，换腿再重复动作，如此反复，一组 6 次。

图 8.1.66

图 8.1.67

图 8.1.68

（三）练习建议

每天重复练习 6 次，直到腿部、臀部有酸感，有足够体力时越酸越好，当然，在保证动作规范前提下也不要太勉强。

七、美腿训练

训练一：身印式

（一）功效

瘦大腿，美化腿型，促进血液循环，预防骨神经痛，预防腿部抽筋，改善下半身寒冷症。

（二）练习步骤

（1）长坐，腰背挺直，深呼吸，如图 8.1.69 所示。

（2）吸气，右膝弯曲，右脚背放在左大腿上面，如图 8.1.70 所示。

（3）吐气，身体缓慢向前倾，双手抓住左脚掌，停留数秒，深呼吸，如图 8.1.71 所示。

（4）吸气，抬头翘下巴，缓慢起身，还原长坐。

（5）换另一边重复动作。

图 8.1.69

图 8.1.70

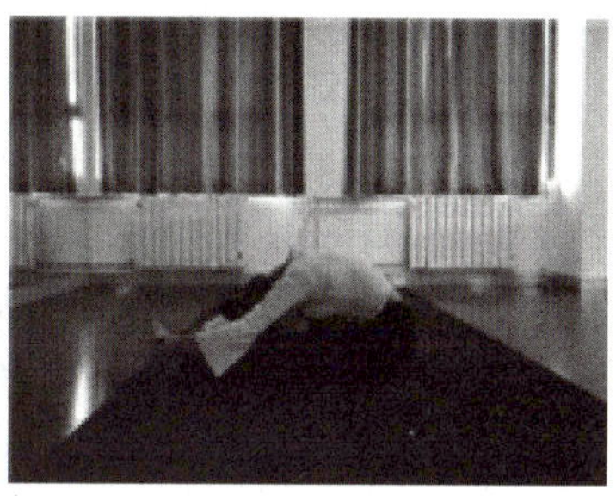
图 8.1.71

（三）练习建议

腿部若比较僵硬，弯不下去，不要强行下弯，保持在自己最大限度即可，只要感受到伸直的后侧腿筋有紧实感，就达到了练习的效果，切记不要因为疼痛而弯曲膝盖。

训练二：虎式

（一）功效

美化膝盖与腿部，强化膝关节，防止臀部下垂或下半身肥胖，可调整体质，防止寒冷症。

（二）练习步骤

（1）双膝着地，双手分开，与肩同宽，置于前方地面，像小动物爬行姿势，深呼吸，如图 8.1.72 所示。

（2）吐气，将背部弓高，右膝尽量向头部方向伸，头尽量向右膝盖方向缩，吸气，停留数秒，深呼吸，如图 8.1.73 所示。

（3）吸气，右脚向后方拉开，伸直，腰部放松往下陷，头尽量抬高往上看，停留数秒，做深呼吸，如图 8.1.74 所示。

图 8.1.72

图 8.1.73

图 8.1.74

（4）还原，换另一边重复动作。

（三）练习建议

每次至少重复练习 6 次，直到腿部有酸痛感，只要体力允许，练习越多越好，酸痛感越强效果越好。做步骤（2）时，背部要尽量弓高，使额头靠近膝盖；做步骤（3）时，腰部下陷，腿部抬高，不能弯曲。

训练三：V字平衡式

（一）功效

伸展腿部肌肉、韧带，减少腿部、髋部脂肪，增强腹肌和腰背肌的力量和平衡感。

（二）练习步骤

（1）长坐，双腿向前伸直后，调整呼吸。吸气，弯曲双腿，双手抱脚，如图 8.1.75 所示。

（2）呼气，同时慢慢伸直双腿，尽量贴近身体，同时脊背挺直，收紧腹部，如图 8.1.76 所示。

（3）慢慢放下双腿，还原长坐姿势。

图 8.1.75

图 8.1.76

（三）练习建议

如果体力足够，应该多多练习，直到出现酸痛感才会有效果，不要半途而废。

训练四：蹲式

（一）功效

强化大腿肌肉和膝关节，并收紧臀部，强壮子宫肌肉。

（二）练习步骤

（1）两腿分开，两脚相距 60 cm，脚尖向外，双手在前，掌心向上，十指交叉，放松双肩，挺直后背，调整呼吸，如图 8.1.77 所示。

（2）吸气后，在缓慢呼气时，身体慢慢下蹲 30 cm，如图 8.1.78 所示。

图 8.1.77

图 8.1.78

（3）吸气，直立还原。

（4）呼气，再慢慢向下蹲 60 cm，如图 8.1.79 所示。

（5）吸气，直立还原。

（6）呼气，蹲到自己的最大限度，如图 8.1.80 所示。

（7）吸气，直立还原。

图 8.1.79

图 8.1.80

（三）练习建议

做这个动作时，下蹲要缓慢，保持呼吸顺畅，背部挺直，不要塌腰弓背，臀部不要撅起。

训练五：神猴式

（一）功效

伸展腿部后侧肌肉和韧带，美化腿部线条，调整骨盆。

（二）练习步骤

（1）左腿跪于地上，右腿屈膝成弓步，双手于右脚两侧扶地。

（2）将上身重心移到右腿上，将左腿伸直于地面，如图 8.1.81 所示。

（3）上身的重心收回，让脊背垂直于地面，双臂回到身体两侧，双手撑地，再缓慢地将右腿伸直，如图 8.1.82 所示。

（4）将双手在胸前合十，保持 20 s，自然而深远地呼吸，如图 8.1.83 所示。

图 8.1.81

图 8.1.82

图 8.1.83

（5）换腿重复动作练习。

（三）练习建议

每次练习 3～5 次，停留 20 s，练习时要量力而行，不要勉强，以免拉伤腿筋。初学者可用一腿弯曲的方式练习，待腿筋弹性好后再采取劈腿方式。

【特别提示】

瑜伽体式经历了数世纪的发展演变，对于没有基础的高铁乘务专业学生来说，是非常有必要的一项训练，此部分瑜伽动作主要针对女性乘务员设定。瑜伽训练一定要量力而行，循序渐进，每一式都要求动作标准、配合呼吸，瑜伽虽然是令人轻松愉快的运动，但是不能率性地随意为之，若不按规范要求进行练习，可能会对身体造成伤害，只有从简到繁、从易到难，才能逐渐体会到瑜伽给我们身体带来的启发，最终追求体态美感与心灵的安宁。

任务二　男性乘务人员职业仪态美感训练

一、普拉提呼吸方法

普拉提是为了改善“一战”中被关押在狱中的人糟糕身体状态而发明的锻炼方法，因此特别适合身体素质较差和没有运动基础的人练习，它的适应性和多样性使之成为一种所有人都可以选择的锻炼方式，此部分介绍的普拉提动作主要针对男性乘务员来设定，通过普拉提动作的锻炼，不仅可以增强体质、锻炼深层肌肉、改善身体柔软度，还能够为高铁乘务专业的学生塑造一个美好的体态特征。

普拉提最早用于运动机能的恢复治疗，呼吸和运动的配合是普拉提训练法的核心，普拉提强调的是人的呼吸对人体运动的影响。学会普拉提的前提是学会呼吸，普拉提的呼吸与我们日常的呼吸正好相反，它要求运动者在呼气的时候运用腹部的肌肉。吸气时，氧气被吸进肺中，然后进入血液，被输送到全身。因此，每天在锻炼中花时间做几次满肺呼吸，能起到抗压作用。

普拉提呼吸是一种有意识的呼吸，它有助于掌控突如其来的压力和感情。普拉提所教的是避免腹腔扩张的侧胸腔呼吸，它的目的是使用胸部或背部的肌肉来侧面扩张胸腔，从而为肺提供足够的空间来膨胀。

训练一：鼻吸口呼

鼻吸口呼，每一个动作都与呼吸相配合，避免出现屏气。当呼气时，横膈膜上升，牵拉腹部肌肉，有利于脊柱拉伸。这种呼吸方法能够让人确定中心，保持平衡，稳定动作。

训练二：横向呼吸法

将双手置于胸腔两侧肋骨的位置，吸气时，胸腔像个笼子一样横向扩张，并有一点向上提升，尽量保持腹部不要向外涨起；呼气时，感觉胸腔横向收缩并下沉回去，肺气应当完全排空，腹部应当最大限度收缩。

训练三：深呼吸

吸气时保持规律而深沉的方式，呼气时采用有意识和主动的方式，不要屏气。呼气过程中，借助自己的腹肌，就像是腹肌通过收缩将空气排出一样。

训练四：规律呼吸

练习缓慢地吸气和呼气，身体任何一个部位都不要动。呼吸通过自然的方式、规律的节奏来进行，腹部和胸腔的动作不要太夸张。

【特别提示】

若初学者在完成动作的过程中，无法与要求的呼吸提示相配合，那就采取自然呼吸。不要在用力时出现下意识的屏气，这样会造成“低血压”现象，严重者会伴随头晕、恶心等现象。

二、健臂训练

训练一：侧伸展

这组动作属于热身动作，简单热身后可促进血液循环，增加身体的含氧量，为接下来的运动做充分的准备。

（一）练习目标

紧实双臂，强化腰部肌肉力量，调节脊椎神经，运动和按摩内脏器官，消除肠胃不适，消除心理焦虑，释放压力。

（二）练习建议

手臂越过头部下压时，切勿将盆骨抬离地面。想象腰侧和大腿之间夹住一个小球。这组动作要保持呼吸的稳定，尽量不要屏气。

（三）呼吸

开始坐姿保持自然呼吸。吸气，两手打开，呼气，身体慢慢向两侧弯曲，动作过程中应保持呼吸顺畅，最后吸气还原。

（四）动作分解

（1）吸气，坐姿，两腿自然交叉，双手一字打开，掌心朝下，如图 8.2.1 所示。

（2）呼气，慢慢地向左侧弯腰，左手手掌贴地，以小臂扶地，右臂伸直下压，感觉右臂和腰侧肌肉的伸展，如图 8.2.2 所示。

（3）保持呼吸顺畅，不要憋气，脊椎慢慢伸直恢复到开始时的坐姿，双手自然落于膝上，如图 8.2.3 所示。

图 8.2.1

图 8.2.2

图 8.2.3

训练二：肱三头肌拉伸

肱三头肌是一块位于手臂后侧的肌肉，由内侧头、外侧头、长头组成。

（一）练习目标

通过肱三头肌的拉伸放松手臂后部。

（二）练习建议

肩膀不要蜷缩，双肩下沉。每个手臂保持拉伸 15～20 s。

（三）呼吸

抬起胳膊时深吸气，开始拉伸时慢呼气。和每种静态拉伸一样，保持平静而深远的呼吸很重要。

（四）动作分解

（1）站立，上身笔直，两脚并拢，如图 8.2.4 所示。

（2）向上抬起右手臂，然后在头部附近将肘部折叠，手垂在背上，如图 8.2.5 所示。

（3）用左手抓住右肘，慢慢按压，从而有利于拉伸，如图 8.2.6 所示。

（4）恢复起始姿势，然后换手臂，重复练习。

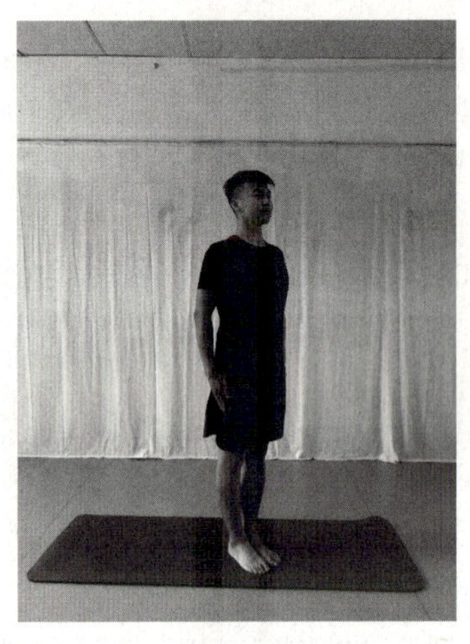

图 8.2.4

图 8.2.5

图 8.2.6

训练三：反向平板撑

反向平板撑是平板支撑的变形动作，对臂力、腹肌要求较高。

（一）练习目标

增强腹肌、上手臂和腿的力量，改善平衡。

（二）练习建议

背部保持挺直，颈部在颈椎延长线上。静态的身体要呈一条直线，避免扩张胸腔，可采用腹部呼吸方法。每侧重复练习 4 次。

（三）呼吸

吸气，盆骨抬起；呼气，吸气；呼气抬腿；再吸气，将腿收回；平静呼气，回到起始姿势。

（四）动作分解

（1）长坐，双腿向前并拢绷直，双后放在身后距盆骨 30 cm 处，手指朝向盆骨，如图 8.2.7 所示。

（2）收缩腹肌和臀肌，抬起盆骨，如图 8.2.8 所示。

（3）把右腿抬起到 90°，盆骨保持不动。如果不能达到 90°，就降低抬腿度数，如图 8.2.9 所示。

（4）回到起始姿势，然后换腿，重新练习。

图 8.2.7

图 8.2.8

图 8.2.9

三、健背训练

训练一：背阔肌拉伸

背阔肌是一块宽大的肌肉，从肩后部延伸至脊柱中部。这个动作与脊柱拉伸动作搭配使用，有利于背部全面的伸展。

（一）练习目标

保持背部笔直，塑造挺拔的背部紧实感。

（二）练习建议

尽可能向上拉伸手臂，但不要挺胸，一旦身体前倾，就要轻轻以膝盖为支撑，以便更好地拉伸背阔肌。保持拉伸 15～20 s，重复练习两次。

（三）呼吸

抬起手臂时深呼吸；在手臂的整个下降过程中，尽量采用一种缓慢而绵长的呼吸方式；一旦处于静止姿势，则平稳地呼吸。

（四）动作分解

（1）站立，上身笔直，双脚并拢，如图 8.2.10 所示。

（2）双臂高举过头，手掌相对，肩部下沉，如图 8.2.11 所示。

（3）身体向前倾，背部保持笔直。让上身一直下降到和双腿成直角，手臂贴着耳朵，保持伸直。保持静态姿势并呼吸保持拉伸 5～10 s。手臂是动态的，就像有两根无形的绳子在往前拉一样，如图 8.2.12 所示。

（4）回到起始姿势，重复练习 5 次。

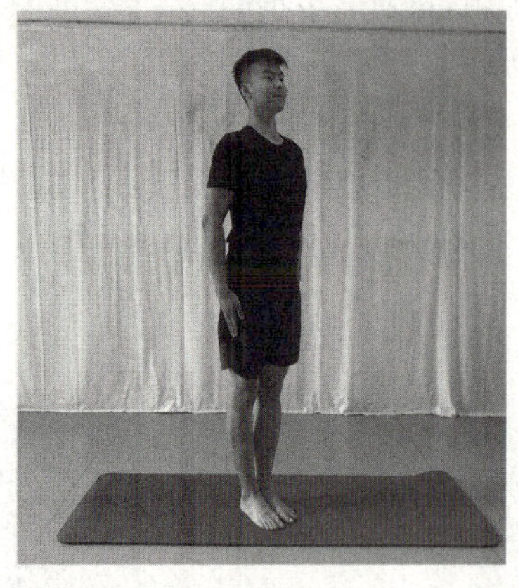
图 8.2.10

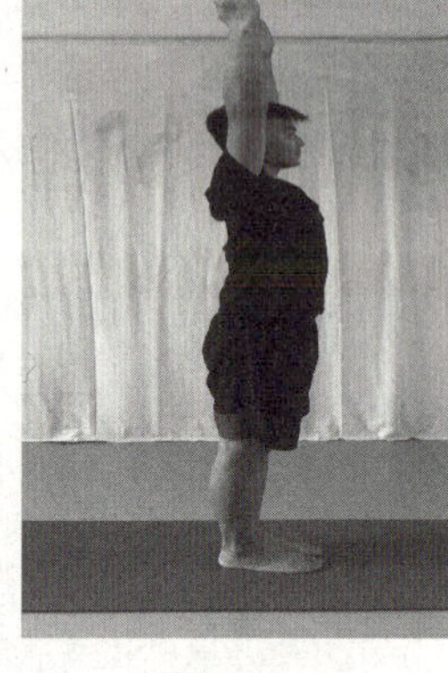
图 8.2.11

图 8.2.12

训练二：脊柱拉伸

脊柱被称为脊椎的骨关节的堆积，它支撑起身体骨骼。这个动作用于舒缓运动带给脊柱的压力。

（一）练习目标

拉伸整条脊柱，减轻锻炼过程中的背部压力。每次运动结束后都推荐此项练习来舒缓。

（二）练习建议

坐在骨盆后方的骨头上，一块脊椎一块脊椎地缓慢拉伸。双腿不要弯曲，初学者不要为了够到脚趾而使动作变形。每次保持拉伸 15～20 s，每组练习 4 次。

（三）呼吸

起身时，最大限度地吸气；向前倾时呼气；静态时，沉稳地呼吸。

（四）动作分解

（1）长坐，上身笔直，双腿分开，与肩同宽，脚趾勾起，如图 8.2.13 所示。

（2）最大限度地挺直上身，从下向上拉伸脊柱。

（3）伸出双臂，与腿平行，手心向下，如图 8.2.14 所示。

（4）背部向前弯曲，尽量使手够到脚尖，如图 8.2.15 所示。

（5）保持静姿，保持呼吸，持续 10～15 s。

（6）慢慢展开背部，吸气，回到长坐姿势。

图 8.2.13

图 8.2.14

图 8.2.15

训练三：游泳

这个动作主要练习背部伸肌，人们把背部伸肌称为能够让脊柱伸展的肌肉。

（一）练习目标

增强背部伸肌，它能够拉伸脊柱、手臂和腿，能够增加胯部柔软度和上身的稳定性。

（二）练习建议

最大限度地拉伸双臂和双腿，收缩腹肌和臀肌。

（三）呼吸

每次伸直上身、手臂和腿时呼气，回到起始姿势时吸气。

（四）动作分解

（1）俯卧，双腿伸直分开，与胯同宽，双臂在头部上方伸直，紧贴双耳，前额贴在地上，如图 8.2.16 所示。

（2）拉伸上身，同时抬起左臂和右腿，如图 8.2.17 所示，然后回到起始姿势。

（3）拉伸上身，同时抬起右臂和左腿，如图 8.2.18 所示，然后回到起始姿势。

（4）拉伸上身，同时抬起双臂和双腿，如图 8.2.19 所示，然后回到起始姿势。

（5）重复练习 4 次。

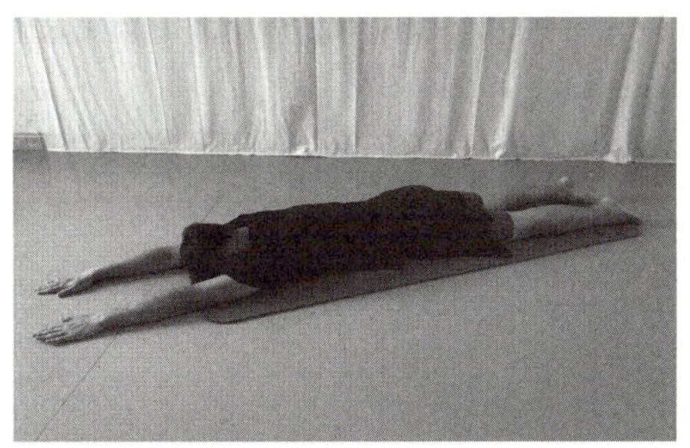

图 8.2.16

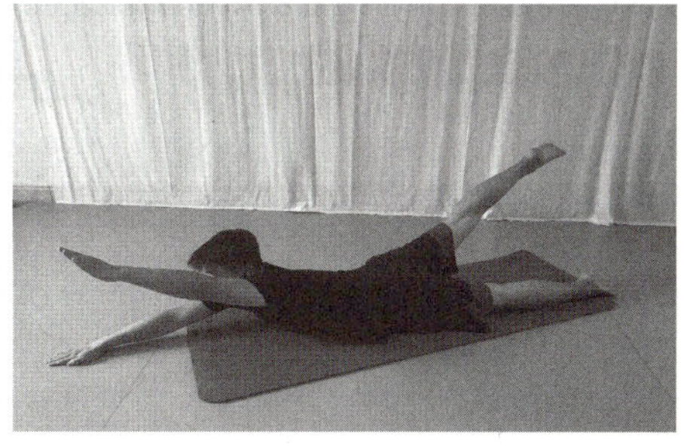

图 8.2.17

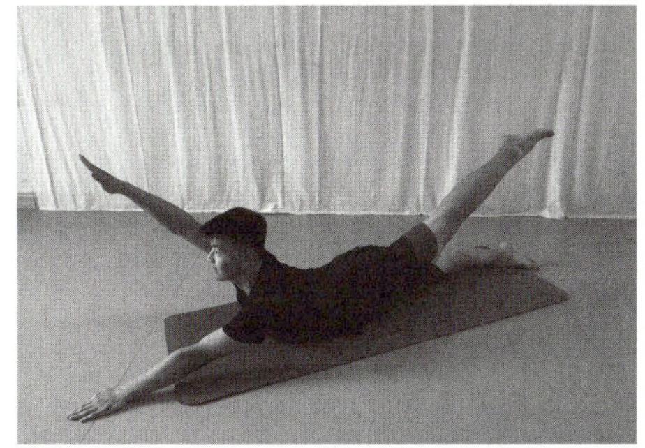

图 8.2.18

图 8.2.19

四、健胸训练

训练一：跪姿半程俯卧撑

这个动作主要练习胸部肌肉，利用胸肌发力，身体小幅度上下移动，保持胸部持续紧张感。

（一）练习目标

增强胸部肌肉力量，为胸部塑型打下基础。

（二）练习建议

推起时，上臂向内夹，胸部保持持续紧张；下落到最低点时，胸部要有轻微牵拉感。切忌用手臂发力，造成手臂的酸胀感。

（三）呼吸

下落时吸气，推起时憋气，推起后呼气。

（四）动作分解

（1）手肘弯曲 90° 左右，如图 8.2.20 所示。

（2）胸肌保持紧张，做小幅度的俯卧撑运动，如图 8.2.21 所示。

图 8.2.20

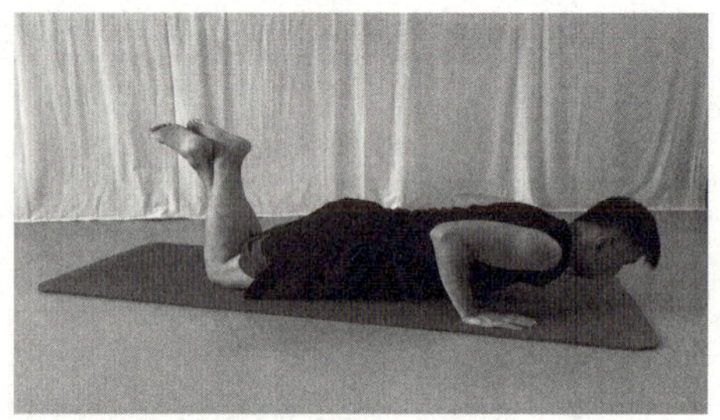
图 8.2.21

训练二：胸部拉伸

胸部拉伸可以提升胸部肌肉的柔韧性，增强胸部力量，对后续减脂、增肌做一个基础性铺垫。

（一）练习目标

增加肌肉弹性，改善含胸姿态。

（二）练习建议

肩部略微耸起，胸部全程有明显牵拉感，部分人群会出现轻微痛感。重复练习 4 次。

（三）呼吸

全程保持均匀呼吸。

（四）动作分解

（1）手肘与肩同高，贴墙，左腿在前，身体前倾，前后拉伸左侧胸部，如图 8.2.22 所示。

（2）手肘与肩同高，贴墙，右腿在前，身体前倾，前后拉伸右侧胸部，如图 8.2.23 所示。

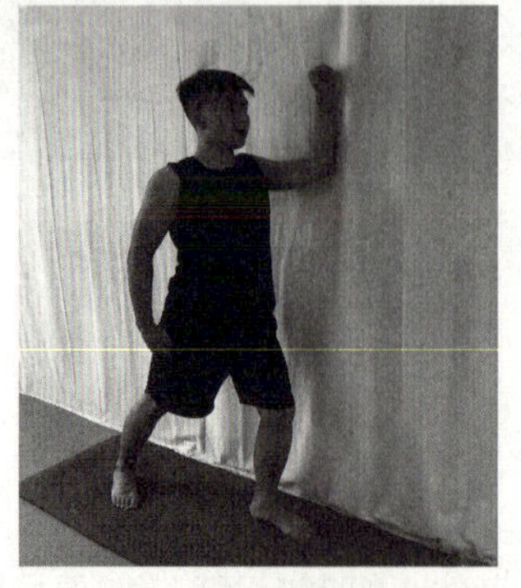
图 8.2.22

图 8.2.23

五、健腹训练

训练一：半环

半环项目是练习腹肌的有效动作，腹肌由五对对称分布在胸腔两侧的肌肉组成，这五对肌肉分别为腹直肌、腹外斜肌、腹内斜肌、腹横肌和锥形肌。

（一）练习目标

增强上腹部和深层腹肌，让背部变得紧实。

（二）练习建议

整个练习中，背部紧贴地面。颈部和脊柱其他部分呈自然直线，不要用力弯曲颈部。保持收缩 10 s。重复练习 5 次。

（三）呼吸

仰卧，吸气；收缩腹部，抬起上身上部时呼气；静止时，再吸一口气，保持不动；呼气，回落仰卧姿势。

（四）动作分解

（1）仰卧，手臂伸直，放在身体两侧，手心向下，膝盖弯曲，脚掌着地，双腿并拢，如图 8.2.24 所示。

（2）吸气，利用上腹部收缩，抬起上身，手臂与地面平行，如图 8.2.25 所示。

（3）保持静止，保持呼吸 10 s。

（4）呼气，回到仰卧姿势。

图 8.2.24

图 8.2.25

训练二：平板支撑

平板支撑的使用是在静态中完成对背部和腹部深层肌肉的巩固和加强，它能够维护和保护脊柱，因此是普拉提锻炼的重要动作。

（一）练习目标

增强手臂、腿、腹部的核心肌群。

（二）练习建议

全身紧绷，整个练习过程中都要收缩腹部和臀部。为了避免腰部过度拉伸，盆骨要后倾，收缩腹肌。

（三）呼吸

练习过程中呼吸应当规律而绵长。

（四）动作分解

（1）站立，双脚并拢，手臂放在身体两侧，如图 8.2.26 所示。

（2）向前弯腰，用手触摸脚趾，如图 8.2.27 所示。

（3）吸气，手臂逐渐向前（如图 8.2.28 所示），直到做出平板姿势，如图 8.2.29 所示。

（4）保持姿势，保持呼吸。

（5）呼气，双手倒退“行走”，回到起始姿势。

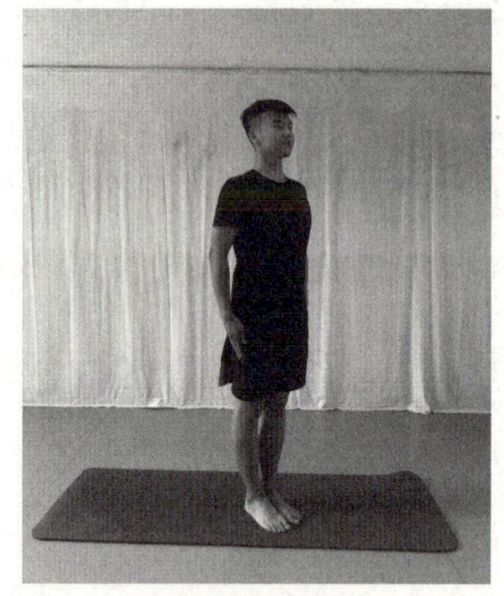

图 8.2.26

图 8.2.27

图 8.2.28

图 8.2.29

训练三：俯卧撑

俯卧撑调动的不仅仅是肱三头肌，如果慢慢做，并注意做好保护的话，甚至可以调动所有肌群，因此它属于能增强全身主要肌肉的全面练习。

（一）练习目标

增强全身主要肌肉的力量。

（二）练习建议

整个练习过程中收缩腹肌和臀肌，绷直夹紧双腿，伸直时腿和身体形成一条直线，同时要让骨盆后倾和紧绷。注意，俯卧撑不仅是手臂发力，全身都要绷紧给力。

（三）呼吸

开始时平静而深远地呼吸，呼气后让身体呈平板支撑状，然后吸气、屈肘，开始动作，交替用力呼吸，以获取更多能量。

（四）动作分解

（1）四肢着地，膝盖和上身成直角，手臂在肩膀的延长线上，如图 8.2.30 所示。

（2）向后伸直右腿和左腿，如图 8.2.31、图 8.2.32 所示。

（3）保持姿势几秒钟。

（4）以规律的节奏弯曲和伸直肘部来做俯卧撑。注意，屈肘时胳膊贴近身体两侧，不要向外弯曲，如图 8.2.33 所示。

（5）回到平板状态，起身，让脊柱逐渐展开。

图 8.2.30

图 8.2.31

图 8.2.32

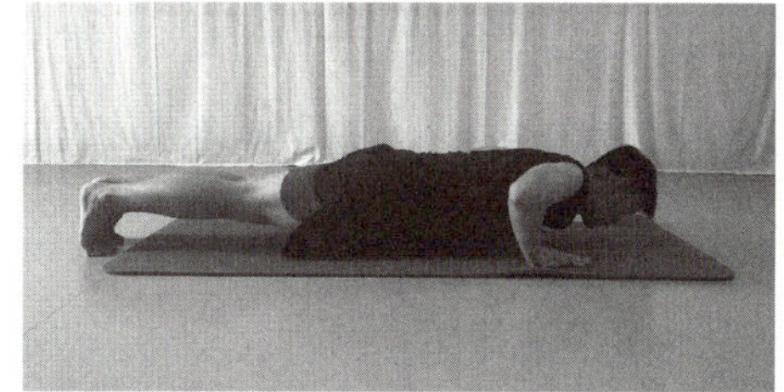

图 8.2.33

训练四：侧弯

这个动作主要锻炼我们的腹斜肌，加强肩带的肌肉力量，保持肩部稳定。

（一）练习目标

增强腹肌、背肌的力量及柔韧性，强化肩带稳定性和身体的侧向稳定、平衡及控制。

（二）练习建议

练习的时候，尽量将侧腰向上提，保持肩部平直。每侧重复练习 3 次。

（三）呼吸

开始前保持呼吸。吸气，双腿及躯干离开地面；呼气，手臂向上弯；吸气，还原；呼气，回落起始姿势。

（四）动作分解

（1）侧卧，右臂屈肘，右小臂支撑地面，左臂置于胸前，如图 8.2.34 所示。

（2）左脚跟向前放落，贴右脚脚踝，踩在垫子上，如图 8.2.35 所示。

（3）向上提髋，带动双腿及躯干离开地面，左臂抬起向上延伸，如图 8.2.36 所示。

（4）放落髋关节，回到起始姿势。

图 8.2.34

图 8.2.35

图 8.2.36

六、健臀训练

训练一：臀桥

这是普拉提非常有代表性的一个姿势。臀部离开地面，使身体呈一个桥状，膝盖朝上弯曲，打开全身神经丛。

（一）练习目标

让腿、臀肌和腹肌变得紧实，增强下背部肌肉力量。

（二）练习建议

整个过程中收缩腹肌和臀肌，保持稳定。收下巴，避免颈部骨折。保持姿势 10 s。重复练习 5 次。

（三）呼吸

开始时吸气，最大限度地打开胸腔，感受肋骨扩张，气体将肺部充满。呼气时抬起胯部，直到身体形成桥状。保持静态时胸腔深呼吸，回落到起始姿势时呼气。

（四）动作分解

（1）仰卧，膝盖弯曲，双脚分开，与胯部同宽，脚掌着地，双臂向内，沿着身体两侧伸直，手掌向下，如图 8.2.37 所示。

（2）臀部夹紧，抬起胯部，让头部到膝盖形成一条直线，如图 8.2.38 所示。

图 8.2.37

图 8.2.38

（3）保持姿势几秒钟，保持呼吸。

（4）将臀部放回地面。

训练二：天鹅下潜

据说，约瑟夫·普拉提从动物自然的优雅和自在中获得灵感，创造出大量普拉提姿势，因此很多动作名称也来源于动物。

（一）练习目标

增强背部伸肌、颈部、腹部和臀部肌肉力量。

（二）练习建议

收缩臀肌和腹肌，防止下背部放松。注意盆骨后倾，让腹部和腘绳肌得到适度参与。保持姿势 20 s。重复练习 4 次。

（三）呼吸

动作开始时吸气，上身抬起时呼气。静态姿势时尽量保持有规律地呼吸，回到起始姿势时呼气。

（四）动作分解

（1）俯卧，手臂和肘部折叠在身体两侧，手掌着地，腿从胯部开始向外旋转，让大腿内侧挨地，如图 8.2.39 所示。

（2）呼气，收缩腹肌和臀肌，然后让肚脐离开地面，用双手作为支撑，慢慢抬起上身，如图 8.2.40 所示。

（3）吸气，双手放于体侧，保持静态姿势，双脚不要离开地面，如图 8.2.41 所示。

（4）呼气，回到起始动作。

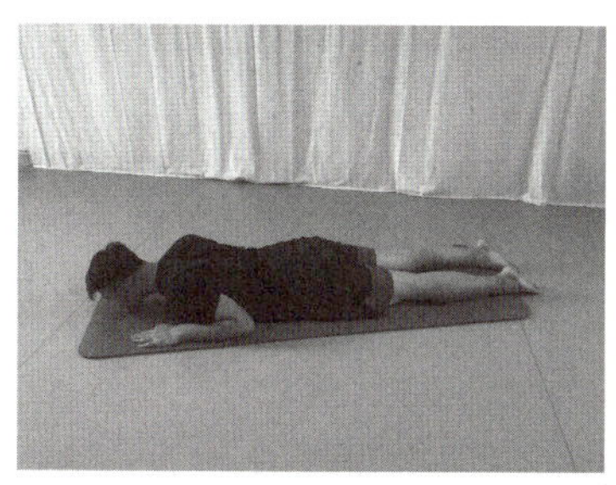

图 8.2.39

图 8.2.40

图 8.2.41

训练三：深蹲

这项动作可以紧实臀部，提高臀部线条，同时可以拉伸小腿和脚的肌肉与跟腱，并增强大腿肌肉力量。

（一）练习目标

紧实臀部肌肉，美化臀部线条。

（二）练习建议

在整个练习中，上身保持笔直，收缩腹部，抬起脚趾。保持姿势 10 s。

（三）呼吸

在练习中保持深沉而绵长的呼吸。

（四）动作分解

（1）站立，上身笔直，双腿夹紧，双臂向前平行，与胸膛同高，手掌向下，如图 8.2.42 所示。

（2）收缩腹部，然后弯曲双腿，如图 8.2.43 所示。保持静态姿势几秒钟，上身尽可能保持笔直，背部不要太弯，不要太过前倾，盆骨不能摇晃。

（3）慢慢回到起始姿势，重新开始。程度好的练习者可以静态保持 20～30 s。

图 8.2.42

图 8.2.43

七、健腿训练

训练一：腘绳肌拉伸

腘绳肌是由股二头肌、半腱肌、半膜肌和臀大肌四种肌肉组成的肌肉群，分布于臀中部到大腿中部。

（一）练习目标

拉伸腘绳肌所在的大腿后侧，并增强腹肌力量。

（二）练习建议

注意背部与地面贴紧，处于静态的腿不要抬起，如果感到肌肉太紧张，可适当弯曲。每条腿保持拉伸 15～30 s。

（三）呼吸

抬腿时深吸气，上身仰起时慢慢呼气，从而逐渐增加拉伸强度，不要给肌肉施加太多外力。

（四）动作分解

（1）仰卧，如图 8.2.44 所示。

（2）抬起右腿，用双手支撑右腿后侧，左腿不动，如图 8.2.45 所示。

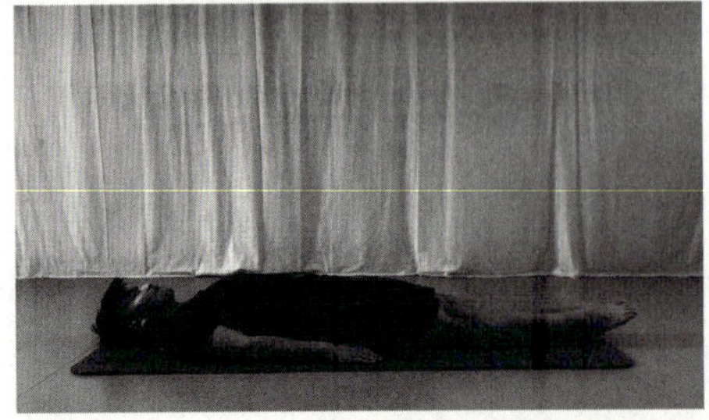

图 8.2.44

图 8.2.45

（3）最大限度地、缓慢地把腿伸直，上身离开地面仰起，如图 8.2.46 所示。

（4）弯曲左膝，保持静态姿势，保持呼吸，如图 8.2.47 所示。

（5）上身回落到地面，换另一条腿重新练习。

图 8.2.46

图 8.2.47

训练二：四足爬行

这个姿势用腿、上身和胳膊划出一条美丽的线，类似于小动物爬行姿势。

（一）练习目标

增强核心肌群和斜肌的弹性，改善平衡感。

（二）练习建议

每侧动作要保持相同的节奏，动作要缓慢，以免失去平衡。手臂和腿要同时抬起。胯部摆正，不要随着手臂和腿的运动而倾斜。

（三）呼吸

开始时深吸一口气，手臂和腿伸直时呼气，静态时正常呼吸。

（四）动作分解

（1）四肢着地，手和膝盖分开，与肩同宽，手与肩部垂直，膝盖与胯部垂直，如图 8.2.48 所示。

（2）最大限度地收缩腹肌。

（3）同时抬起右臂和左腿，手臂和腿应当伸直，与地面平行，让身体呈一条直线，如图 8.2.49 所示。

（4）保持姿势 10 s，回到起始姿势。

图 8.2.48

图 8.2.49

（5）换另一侧重复练习。

训练三：侧抬腿

这个动作可以调动腿部肌肉，消除腿部赘肉。

（一）练习目标

加强腿部肌肉、骨盆稳定肌肉、深层腹肌和斜肌，使其变得紧致。

（二）练习建议

整个练习中双腿并拢夹紧。保持 5～10 s，每侧重复练习 5 次。

（三）呼吸

吸气，开始动作；呼气，抬起双腿；吸气，放下双腿。

（四）动作分解

（1）右面侧躺，用肘部作支撑，头放在右手上。左手平放在胸前的地上，双腿夹紧，如图 8.2.50 所示。

（2）收缩腹部，双腿夹紧，腿部整体抬起，如图 8.2.51 所示。

（3）保持这个姿势 5～10 s，回到起始姿势。

（4）换方向做同样的动作。

图 8.2.50

图 8.2.51

训练四：单腿平衡

单腿平衡动作中保持平衡是一个注意力问题，盯住前方某一点，把注意力放在这一点上，同时保持有规律的呼吸。动作目的在于平衡，尽可能长时间保持，让自己稳定下来，然后把腿伸直。

（一）练习目标

这个动作可以改善平衡、拉伸双腿、增强脚和脚踝的肌肉力量。

（二）练习建议

注意保持上身挺直，脊柱尽量拉伸，仿佛头顶有一条线在往上拉，用于支撑的腿要尽量保持稳定。

（三）动作分解

（1）站立，上身笔直，双腿平行，双手放在胯部，如图 8.2.52 所示。

（2）把右膝抬高至胯部高度，如图 8.2.53 所示。

（3）向前伸直右腿，脚勾起，保持这个动作几秒，如图 8.2.54 所示。

（4）将右腿向后伸展，腿尽可能保持在最高位置，如图 8.2.55 所示。

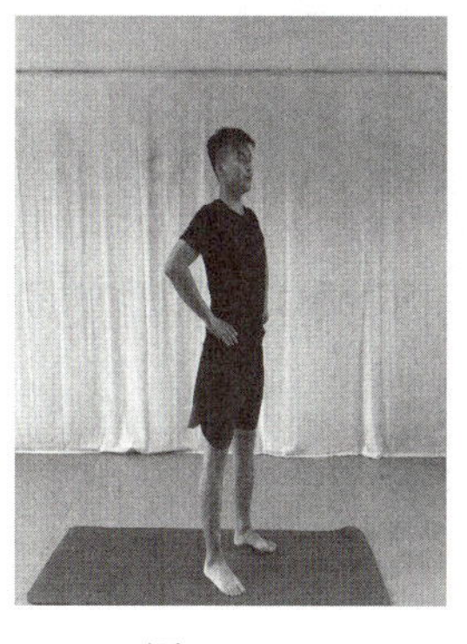
图 8.2.52

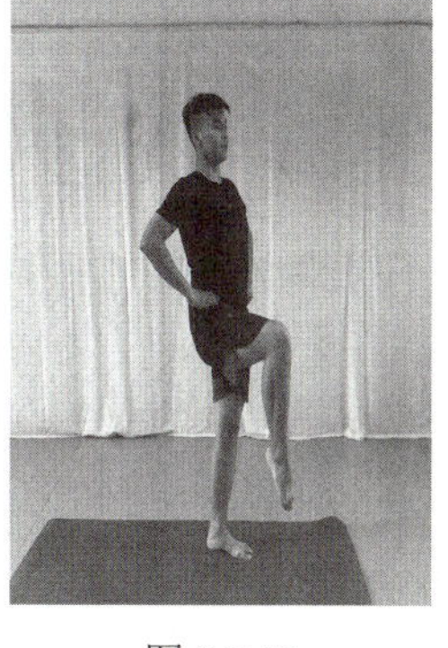
图 8.2.53

图 8.2.54

图 8.2.55

任务三　高铁乘务员仪态美感训练

高铁乘务员的高节奏工作状态和工作环境因素，包括长期以坐姿和站姿为主的身体姿态，比较容易导致肥胖、骨质疏松、贫血、缺氧、腹胀、腰椎间盘突出、颈椎病等疾病。随着我国高铁事业的发展，高铁乘务员的竞争也日趋激烈，在这种高压下，容易使心脏、脑神经、周身的血管、局部关节和肌肉处于僵直状态，引发心脑血管疾病、关节疾病、便秘、糖尿病的概率大大上升。高品质的生活和高质量的工作，只有在拥有健康的身心时才能获得，通过本任务中轻松、优雅的日常练习动作，来消除乘务员的劳累感，使其恢复体能，提高工作效率，提升优雅、恬静气质，塑造良好体态，保持轻松、健康、年轻的心态。

一、斯利亚贝塔呼吸法

斯利亚贝塔呼吸法是高级瑜伽呼吸法之一，通过练习可以净化心灵，防止衰老；帮助治疗肺部疾病、水肿、副鼻窦腔；强壮甲状腺、脊柱和神经中枢；益于头脑清醒。

（一）动作步骤

（1）采用任何一种舒适的坐姿，闭上双眼。

（2）食指和中指置于眉心，无名指轻轻按住左鼻翼，缓缓地从右鼻孔尽可能长时间地呼气，用右拇指按住右鼻翼，如图 8.3.1 所示。

（3）低头，将下巴紧紧地抵住胸部（胸骨上窝），保持内悬息状态，如图 8.3.2 所示。注意，可根据练习状况逐步地延长内悬息的时间。

（4）用拇指按住右鼻翼，缓缓地从左鼻孔慢慢地呼气。

（5）吸气，抬头还原。

（二）训练要点

在练习中，吸气一般是用右鼻孔进行的。内悬息的时间因人而异，控制在自觉舒适状态中即可。开始练时连续做 5～10 次，再逐渐增加。

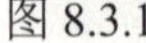

图 8.3.1

图 8.3.2

二、工作日轻松早起训练

每个工作日第一件不轻松的事情就是早起，特别作为高铁乘务员在跟车时，夜晚休眠无法保证，下面这组早起舒缓操可以有效地提高日间工作精神，没有条件完成全套动作的，可以根据实际情况选择能够完成的动作进行训练。

（一）动作步骤

（1）闭上双眼，深呼吸，握拳，绕转手腕，绕转脚踝，左、右转颈项，如图 8.3.3 所示。

（2）屈膝并拢，双膝倒向左侧，如图 8.3.4 所示。

图 8.3.3

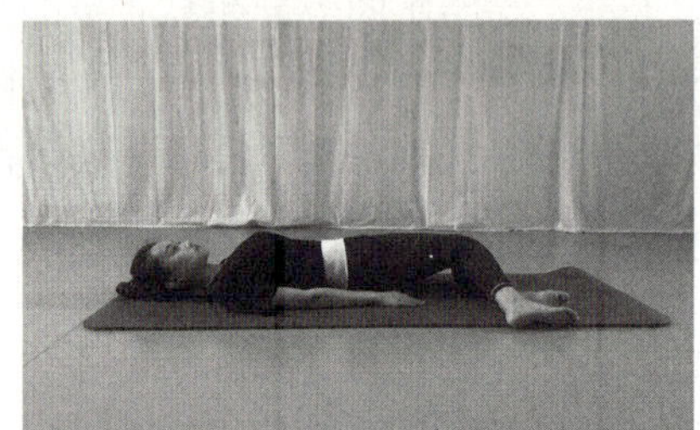

图 8.3.4

（3）吸气，双膝回正，如图 8.3.5 所示。

（4）反方向重复一次，双膝倒向右侧，如图 8.3.6 所示。

图 8.3.5

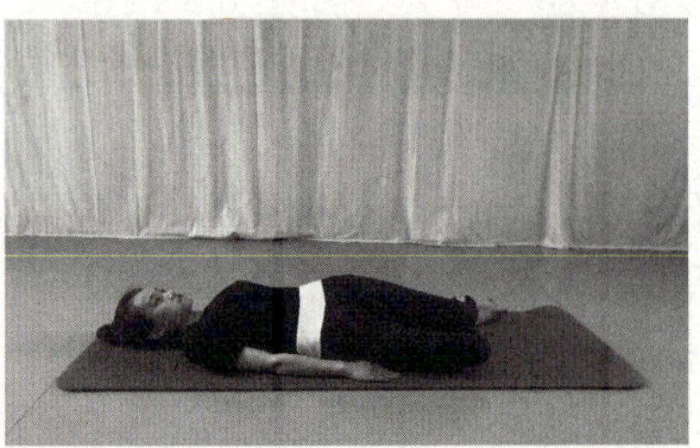

图 8.3.6

（5）双膝再次倒向左侧，右腿绕过左腿，使右腿膝盖挨到床面，如图 8.3.7 所示。

（6）换方向重复一次，如图 8.3.8 所示（如果柔韧性较好，可以在做这个动作时将上面的腿伸直，用手抓住脚趾）。

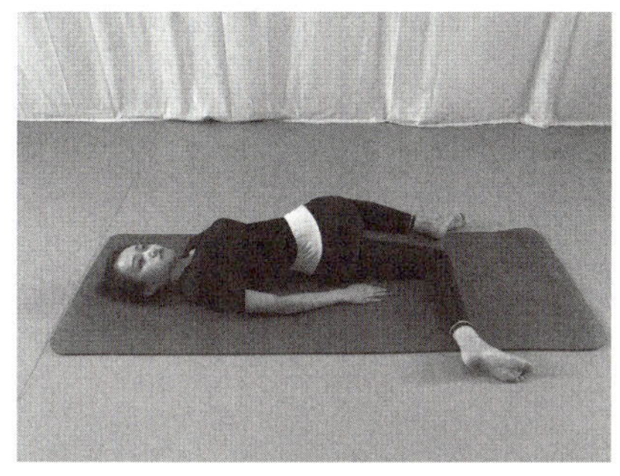

图 8.3.7

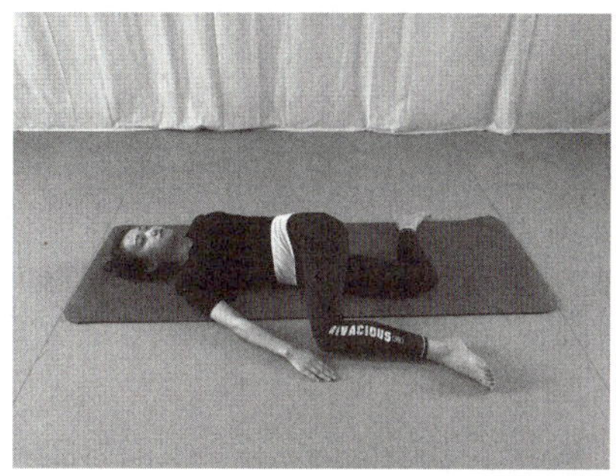

图 8.3.8

（7）双臂抱住屈膝于胸前的双腿，吸气仰头，深长呼吸，保持数秒，如图 8.3.9 所示。

（8）双手握于大腿后侧，呼气，顺势坐起来，如图 8.3.10 所示。

图 8.3.9

图 8.3.10

（9）坐起，伸直并分开双腿，双手自然放于小腿胫骨上，如图 8.3.11 所示。

（10）上半身前倾，如果柔韧性够好，可以将双手支撑于脚踝或将双手掌心贴在前脚掌上保持，伴随深呼吸放松、伸展脊背和颈部，如图 8.3.12 所示。

图 8.3.11

图 8.3.12

（11）坐于床沿，屈左臂，手背置于腰后；呼气，向右侧弯腰，伸展右臂，吸气还原，如图 8.3.13 所示，反方向重复 1 次。

（12）右手贴于右髋斜后方，左手贴于右膝，如图 8.3.14 所示。

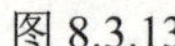

图 8.3.13

图 8.3.14

（13）拧转脊柱，向右侧转头向后看，深呼吸，如图 8.3.15 所示。反方向重复一次。

（14）双脚与肩同宽，吸气，十指交叉，手心向上，足跟离地，向上充分伸展肢体，如图 8.3.16 所示。呼气还原。微笑，迎接全新的一天！

图 8.3.15

图 8.3.16

（二）训练要点

深深地呼吸，安静地完成每个姿势，不要因为担心时间来不及而着急完成动作，也可以根据自己的时间和需要选择其中最让你感到舒服的个别动作来练习，姿势保持的时间可以适当延长或缩短。

三、头部训练

头部按摩动作可以增强大脑血液供应和微循环，健脑宁神，使人神清气爽。清楚认识头部重要穴位，配合正确的手法，不仅能够舒缓压力，还可以延年益寿。

（一）动作步骤

（1）用指尖轻轻划过头皮，像梳子一样，从前额的发际向后到颈部，然后，由下至上到耳后，重复数次。如图 8.3.17 所示。

（2）双手掌心交叠轻轻按压在头顶百会穴上，手掌用力下压，慢慢地放松，重复 3 次以上，如图 8.3.18 所示。

（3）保持姿势，掌心画圈，按摩百会穴；握空拳，轻敲头部。

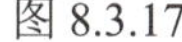

图 8.3.17

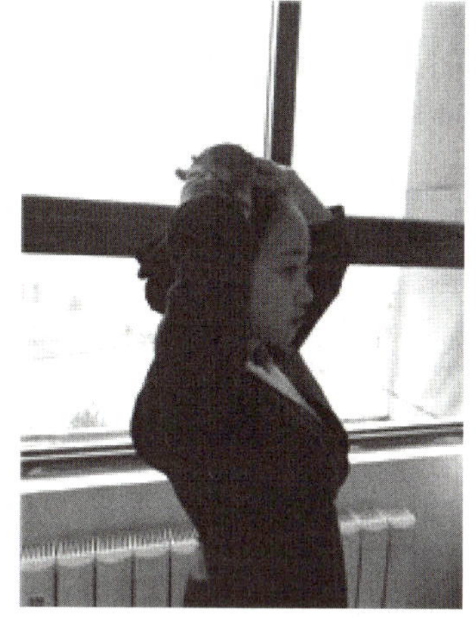

图 8.3.18

（二）训练要点

注意手的卫生，不要被指甲划破头皮，总的原则是动作轻柔，使头皮感到轻微的压力。根据时间和需要随意重复数次。同时要养成勤洗头、勤梳头的良好习惯。勤于梳头，既能保持头皮和头发的清洁，又能加速血液循环，增加毛发的营养，从而达到防止头发变白的效果。

四、耳部训练

耳部按摩可以缓解疲劳、防头晕、强听力、治耳鸣、放松脑神经、静心清火，使人身心舒畅。

（一）动作步骤

（1）捏住耳尖，向上提拉 10 次，如图 8.3.19 所示。

（2）握住耳垂最低处的轮，轻捏 5 次，如图 8.3.20 所示。

（3）运用手指以适当的力度按摩耳廓、耳垂，感觉耳朵微微发热，如图 8.3.21 所示。

（4）双手掌心按住耳背，呼气，如图 8.3.22 所示。

（5）掌心同时向内推送，吸气，缓缓松开，重复 2～3 次，如图 8.3.23 所示。

图 8.3.19

图 8.3.20

图 8.3.21

图 8.3.22

图 8.3.23

（二）训练要点

动作一定要柔和缓慢。

五、肩颈部训练

肩颈部训练，可以放松僵直的肩背、后颈，消除肩周炎、肩膀酸痛，促进肩关节的韧性；调整体态，纠正驼背、双肩不正，可放松、镇静精神，消减压力。

训练一：架肘绕肩

（一）动作步骤

（1）双手放于肩膀上，如图 8.3.24 所示。

（2）以肩为中心，手肘由前向后在空中画圆圈，上半圆时吸气，下半圆时呼气，连续 3～6 次，如图 8.3.25～8.3.26 所示。

（3）反方向画圆，练习 3～6 次。

（二）训练要点

整个画圆圈动作过程不要耸肩，以肩头为中心，以大臂为半径进行环绕。

图 8.3.24

图 8.3.25

图 8.3.26

训练二：耸肩

（一）动作步骤

（1）坐于椅上伴随着深深的吸气，慢慢将双肩提起，感觉肩膀靠近耳垂，直至吸满气，保持 1～2 s，如图 8.3.27 所示。

（2）急速从鼻腔、口腔呼尽肺部淤积的浊气，同时，瞬间放松双肩，如图 8.3.28 所示。一起一落为一回合，连续做 3～5 回合。

（二）训练要点

脊背挺直，两腿并拢，双臂放松并自然下垂，动作过程中配合缓慢而绵长的呼吸。

训练三：扭转脊椎

（一）动作步骤

（1）站姿，十指交叉于体后，挺胸，脊椎伸直，深呼吸，放松身体，如图 8.3.29 所示。

（2）呼气，身体往右侧弯，直臂向左侧伸展，呼气，外悬息 3s，深吸气，回正身体，如图 8.3.30 所示。

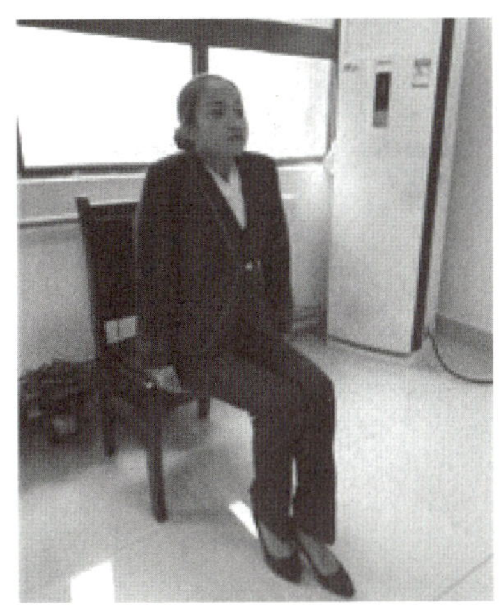

图 8.3.27

图 8.3.28

（3）呼气，反方向完成动作，如图 8.3.31 所示。

（4）左、右为一回合，重复 3 回合。

（5）十指交叉，双手相抵，手腕内转，手指向上，如图 8.3.32 所示。

图 8.3.29

图 8.3.30

图 8.3.31

图 8.3.32

（二）训练要点

扭转过程中，始终保持髋部向正前方，不要随着身体转动而转动。手腕内转、手指向上时，夹紧双臂，掌心握实。如不能达到图示难度，要先保证双手掌处合实。

训练四：扭头凝望式

（一）动作步骤

（1）呼气，头向左侧转，如图 8.3.33 所示。

（2）吸气，回正。反方向做一次，如图 8.3.34 所示。

（二）训练要点

颈部练习在脊柱自然挺直、颈椎向上伸展的状态下进行，意识集中于颈椎，颈椎病患者练习幅度应由小到大。所有动作练习次数仅为参考，可根据自身状况而定，以感觉舒适为宜。

图 8.3.33

图 8.3.34

六、背部训练

背部训练可以按摩、放松背部肌肉群，有效消除背部酸胀感，纠正不良体态，同时可以放松僵直的颈项，让血液供应到头部。

训练一：环抱式

（一）动作步骤

（1）端坐，脚尖着地，手放于大腿上，伸直脊背，如图 8.3.35 所示。

（2）双手抱住肩后，双臂交叠平行于地面，挺胸低头，胸式呼吸为主，扩张背部肌肉群，保持 6 s，如图 8.3.36 所示。

（3）呼气，胸、腹部贴于大腿，双臂抱紧双腿，扩张背部，放松头部，深长呼吸，保持 5 s，如图 8.3.37 所示。深吸气，缓缓直立身体。

图 8.3.35

图 8.3.36

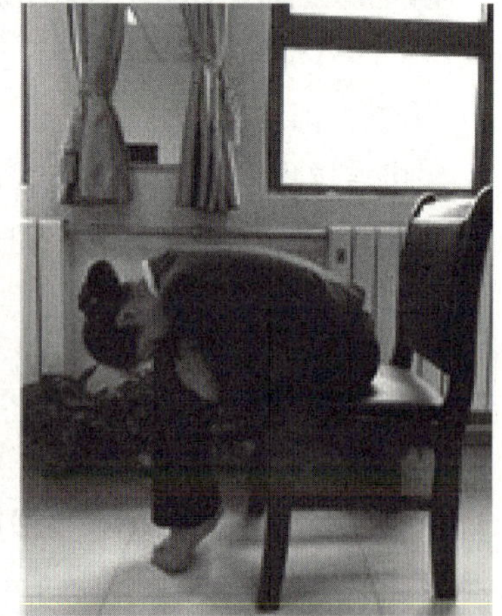
图 8.3.37

（二）训练要点

环抱式以放松为主，不要过多唤醒肌肉，在整个动作过程中将注意力放在脊背的舒展上。

训练二：站立扭转式

（一）动作步骤

（1）直立，如图 8.3.38 所示。

（2）吸气，向左转身，左手置于右髋前，右手置于左肩上，如图 8.3.39 所示。

（3）呼气，继续向左转身，面向后方，顺畅呼吸，保持 6～8 s，如图 8.3.40 所示。左、右为一回合，共完成 2 回合。

图 8.3.38　　图 8.3.39　　图 8.3.40

（二）训练要点

意识集中于背部肌肉群。动作（1）的直立动作应避免快、猛地直立身体。重复的次数根据时间和需要增加。

七、胸部训练

锻炼胸部有益于肺部健康，加大吸氧量，矫正胸椎的不正，有效刺激胸大肌，促使胸部丰盈、挺拔、上扬。

训练一：坐式后仰

（一）动作步骤

（1）端坐，十指交叉于体后，手心翻转向下，如图 8.3.41 所示。

（2）吸气，慢慢仰头，手心置于椅面，带动胸部上扬，将胸廓扩展到最大限度，深长地呼吸，保持 6～8 s，如图 8.3.42 所示，然后吸气还原。共做 3 回合。

（二）训练要点

后仰时腰部不要塌陷，重心不要向前或向后转移，胸部扩张时一定不要屏息，保持呼吸顺畅。

训练二：站式后仰

（一）动作步骤

（1）直立，如图 8.3.43 所示。

（2）十指交叉于体后，手心翻转向下，置于椅背的上边缘，如图 8.3.44 所示。

图 8.3.41

图 8.3.42

图 8.3.43

图 8.3.44

（3）吸气，头仰向后，挺胸，深长呼吸保持 5～8 s，如图 8.3.45 所示。吸气回正。

（4）呼气，屈膝下蹲，足跟离地，直臂挺胸，如图 8.3.46 所示。

（5）深吸气，仰头向上，保持 5～8 s，如图 8.3.47 所示。

图 8.3.45

图 8.3.46

图 8.3.47

（6）吸气，慢慢直立还原。

（二）训练要点

下蹲时，脚后跟离地，整个过程中保持缓慢而深长的呼吸。

八、腰腹部训练

腰部锻炼可以消除侧腰和后腰的赘肉，纤细腰围，美化腰部线条。缓解腰背酸痛、僵直、腰肌劳损等疾病，促进血液循环和双肾的健康。腹部锻炼以肚脐为中心，配合呼

吸，促进血液循环，健康内脏器官，强壮植物神经，促进胃肠功能，调节胃肠系统失衡状态，消除便秘。同时，消减腹部多余脂肪，缩小腰围，形成平坦、富有弹性的漂亮小腹。

训练一：直臂侧腰

（一）动作步骤

（1）直立或坐姿，侧腰上提。

（2）双手合十，吸气，直臂向上伸展，如图 8.3.48 所示。

（3）呼气，向右侧弯腰，防止上体前倾，顺畅地呼吸，保持 6～8 s，充分感受侧腰上部的伸展，如图 8.3.49 所示。

（4）吸气，回正。呼气，反方向完成动作，如图 8.3.50 所示。左、右为一回合，共完成 3 回合。

图 8.3.48

图 8.3.49

图 8.3.50

（二）训练要点

侧弯时，双臂与背部保持在同一平面，不要为了追求弯度而使动作变形。

训练二：抱头侧弯

（一）动作步骤

（1）双脚分开与肩同宽，双手十指交叉置于后脑勺，如图 8.3.51 所示。

（2）吸气，慢慢向左侧弯腰，防止上体前倾，顺畅地呼吸，保持 6～8 s，充分感受侧腰伸展，如图 8.3.52 所示。

（3）换方向，左、右为一回合，共完成 2 回合，如图 8.3.53 所示。

图 8.3.51

图 8.3.52

图 8.3.53

（二）训练要点

侧弯时，双臂与背部保持在同一平面，不要将力量放在双手与头接触的部位。

训练三：伸展健腹部

（一）动作步骤

（1）侧坐，一手扶于椅背，另一手扶于椅座边缘，如图 8.3.54 所示。

（2）呼气，身体稍向后仰，腰背自然挺直，如图 8.3.55 所示。

图 8.3.54

图 8.3.55

（3）伸直、并拢、抬高双腿，保证脚尖和头顶在同一高度上，保持 8～10 s，如图 8.3.56 所示。

（4）也可抬平双腿，双手十指交叉置于后脑勺进行练习，如图 8.3.57 所示。

图 8.3.56

图 8.3.57

（二）训练要点

保持呼吸顺畅，避免憋气。每个动作都不要急于求成，可先在现阶段的最大限度下训练，在训练中逐步完善动作。腰部训练时将意识集中于运动的腰部，腹部训练时将意识集中于腹部肚脐下 3 cm 的丹田处。选择合适的椅子练习，避免背部出现不适。

九、手指、手腕训练

手指、手腕的训练可以避免因使用电脑而造成的对手腕和手指的伤害，治疗手指肌腱炎、麻痹、冰凉、僵硬不直，彻底放松手指，消除疲劳，使手指保持柔韧、弹性、富有活力的状态。

训练一：手部绕转

（一）动作步骤

（1）十指交叉，手腕向前，相对用力，伸展手指，随意重复多次，如图 8.3.58 所示。

（2）双手相握，左、右重复转动手腕，如图 8.3.59～8.3.61 所示。

图 8.3.58

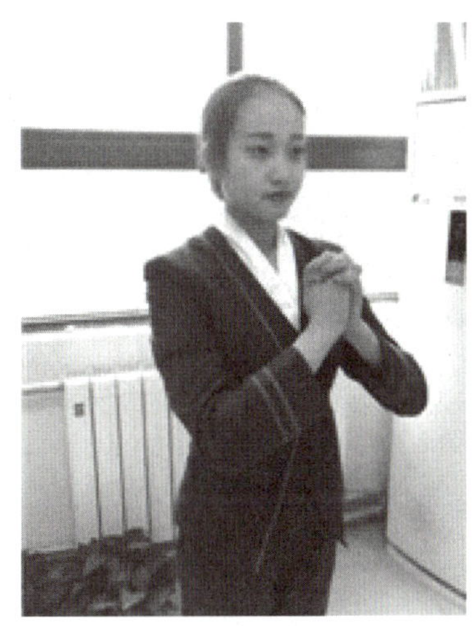

图 8.3.59

（3）手心向左，手腕相对用力，伸展手指，保持 5 s，如图 8.3.62 所示，反方向重复一次。

（4）将动作（3）连贯起来，带动双臂，似波浪一样不停地运动。

图 8.3.60

图 8.3.61

图 8.3.62

（二）训练要点

身体直立，不要放松，动作过程中手背与手腕之间要有拉伸感。

训练二：指压

（一）动作步骤

（1）向前翻转手腕，手置于膝上方，如图 8.3.63 所示。

（2）随着手臂、手腕足够柔韧，呼气，上体前倾下压手臂，使之弯曲，如图 8.3.64 所示。

（3）吸气，直起上体，放松，如图 8.3.65 所示。

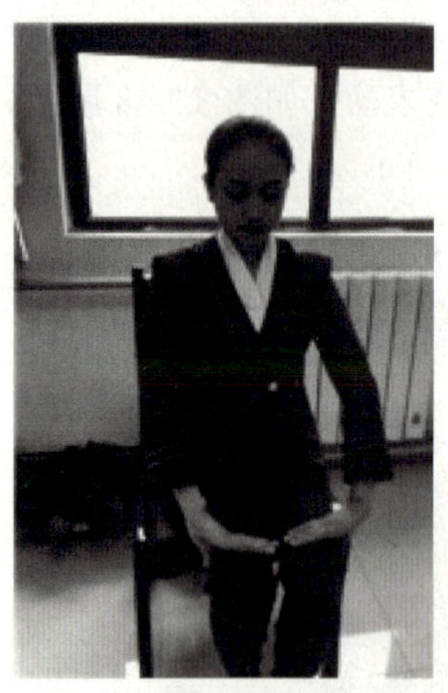
图 8.3.63

图 8.3.64

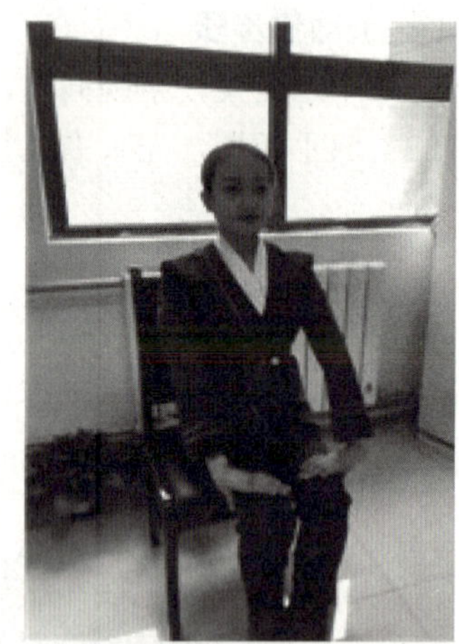
图 8.3.65

（二）训练要点

随意重复多次动作，避免同一时间过多重复而引起肌肉、关节的疲劳。以上所有动作均可拆分练习，建议将其有效地运用到工作间隙中，提高工作效率。

十、腿部训练

腿部训练可以充分放松、伸展腿部肌肉群，消除僵硬不直、痉挛、麻痹等症状，治疗静脉曲张、小腿肿胀；促进各关节灵活，促使腿部保持青春状态。

训练一：盘蛇坐姿

（一）动作步骤

（1）端坐，右膝置于左膝上，右小腿向后缠绕，如图 8.3.66 所示。

（2）反方向完成一次，如图 8.3.67 所示。

图 8.3.66

图 8.3.67

（二）训练要点

动作过程中，注意脊背正直。

训练二：侧三角姿势

（一）动作步骤

（1）双脚分开两倍肩宽，吸气，双臂侧平举。

（2）呼气，向右侧弯腰，右手支撑在小腿处，转头向上看，保持顺畅地呼吸，如图 8.3.68 所示。

（3）反方向完成一次，每次停留 10 s，如图 8.3.69 所示。

图 8.3.68

图 8.3.69

（二）训练要点

侧弯时，不要过多地将力量施加在腿上，注意用腰腹用力支撑身体，双臂保持一条直线，双臂与背部保持在同一平面。

训练三：大树姿势

（一）动作步骤

（1）屈右腿，右脚掌置于左膝部位。

（2）左腿平衡全身，右膝充分展开，端正盆骨区域。

（3）双手合十，缓慢呼气，两臂伸直，高举过头，保持 10 s，如图 8.3.70 所示。

（4）还原，换另一侧练习。

（二）训练要点

身体保持挺拔紧绷状态，自然地呼吸。

图 8.3.70

学习小结

瑜伽体式的训练要配合正确的呼吸，由易入难，逐步调节身体的柔韧性，通过对肉体的锻炼达到一种精神境界，让心灵得到升华。普拉提训练除了注重呼吸之外，还要注重内在意念，以锻炼身体肌肉、塑造健美的肌肉曲线和恢复身体机能为主要目的，女性可以适当地选择一些普拉提动作进行训练，男性也可以适当地选择一些瑜伽体式进行训练，同时结合我们的日常练习动作，对我们打造优美的职业仪态美感有重要作用。通过以上训练，可以达到高铁乘务员的体态标准，如图 8.3.71～8.3.73 所示。

图 8.3.71

图 8.3.72

图 8.3.73

思考与练习

1. 五种瑜伽呼吸法有什么不同？瑜伽呼吸法与普拉提呼吸法有什么不同？

2. 初学者应该用瑜伽的哪种坐姿？

3. 结合自身情况，将书中讲解的不同体式挑选出来，组成一套适合自己的瑜伽训练方案，写出自己不同练习时期的训练计划。

4. 按照普拉提动作要求每天练习 2～3 组，以视频形式呈现。

项目九

高铁乘务形体训练指南

项目导读

为了保证形体训练顺利进行，不仅需要学员自身付出艰苦的努力，不断强化训练，同时训练的规章制度、训练设施等是保证训练正常进行的必备条件。了解形体训练的基本原则，了解造成训练损伤的原因及处置方法，可为训练提供安全保证。

知识目标

1. 了解形体训练的设施配备和规章制度。
2. 了解造成训练损伤的原因，掌握训练损伤的处置方法。

能力目标

1. 掌握训练过程中出现身体损伤的处置方法，将身体损伤的危害降到最低。
2. 熟悉并掌握形体训练房的规章制度并严格遵守，保证训练正常进行。

任务一　高铁乘务形体训练的损伤处置

一、高铁乘务形体训练的运动原则

众所周知，人的形体美是建立在健康的基础上的，健康是通过各种锻炼实现的，而形体美则需要进行持之以恒的专门的训练。形体训练既能够全面锻炼身体，又可以着重塑造人体的形态，培养良好的姿态。练习者可以在掌握形体训练的理论知识、基本技能的同时，提高形体的美感，培养良好的气质。因此，在形体训练中应遵循以下几条原则。

（一）思想性原则

形体训练的内容要适应素质教育的要求，着重培养学生坚毅的性格、顽强的意志及克服困难的信心和能力；同时培养学生文明、高雅的举止和较高的文化素质。

（二）艺术性原则

形体训练以其独特的魅力区别于竞技体操、艺术体操、健美操和舞蹈等内容，它将多种有效的健身训练方式艺术化，使人们在人体运动的协调与流畅、舒缓与优美等方面体现身体姿态的造型美。形体训练不仅使练习者增强了体质，而且从中得到美的享受，从而提高艺术修养。因此，形体训练具有高度的艺术性。

（三）循序渐进原则

良好的训练效果取决于训练的强度，强度太小很难引起机体功能的变化；强度过大不仅不能增强体质，改善体形，相反还会损害健康。身体素质由弱变强，体形由丑变美，不可能是一蹴而就的。因此，教学内容的逐步深入必须符合训练者身心发展规律，由易至难，由浅至深，才能逐步提高。教学方式从单独元素到动作组合，从局部训练到全面整合，从单纯模仿到变化发展。循序渐进是人体发展和适应环境的基本规律，逐渐提高才能有效地塑造完美的体形。

（四）科学的针对性原则

由于不同年龄段进行形体训练的内容各不相同，所以形体训练的内容在层次上应与练习者的年龄、生理和心理发展规律、形态控制能力及职业要求相适应。因此，系统性、技能性和科学性是确保练习者在形体训练中始终保持练习积极性的重要因素。

（五）理论与实践相结合原则

形体训练以培养良好身体形态为目的，因此在练习的同时也必须重视相关的基础知识。练习者只有在初步掌握相关的原理、方法之后，才能运用理论知识指导形体训练并提高其形体训练能力。

二、高铁乘务形体训练的损伤处置

（一）造成运动损伤的原因

（1）练习前的热身运动和练习后的放松活动没有得到足够重视。

（2）训练运动量过大，造成身体疲劳。

（3）训练服装和鞋子不合适。

（4）技术动作错误。

（5）练习场地与运动器材不适应。

（6）缺少必备的营养供应。

（二）常见的运动损伤及处理方法

1. 擦伤

锻炼时因皮肤受挫而出现开裂、出血或组织液渗出等情况。如果擦伤面积较小，用红药水涂抹伤口即可，不必包扎。若擦伤面积较大，则需要先用生理盐水洗净后再涂抹红药水，然后再覆盖消毒布，用纱布包扎。如果出现撕裂现象，则必须到医院进行缝合。

2. 挫伤

挫伤是因练习者相互碰撞或练习者撞击器械所致。如果属于一般性挫伤，仅会出现红肿、皮下组织出血和疼痛等情况；如果属于内脏器官受到损伤，则会出现出虚汗、脸色苍白、头晕等症状；重症者还会出现休克。处理一般性挫伤，需在 24 h 内先冷敷患处，再将伤肢抬高，必要时加压包扎，待过 24 h 后，可进行热敷、按摩。若是内脏受到损伤，应及时送医院治疗。

3. 拉伤

拉伤是指在外力的直接或间接作用下，由于肌肉过度地主动收缩或被动拉长而造成的损伤。受伤后轻者伤处疼痛、局部肿胀、压痛，严重者肌肉功能减弱或丧失。拉伤处理分前、中、后三个阶段，各阶段的处理方法如下。

（1）前期：局部冷敷、加压包扎、抬高伤肢，24 h 后拆除包扎，视伤情处理。

（2）中期：热疗、按摩、拔罐、药物治疗、早期功能锻炼等。

（3）后期：按摩理疗和功能锻炼。

4. 肌肉痉挛

肌肉痉挛是一种强直性肌肉收缩且不能缓解放松的现象，又称抽筋。肌肉痉挛常发生在腿部的腓肠肌、屈姆肌和屈趾肌三个部位，主要原因是：温度较低，训练前准备活动不充分或衣着单薄，小腿肌肉受到低温刺激，肌肉不适应剧烈运动所导致。所以，避免肌肉痉挛的方法是注意保暖。若已经发生肌肉痉挛，应对痉挛部位用力牵引，如坐在地上用抽筋腿的同侧手扶住抽筋腿的膝盖，另一只手用力向上拉小腿下部，拉长肌肉；或使劲按摩、推、揉、搓抽筋部位，或用热毛巾、热水袋热敷。

5. 关节韧带损伤

关节韧带损伤以肩关节、踝关节、髌骨、腰部关节的韧带损伤最为常见。在高低不平的场地上运动时，若准备活动不足，则易使踝关节发生内翻而造成外侧副韧带的扭伤、断裂；徒手训练中，臂或腿部摆幅过大，会造成肩关节和腰部受伤；技术上的错误会造成手腕或腿部关节损伤。关节韧带损伤一般表现为压痛或疼痛，急性期有肿胀、皮下瘀血或关节功能发生障碍等状况。

关节韧带损伤的处理方法：24 h 内先冷敷患处，将伤肢抬高，必要时加压包扎；24 h 后可采用理疗、按摩和针灸等方法缓解疼痛。待疼痛减轻后，可增加功能性练习。对于急性腰部扭伤，切忌轻易扶动，应让患者平躺，并用担架送医院诊治，而且处理后应卧硬板床，在腰下垫枕头，使腰部肌肉韧带处于放松状态，以此促进治疗效果。

6. 关节脱位

关节脱位又称脱臼，指因受外力作用而使关节失去正常的连接关系。关节脱位分为完全性脱位和错位两种。关节脱位后常出现关节畸形、疼痛剧烈、压痛明显、关节周围肿胀等症状，同时伴有关节功能丧失、肌肉痉挛甚至休克等状况。关节脱位后应先用夹板或三角巾固定伤肢，并尽快送至医院。如果没有整复技术和经验，切忌随意做复位动作，以免加重伤情。

7. 骨折

身体某部位受到直接或间接的外力撞击时可造成骨折，肱骨骨折、尺桡骨骨折、手指骨折、小腿骨折、肋骨骨折是常见状况。骨折后，患处会肿胀、疼痛难忍、功能消失、肌肉痉挛，甚至畸形，严重时伴有出血和神经损伤，甚至发烧及休克。骨折后，切忌随意移动肢体，应先用夹板或其他代用品固定伤肢。若出现休克，应先进行人工呼吸；若伴有伤口出血，应止血并及时送至医院。

三、高铁乘务形体训练的损伤防范措施

由于气温、场地条件、运动量等原因，训练中出现运动损伤在所难免，但应尽量采取措

施，使受伤的概率降到最低。

（一）做好准备活动

运动前一定要认真做好准备活动，尤其是容易受伤的部位要做一些相应的辅助性活动。男性身体力量较强，女性身体柔韧性较好，因而男女受伤的类型往往大相径庭。训练者应根据自身状况选择适合自己的训练方法和训练强度，这才是减少受伤概率的根本。

（二）不要在高低不平的场地活动

当活动场地地面不平整时，要将活动节奏放慢，不宜在坚硬的地面上反复进行跑、跳等练习活动。

（三）呼吸时尽量用鼻子吸气

冬天里，用鼻子吸气可以避免冷空气直接进入、刺激器官。若口鼻同时吸气，要将舌尖卷起，轻轻顶住上颚，让空气从舌的两侧进入，以对进入的冷空气起到预热的作用，减少对身体的刺激。

（四）避免过度疲劳

要遵从身体的感受，当身体感到十分疲劳时应停止训练，以免继续训练时出现运动损伤。疲劳的先兆是肌肉、肌腱或关节出现疼痛、肿胀的感觉；过度疲劳的征兆是四肢无力、肌肉不由自主地抖动、肌肉麻木、肌肉发烫。

（五）训练后应注意的事项

（1）训练后不要急于进食、进水。一般运动后间隔 10 min 可以进水，间隔 30 min 可以进食，如果是较剧烈的运动，间隔的时间还要长一些。

（2）在运动中或运动后应少量多次地科学补水。

（3）剧烈运动后切勿立即坐下休息，应当做一些诸如慢走之类的放松运动。

（4）训练后可以采用压腿、展体等被动性牵拉动作，使肌肉充分伸展、放松，改善肌肉组织的血液循环，缓解肌肉紧张，使肌肉从疲劳状态尽快恢复。

（5）肌肉酸痛后不要停止锻炼，应继续坚持，这样更有助于消除肌肉疼痛。可将运动强度减小，缩短运动时间，多做一些伸展性的练习，坚持几天酸痛感就会消失。

任务二　高铁乘务形体训练的硬、软件基础

一、高铁乘务形体训练硬件基础

（一）舞蹈把杆

舞蹈把杆是舞蹈形体训练过程中用来压腿、压肩等部位的工具，常见的有三种款式。

1. 移动式把杆

移动式把杆如图 9.2.1 所示，可以随便移动使用，可以通过升降杆来调整高度，适用于临时场地，如舞台等。

2. 固定式把杆

固定式把杆固定在地面上，对地面要求不高，只要能牢靠固定即可，可以通过升降杆来调整把杆高度。固定式把杆如图 9.2.2 所示。

图 9.2.1

图 9.2.2

3. 壁挂式把杆

壁挂式把杆固定在墙面上，可以通过升降杆来调整把杆高度。壁挂式把杆如图 9.2.3 所示。

（二）舞蹈地胶

舞蹈地胶是一种软质的聚氯乙烯，具有一定的缓冲作用，具有不涩、不滑、柔韧度好的特点。专业舞蹈地胶是实心、无刮痕的，用硬币在实心舞蹈地胶上来回刮擦，不会留下任何痕迹。舞蹈地胶的颜色多种多样，一般教学性质的舞蹈团体主要选用的颜色有墨绿、青灰、浅灰、藏蓝，如图 9.2.4 所示。

图 9.2.3

图 9.2.4

（三）舞蹈壁镜

舞蹈教室一般靠实体墙装一面镜子，高度从地面起 2～3 m 为宜，宽度尽量与教室同宽，如图 9.2.5 所示。

图 9.2.5

（四）音响设备

舞蹈房经常需要播放教学音乐和视频，而且有的舞蹈音乐节奏感很强，所以音响的功率选择很重要。音响设备的额定功率根据舞蹈房面积而定，如果面积为 50～60 m^2，选择 60～80 W 的即可；如果面积较大，功率至少要在 100 W 以上。

（五）人员服装

1. 练功服

无论在形体训练房中还是在舞台上，舞者穿的都是专门设计的服装——练功服。练功服的设计不仅是为了好看，而且它们中的每一件都有其切实的作用。紧身衣和紧身裤袜是女生最基本的练功服（见图 9.2.6），有时在紧身衣外面还套有一条纱质的围腰短裙（见图 9.2.7）。男生一般穿白色的短袖圆领汗衫，配黑色的紧身裤袜，如图 9.2.8 所示。

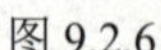
图 9.2.6

图 9.2.7

图 9.2.8

2. 护腿与护身

在室温较低时，“护腿”可以帮助舞者迅速达到热身目的，一旦肌肉暖和过来，就要把它们脱掉。用毛线编织的护身，常用在排练中舞者等待上场或替换时穿用。护腿如图 9.2.9 所示，护身如图 9.2.10 所示。

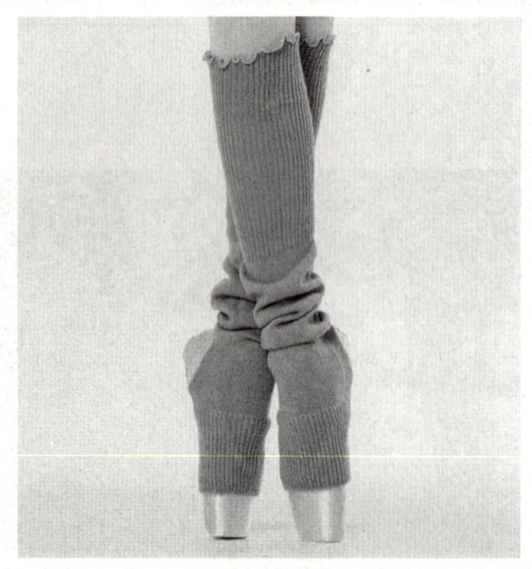
图 9.2.9

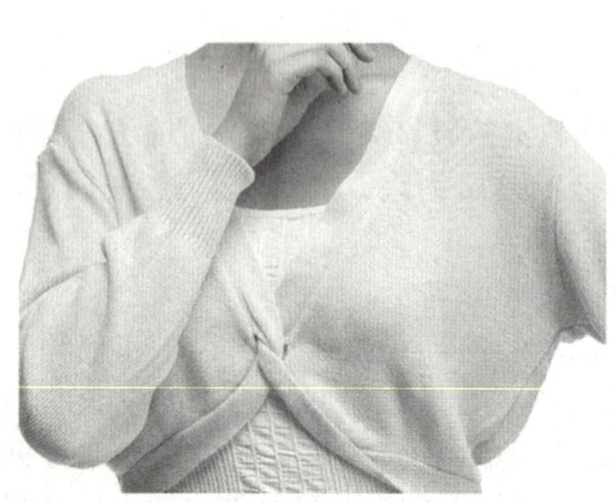
图 9.2.10

3. 发式

发式是舞者服饰的一部分，形体训练中把女孩们半长的头发在脑后挽成一个髻，这样脖子和头部的线条就显得十分清晰，如图 9.2.11 所示。

4. 练功鞋

男女生通用的练功鞋，用柔软的薄皮革或帆布制成。女孩穿粉色或红色的练功鞋，男孩穿黑色或白色的练功鞋，鞋子大小须以较紧地包住脚为宜。练功鞋如图 9.2.12 所示。

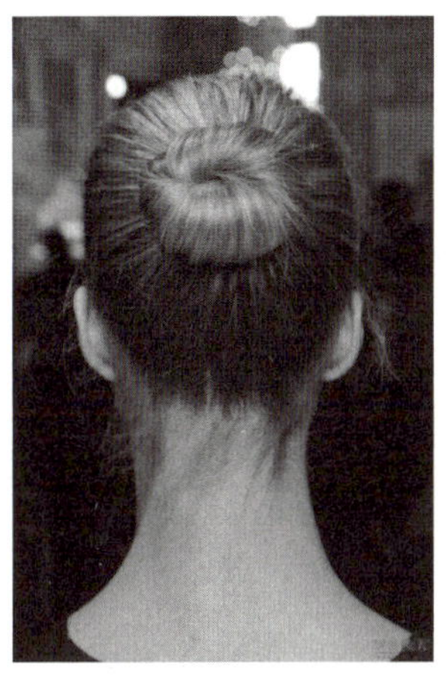

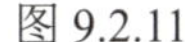

图 9.2.11

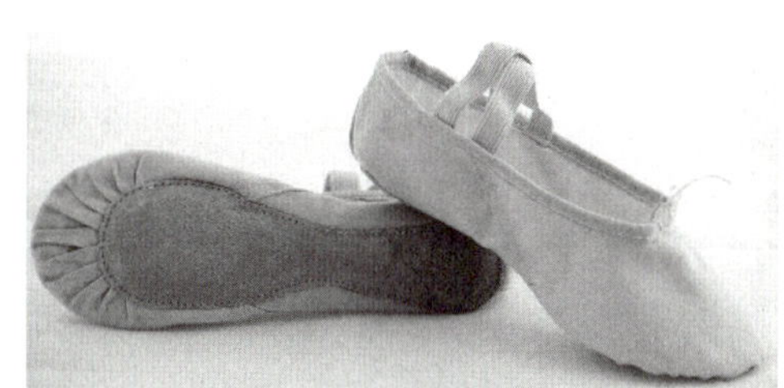

图 9.2.12

二、高铁乘务形体训练软件基础

训练管理制度是保障训练正常进行的必备条件，它不仅对学员的学习态度提出一定的要求，而且对学员在形体训练教室中的行为也做出了相应的规定。这些都是使训练得以顺利进行的必要条件。下面列举几项基本要求：

（1）尊敬教师，热爱同伴，热爱集体。

（2）进入形体房，必须更换练功鞋，不得光脚或穿质地坚硬的鞋子进入。

（3）严禁坐在把杆上或倚靠壁镜，不准在室内大声喧哗。

（4）禁止在形体房内发生吃零食、吐痰、吸烟等不文明行为。

（5）排练时应态度端正，服从教师安排。

（6）讲究卫生，保持室内清洁。

（7）训练完毕应关闭门窗、切断电源。

练习者在训练前应做好热身准备，这样才能避免在训练中造成不必要的损伤。牢记形体训练的基本原则，了解造成训练损伤的原因及处置方法，是保证训练顺利进行的必备条件。对训练设施的正确使用与维护，也是保证形体训练正常进行的必备条件。

思考与练习

1. 形体训练室的使用要求有哪些?
2. 造成训练损伤的原因有哪些?
3. 如何降低在训练中受伤的概率?
4. 形体训练结束后有哪些注意事项?